結婚の比較文化

東京女子大学女性学研究所
小檜山ルイ・北條 文緒……編

keiso shobo

はじめに

大半が未婚の、若い女子大生を相手に、女性について、あるいは、フェミニズムについて語るのは意外に難しいものである。彼女たちはいまだ大人の女としての責任を負ったことがなく、その年齢では女性であることはおうおうにして特権を意味する。「女性が差別されている」とか「不当な抑圧のもとに置かれてきた」と言っても、どうもピンとこない。また、彼女たちのなかのどこかに、女性が専らやってきたこと――家事とか子育てとか――はつまらないことだという価値観が巣くっている。政治や法律や外交問題を学ぶ方が大学生らしく、スマートで、就職にも有利かもしれない。それに、女が女子大で女の問題をやったのでは、女の狭い世界に隔離されてしまうかもしれないという恐怖感もあるらしい。

ところが、彼女たちも、なぜか「結婚」には切実な関心を持っている。最近の『東女瓦版』にも「東女生の結婚観」についてのアンケート調査結果が報告されていた（第一四七号　二〇〇一年六月一一日）。それによれば、約八八％の回答者が結婚を望んでおり、そのうち、九七・九％が二〇代前半から三〇代前半までに結婚を想定している。結婚後も仕事を続けることを望む人が圧倒的に多いが、恋愛相手には経済力は求めず容姿を求めるのにたいし、夫には容姿などお構いなしで、まず経済力である。理想の恋人としては、窪塚洋介や藤木直人といった同世代の有名人が挙がるのに、理想の結婚相手としては、渡部篤郎、高倉健、所ジョージといったおじさんたちが並ぶ。要するに、結婚は金の問題なのか――女子大生たちの結婚観は、古めかしく、虫が良く、かつ、未熟で抽象的な「現実主義」にとらわれているように見える。

東京女子大学の総合講座で結婚の問題を取り上げたのは、このような女子大生たちの結婚への関心をとらえながら、彼女たちの結婚観にゆさぶりをかけ、かつジェンダー問題一般への関心の糸口を提供したいという意図からである。様々な国の、様々な時代の結婚のあり方を紹介し、この制度の多様性を学んでもらうことで、将来、慣例に従って何となく結婚するのではなく、主体的に選択する知恵と自立を身に付けてほしいと考えてのことだ。その総合講座のチェーンレクチャーを基礎に編んだのが本書である。学術書として企図したものではなく、専門分野での特に新しい知見を期待されるむきには飽き足らなさも残るかと思う。むしろ本書のユニークさは、専門とする学問分野および専門研究地域が異なる執筆者が、共同して結婚についての叙述を試みた点にあり、多種多様な内容のどこかに自分の関心にマッチする問題を見出し、考えるきっかけとしてくれるような、そういう読者との出会いを願っている。各論文は必ずしも複数の国の間の比較を行なっているわけではないが、全体として、諸国における結婚のありようを見渡すことで、文化の比較が可能になると考え、タイトルは『結婚の比較文化』とした。

本書はまず第一章で、統計を通じて、アメリカ、中国、韓国、イギリス、フランス、日本における、近年の結婚事情を概観する。個々の国別の統計はどこでも見かけるが、同一の指標で複数の国の統計を比較検討できる、便利な資料や論文は意外に少ない。その点で価値ある資料であり、各国の現時点における結婚事情の特色が簡潔かつ鮮明に描き出されている。また結婚に執着するアメリカ人の傾向の背後にあるものが、次の章で詳説されるなど続く各章との関連も興味深い。

第二章から第四章までは、体制と結婚の関係を念頭に、アメリカ、中国、韓国における結婚について論じている。三つの論文は方法論も扱う時代も異なるが、共和主義、資本主義、社会主義、家父長制といった、政治・社会体制が結婚をどのように規定しているか、という視点を共有している。

第五章と六章は、文学にみられる結婚をアメリカとフランスについて考察している。結婚というテーマは少し前までは政治や歴史の分野で取り上げられることが稀で、もっぱら文学の世界に属し、しかも情緒的、美的観点から論じられることが多かった。近年の学際的なアプローチを反映して、五章はアメリカ二〇年代の小説に描かれた結婚を資本主義国家との関連において論じている。六章で紹介されるフランス小説に登場する多彩な恋愛、結婚、不倫の姿を、同章に見るフランス近年の結婚事情や、第一章の統計が示す数字と合せて眺めると「お国柄」のようなものが見えてくるように思う。

第七章、八章は「結婚への問い」というテーマを共有している。七章は、二〇世紀初頭の、非婚・不婚をめぐるイギリスと日本における言説をとおして、その時点における両国の結婚のあり方の差を浮き彫りにする。八章は、一夫一婦の嫁取り型の法的婚姻に代わる結婚のスタイルについての一九六〇年代、七〇年代の日本における議論を紹介している。新しい親密な人間の結びつきの構築への期待がこめられた最終章である。

結婚は至上の喜びからどん底の悲しみ、至高のやさしさから最悪の裏切りに至る、実にさまざまな情動を人が経験する場であり、もっともプライヴェートな人間関係が結ばれるものでありながら、公的な政治・経済・社会制度に規定され、かつ、これらを支える基本的社会単位でもある。本書で取り上げたのは、これほど重い情念と公的責務を併せ持つ制度のごく一部にすぎない。ただ、改めて全編を読み返すと、各執筆者が女性として結婚というものに関わってきた、個々人の経験が語りの背後にあるようで、単なる知識の提示では実現できないメッセージを発見できるように思う。

一生一緒にいてくれや
みてくれや才能も全部含めて
愛を持って俺を見てくれや
今の俺にとっちゃお前が全て
一生一緒にいてくれや
ひねくれや意地っ張りなんかいらない

ちゃんと俺を愛してくれや
俺を信じなさい

（三木道三 "Lifetime Respect"より）

二〇〇一年夏、近年結婚に夢を持てなくなり、子どもも産まなくなった女たちをあたかも誘うように、巷では若い男性ヴォーカルのラップミュージックが、さかんに呼びかけている。その呼びかけにどう応じ、何を呼びかけ返すのか——読者に向けた、本書の問いかけである。

小檜山　ルイ

結婚の比較文化／目　次

はじめに

I　統計

II　体制と結婚

目　次

I

統計

第一章　統計に見る結婚・離婚・非婚
——六ヵ国（仏・英・米・日・韓・中）比較——

杉山　明子

現在の日本では、結婚するか、離婚するか、同棲するか、はたまた未婚の母となるかなどの人間の営みは、個人の自由にゆだねられているかのように思える。ところが、これら結婚・出産・離婚にまつわる統計データの国際比較を試みると、完全に個人的な行為と思われる事柄も、国によっては、個人を超えた大きな社会的・文化的・政治的な枠の下での自由に過ぎないことに気づかされる。

1　結婚

低いフランスの婚姻率

最近の婚姻率（図表1）（以下の図表において、結果数値（％）は、単位未満を四捨五入してあるので、

図表1　婚姻率・離婚率（%）　　　　%は婚姻（離婚）件数の人口数に対する百分比

	中　国	韓　国	日　本	アメリカ	イギリス	フランス
	1990—95	1995	1997	1996	1996	1996
婚 姻 率	0.8	0.7	0.6	0.9	0.6	0.5
離 婚 率	0.1	0.1	0.2	0.4	0.3	0.2

出典：『世界の統計2000』

内訳の合計が一〇〇%にならないことがある）は、アメリカ〇・九%がもっとも高く、ついで中国〇・八%、韓国〇・七%、日本・イギリスの〇・六%で、もっとも婚姻率の低い国はフランス〇・五%で、アメリカのほぼ半分である。

婚姻率の推移（図表2）を見ると、この五〇年間、アメリカは常に高く、フランスは常に低い。フランスでは、一九七〇年代以降急激に婚姻率が減少している。フランスの結婚件数は一九七二年に四二万件のピークをなし、その後、年平均二・四%の率で減少しており、一九九五年には二五万件まで減少した。それ以降、やや上昇しており、二〇〇〇年には二一〇万件になっている。

なお、この一九七〇年代からの婚姻率の減少は、フランスだけでなくイギリスや日本でも同様に見られ、大方の先進国の現象である。

韓国・日本の晩婚化

動態平均初婚年齢（図表3）は、国による差があり、もっとも早く結婚する国は中国で、ついでアメリカ、イギリス、韓国、日本の順で、もっとも遅い国はフランスである。

男女別に見ると、女性では、中国の二二歳がもっとも早く、韓国・アメリカ二五歳、イギリス二六歳、日本二七歳とつづき、フランスの二八歳がもっとも遅い。また、男性は中国の二四歳がもっとも早く、ついでアメリカ二六歳、イギリス二八歳、韓国二九歳とつづき、日本とフランスが三〇歳でもっとも遅い。

韓国男性の初婚年齢が遅い理由の一つは、徴兵制（現在は二年二ヵ月だが、かつては二・五年や三年の時もあり、社会情勢や家庭環境で可変）である。大学の途中で徴兵に行き、帰ってから学業も終えると二六歳くらいになり、それから一年位働いてやっと結婚できるのは二七歳くらいになってしまうという。

男女で比べると、どの国も初婚年齢は、男性が高く女性が低い。男女の年齢差が最も少ないのはアメリカの一歳差で、ついでイギリス・フランス・中国の二歳差、日本の三歳差とつづき、韓国の四歳差がもっとも開いている。

日本人の初婚年齢の推移を見ると、一九五〇年に男二六歳、女二三歳であったのが、徐々に年齢が高くなり、この五〇年間に男女とも三歳、結婚が遅くなった（図表4）。

日本人を対象に、「晩婚化の理由」を尋ねた調査では、女性があげる理由の第一は「仕事をもつ女性が増えて、女性の経済力が向上した」六六％、ついで「独身生活のほうが自由である」五四％である（図表5）。男性の理由は「独身生活のほうが自由である」六〇％に集中している。このように男女とも三分の二近くが「独身生活の自由」をあげている。

図表 2　婚姻率(%)の推移

%は婚姻件数の人口数に対する百分比

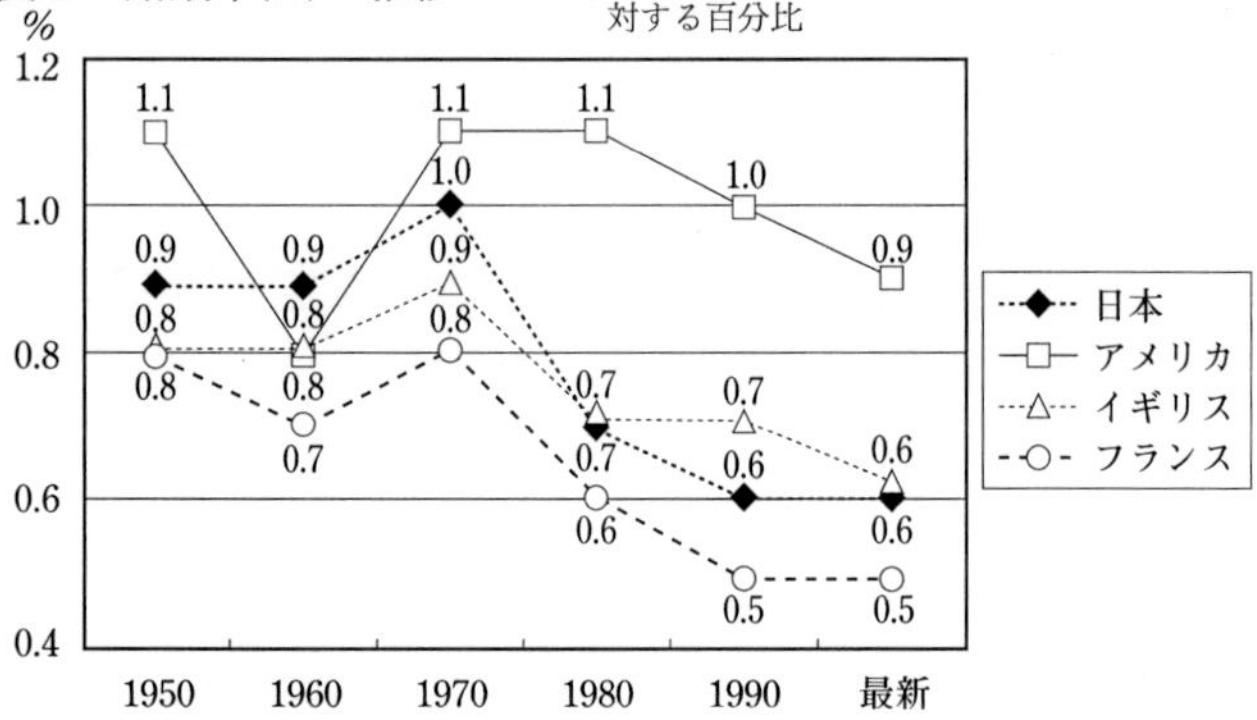

出典：『婚姻統計1997』

図表 3　動態平均初婚年齢(歳)

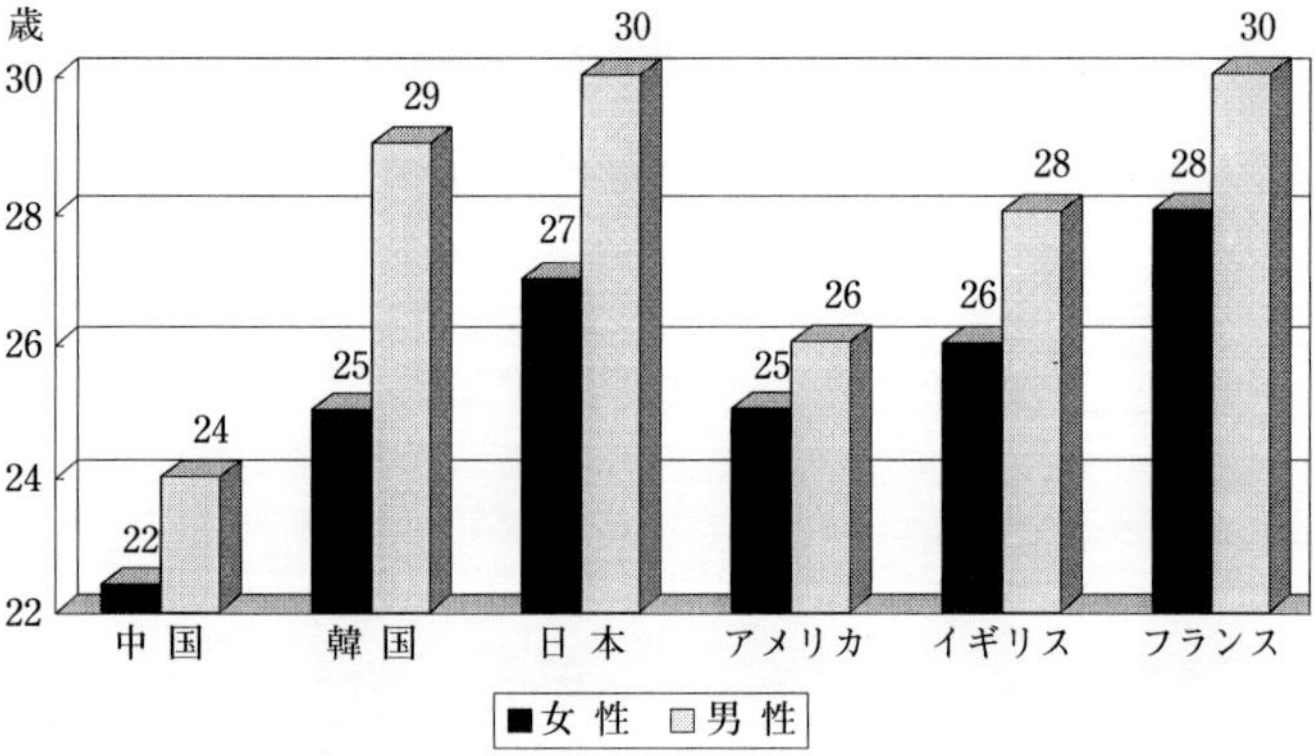

出典：『世界の女性2000』

図表 4　初婚年齢(歳)の推移　日本

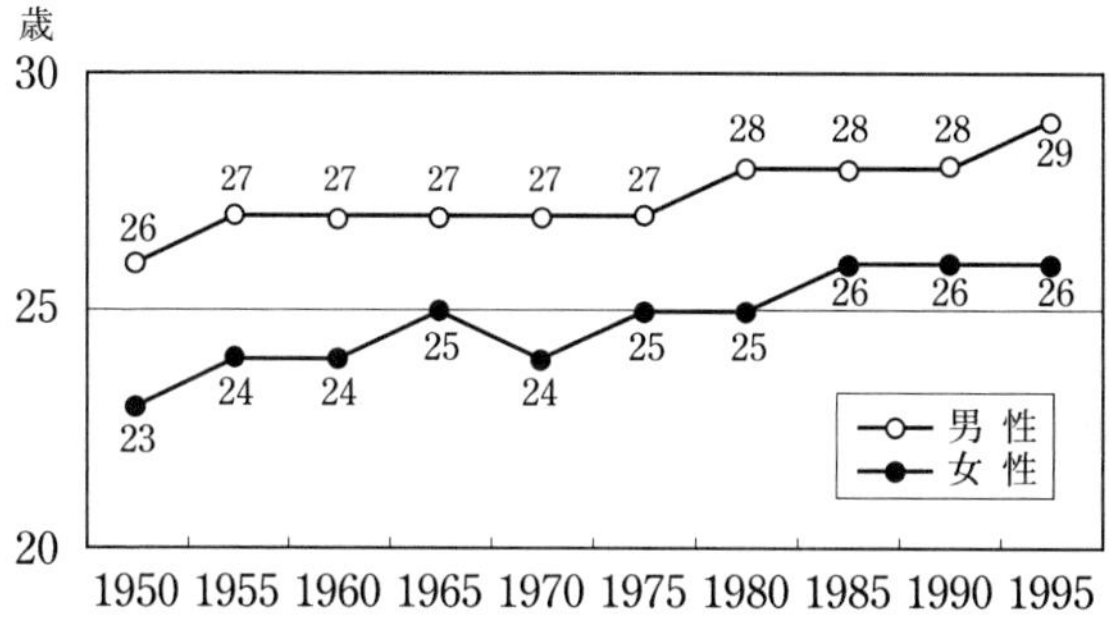

出典：『婚姻統計1997』

図表 5　晩婚化の理由(%)　日本

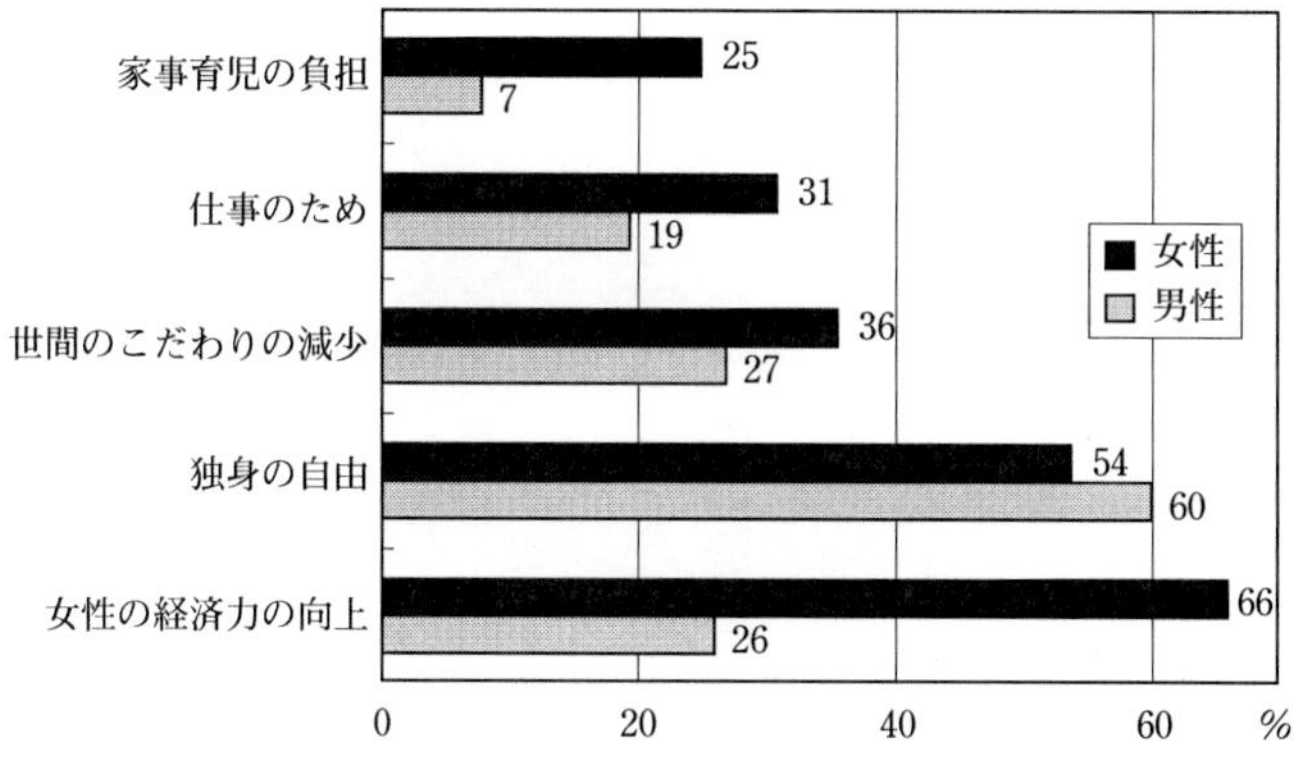

出典：『男女共同参画白書1998』

減少している「一〇代の結婚」

一〇代（ここでは一五～一九歳）女性の結婚率は、一九七〇年当時は、アメリカとイギリスでは一一％あったのが、最近は、アメリカが四％に減少し、イギリスも一％と激減した。フランス、韓国、日本も、二、三％から一％に減少している（図表6）。なお、中国は、一九七〇年のデータがなく比較はできないが、最近年は二％である。

このように多くの国で一〇代の結婚が減少しているのは、性意識の変化もあり、結婚より同棲に、すなわち事実婚に移行したものと類推できる。

日本人の性意識はここ四半世紀に大きく変化していることを、一九七三年からの継続調査が示している。この調査では、「結婚していない若い人たちの男女関係についてどう考えるか」と聞いているが、「結婚式がすむまでは、性的まじわりをすべきではない」との回答が、一九七三には五八％の多数意見であった。それが、一九九八年には二六％に半減した。代わりに「深く愛し合っている男女なら、性的なまじわりがあってもよい」との回答が、かつての一九％から四三％まで上昇し、一九九八年の多数意見となった（図表7）。

結婚肯定の韓日、結婚否定の英仏

青年対象（一八歳から二四歳まで）の結婚観調査では、「結婚したほうがよい」が多い国は日本五一％、ついで韓国三九％であり、「結婚しなくてもよい」が多い国はイギリス六四％、フランス五

図表6　女・15-19歳で結婚したことのある者の率(%)

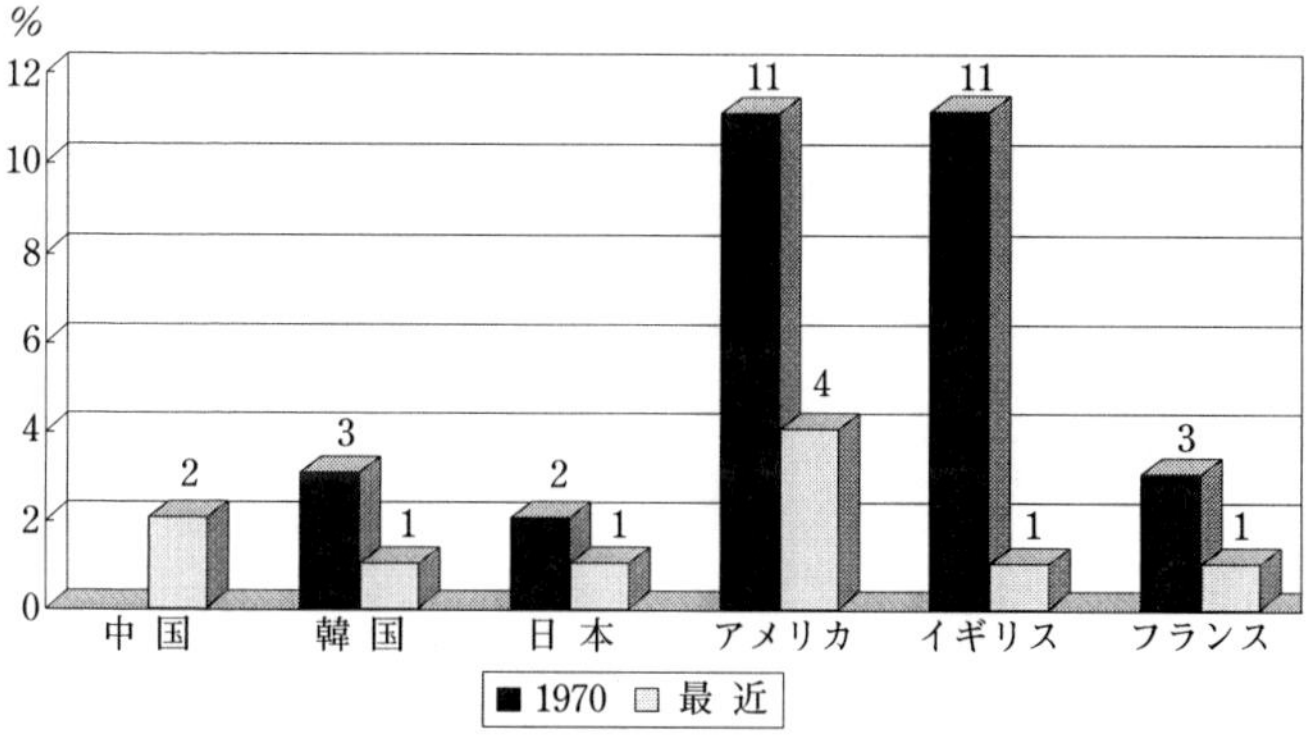

出典：『世界の女性1995』、『世界の女性2000』

図表7　性意識の変化　日本

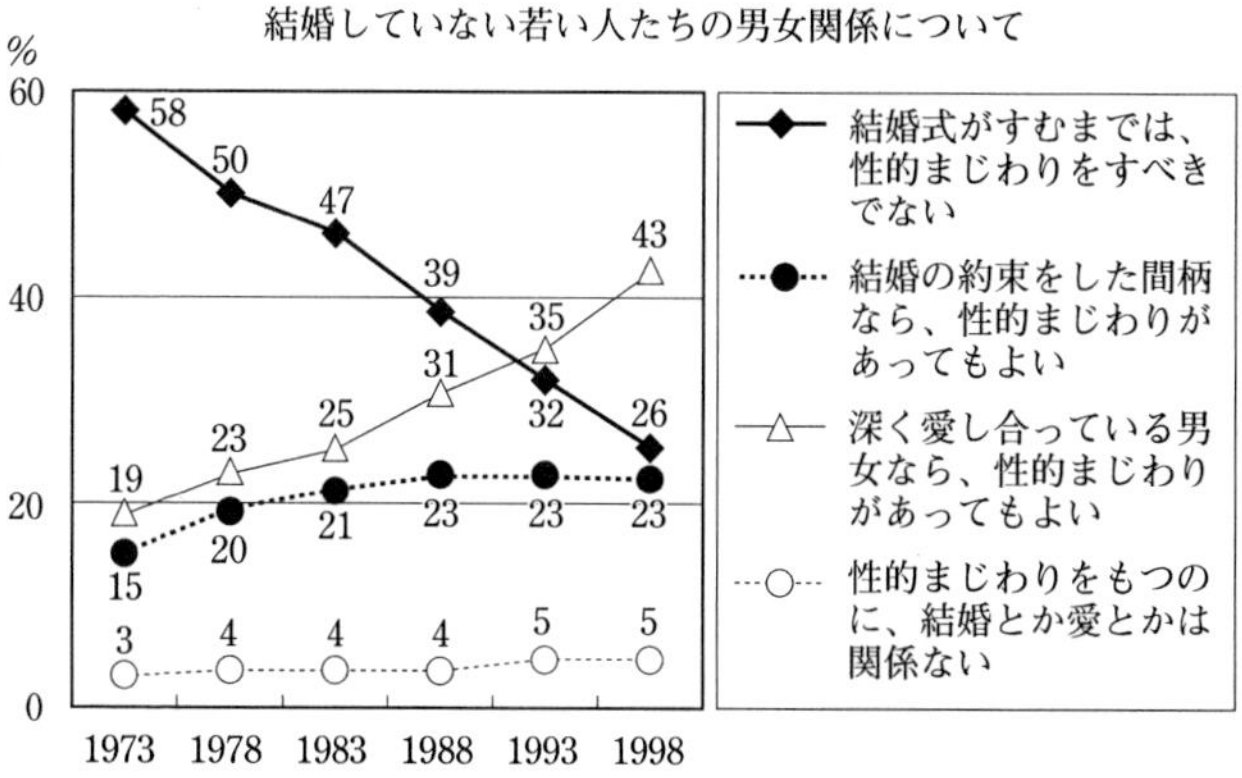

出典：『日本人の意識1999』

図表8　結婚観　18-24歳

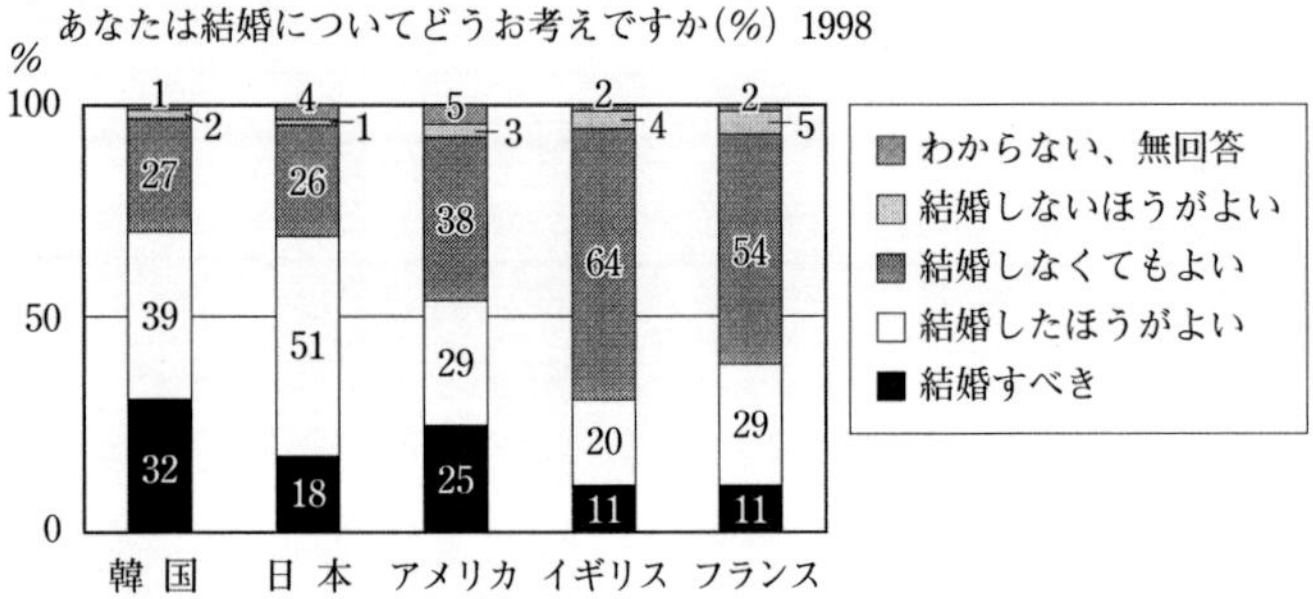

出典：『世界青年意識調査1999』

図表9　結婚観の推移　18-24歳

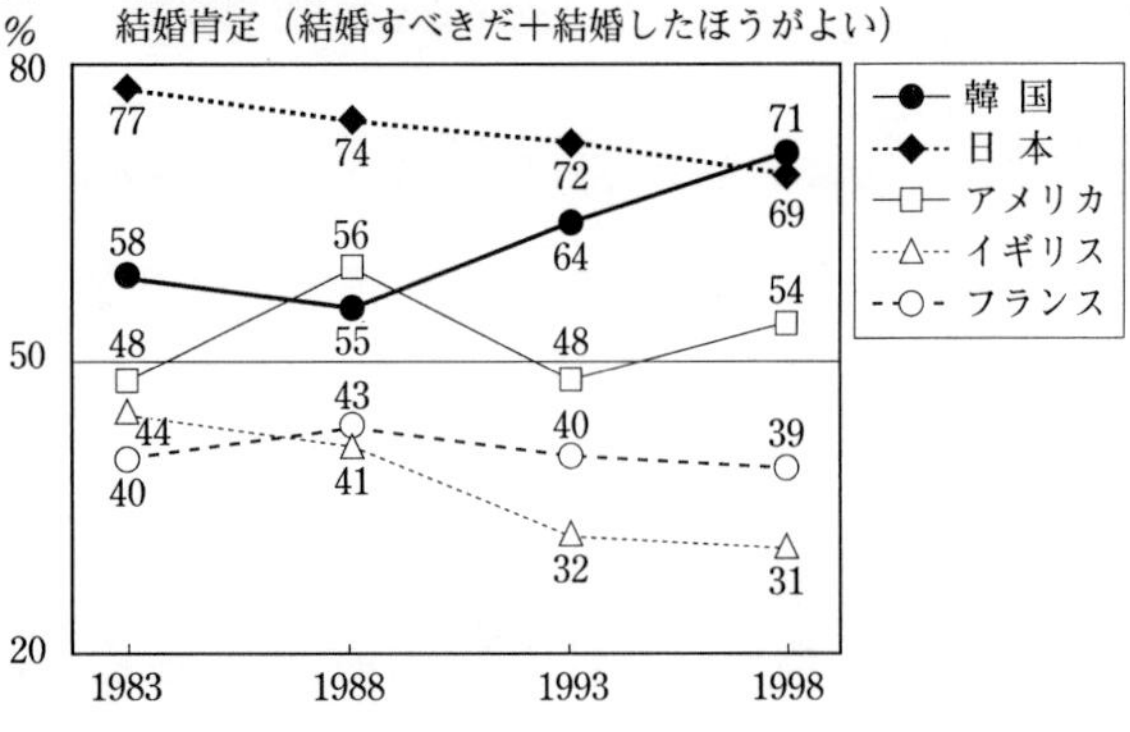

出典：『世界青年意識調査1999』

四％である（図表8）。

結婚への肯定・否定を見るために、「結婚すべきだ」と「結婚したほうがよい」をまとめ「結婚肯定派」とし、「結婚しなくてもよい」と『結婚しないほうがよい」をまとめ「結婚否定派」とした。「結婚肯定派」は韓国七一％でもっとも多く、ついで日本六九％であり、ちょっと下がってアメリカ五四％である。一方、「結婚否定派」はイギリス六八％、フランス五九％である。この結果、韓国、日本とアメリカが結婚肯定派に、イギリスとフランスが結婚否定派に、分かれた。

「結婚肯定派」の一九八三年からの推移を見てみると、概して減少傾向にある（図表9）。その中でもイギリスは、四四％から三一％へ大きく減少している。

日本は、一九八三年七七％から、一貫して他国を引き離し「結婚肯定派」が多い。とはいえ、他国同様に減少傾向であり、一九九八年には六九％まで下がった。

韓国だけは一九八八年の五六％を底に上昇に転じ、一九九八年には七一％に増加し、五ヵ国中最高の結婚肯定率になっている。

2　離婚

増加する離婚率

離婚率（図表1）では、アメリカが〇・四％で、六ヵ国のうちもっとも高い。ついでイギリス〇・三％、フランスと日本の〇・二％である。もっとも離婚率の低い国は、韓国と中国の〇・一％で、アメリカの四分の一と少ない。アメリカは婚姻率も高く、離婚率も高い国といえる。

離婚率について五〇年間の推移を調べると、どの国も六〇年を底に増加しており（図表10）、いつの年代もアメリカは他の国より離婚率は高い。そのアメリカだけは、一九八〇年〇・五％をピークにし、〇・四％まで下がっている。イギリス・フランスでは一九七〇年代に離婚率が急増している。日本は少し遅れて、一九九〇年代から離婚率の増加が著しい。韓国はどの年代でも最低であるが、その後遅れ馳せながら徐々に離婚率の増加が始まった。ここ数年、急激に増加しており、これはとくに結婚後一五年以上の離婚が一〇年間で倍増し、「中年離婚」「熟年離婚」が増えているからといわれている。

米英仏の離婚肯定、日中韓の離婚否定

離婚についての考え方を、青年（一八〜二四歳）調査で見ると、欧米とアジアとの違いがはっきり出ている（図表11）。

すなわち、アメリカ、イギリス、フランスの分布はよく似ていて、「子どもの有無にかかわらず、事情によっては離婚もやむをえない」が四割強、ついで「互いに愛情がなくなれば、離婚すべきである」が四割弱であり、合わせて約八割の青年が離婚肯定派である。

一方、韓国・日本では、ともに離婚肯定派が五割を下回っている。なかでも韓国では、「いった

図表10　離婚率(%)の推移　%は離婚件数の人口数に対する百分比

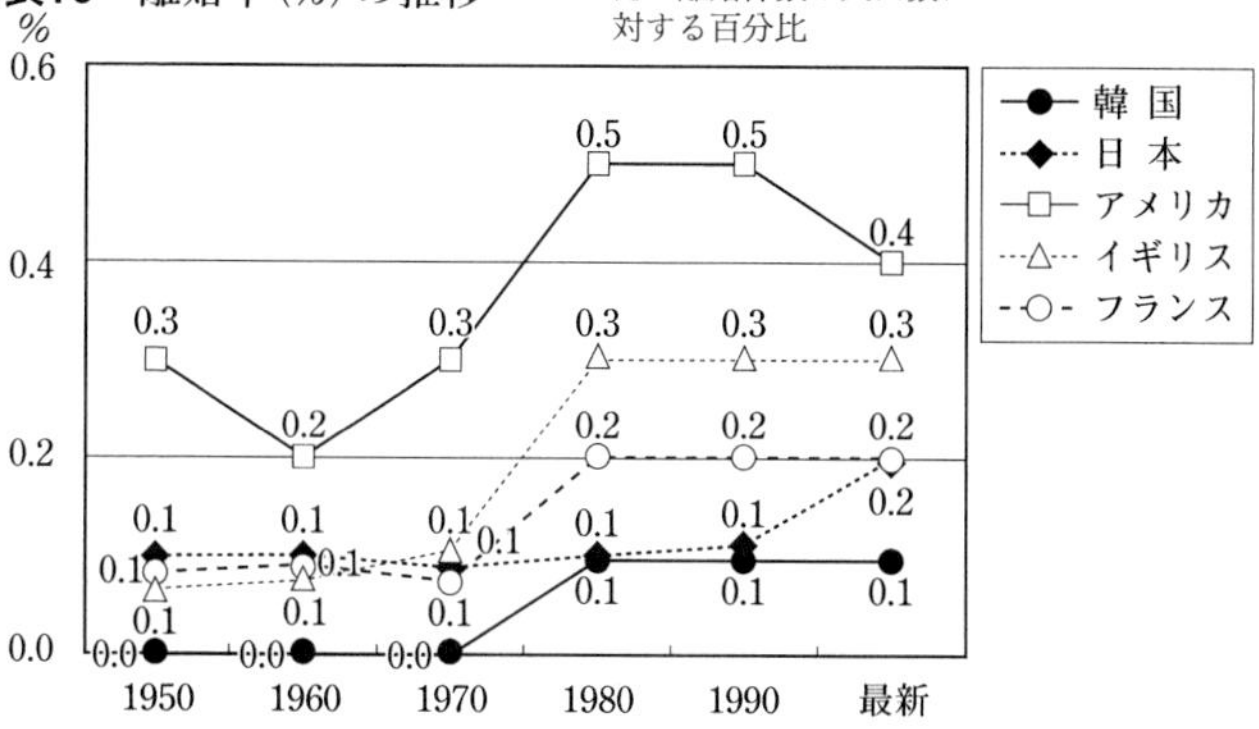

出典：『離婚に関する統計2000』

図表11　離婚観　18-24歳

あなたは離婚についてどう考えですか(%)1998

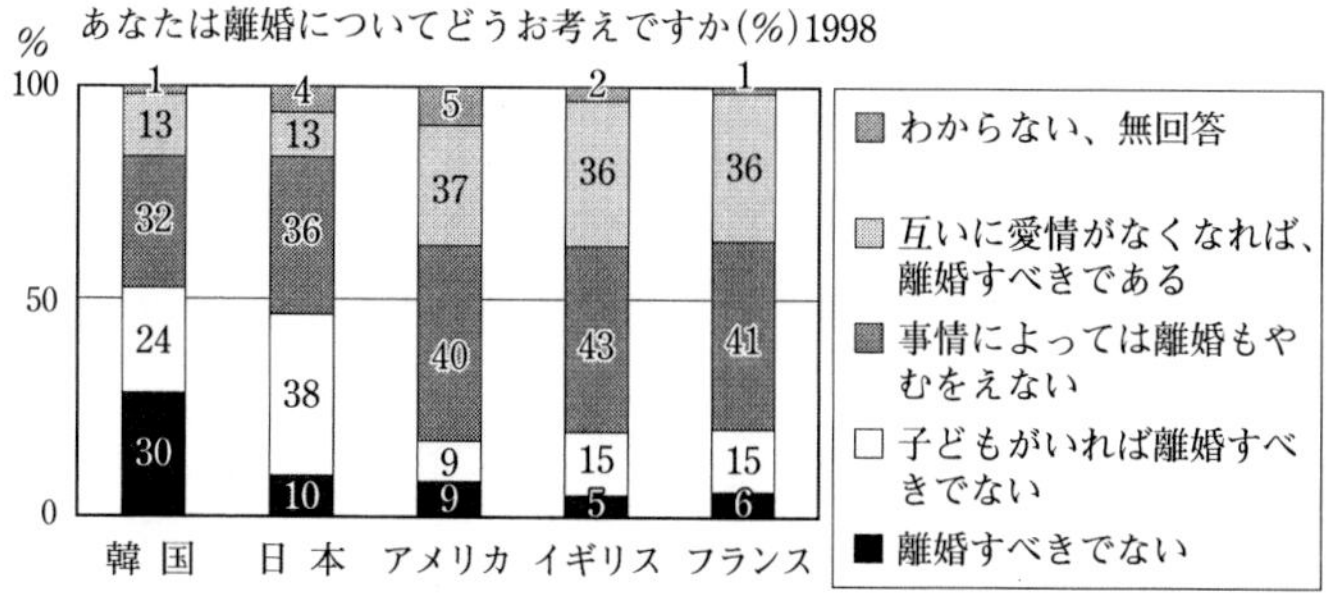

出典：『世界青年意識調査1999』

ん結婚したら、いかなる理由があっても離婚すべきではない」三〇％と突出している。それに「子どもがいれば離婚すべきではないが、いなければ、事情によってやむをえない」を加えた離婚否定派は、韓国青年の過半数になる。このように韓国では、意識面では離婚否定が強く、儒教の影響があると思われる。

3 非婚

米英仏女性に離別シングル

非婚の状況を把握するために、人口全体での配偶関係を、未婚、有配偶、死離別の三つに分け、六ヵ国比較した（図表12）。ここで、死離別とは、死別と離別の合計である。

未婚者は、どの国も男性の三分の一、女性の四分の一程度で、女性より男性の方が多い。とくに韓国は男女とも、他の国より未婚率が高い。

有配偶率は、各国六割前後の率であり、フランスの女性でやや低い。

死離別率は、男女間に約一〇％の差があり、これは女性の寿命が長いための死別率の影響である。また、国によって死離別率に違いがあり、これは離婚率の差が関与している。男女別の死離別率（図表13）を見ると、男女ともアメリカ、イギリス、フランスが高く、韓国、中国が低く、日本はその中間にある。とくに韓国男性の死離別率は二％と低い。

図表12　未婚・有配偶・死離別

	中　国	韓　国	日　本	アメリカ	イギリス	フランス	
人口(男)	384,866	13,994	51,239	91,953	22,355	21,477	千人
未婚	31	39	32	30	32	33	%
有配偶	64	59	63	60	59	59	%
死離別	5	2	5	9	9	7	%
人口(女)	375,898	14,324	54,186	99,837	24,057	23,201	千人
未婚	23	28	24	23	24	26	%
有配偶	68	59	59	56	56	54	%
死離別	9	13	16	20	20	19	%

出典：『世界の統計2000』

図表13　男女別の死離別(%)

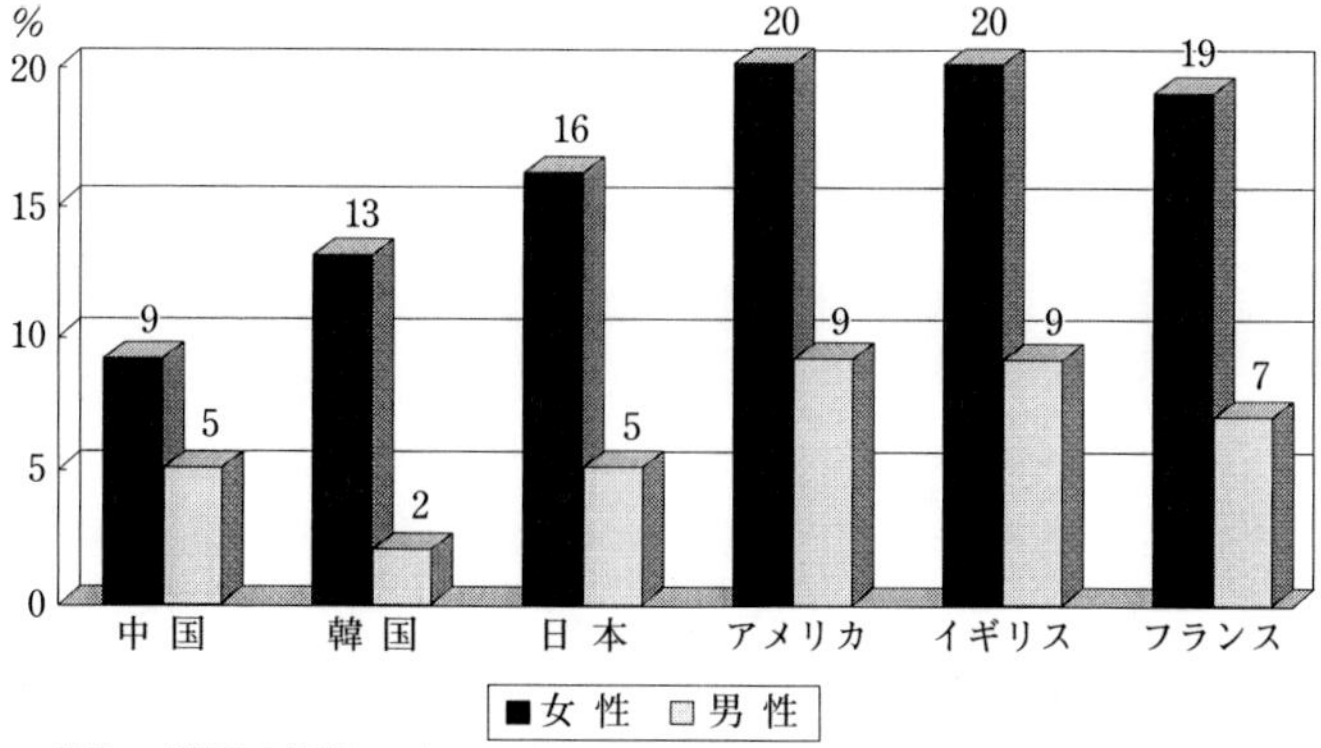

出典：『世界の統計2000』

米英仏で高い生涯未婚率

生涯未婚率を、ここでは「四五歳以上で結婚したことのない者の率」から類推することにし、六ヵ国比較をする（図表14）。

まず、男女で比べると、中国・フランスでは、女性より男性の生涯未婚率が高い。

つぎに国別では、率の低さで目につくのは韓国で、男女とも生涯未婚率が非常に低く、韓国の男女のほとんどすべてが、四五歳までに結婚していることがわかる。ついで中国は女性の生涯未婚率が〇％と極めて低いものの、男性は四％と女性に比べやや高い。日本は男三％女四％である。一方、生涯未婚率の高い国は、イギリスとフランスの約八％で、少し下がってアメリカの五％である。

このように、生涯未婚率は国による差が著しく、概してアジア三国が低く、欧米三国が高い。

日本について、ここ五〇年間の生涯未婚率を男女別に見ると、一九八〇年までは女性の方で未婚率が高かったが、それ以降の後半は、男性の未婚率が急激に高まっている（図表15）。一九八〇年ころまで女性の未婚率が高かったのは、第二次世界大戦での男性の戦死による影響と考えられる。

米英仏では珍しくない婚外子

同棲については届出の必要がないので、その実態の把握は難しい。ここでは法的に結婚していない親の下に子どもが生まれる「婚外子（または嫡出でない子）」として登録された統計データから見てみる（図表16）。

図表14　生涯未婚率(%)

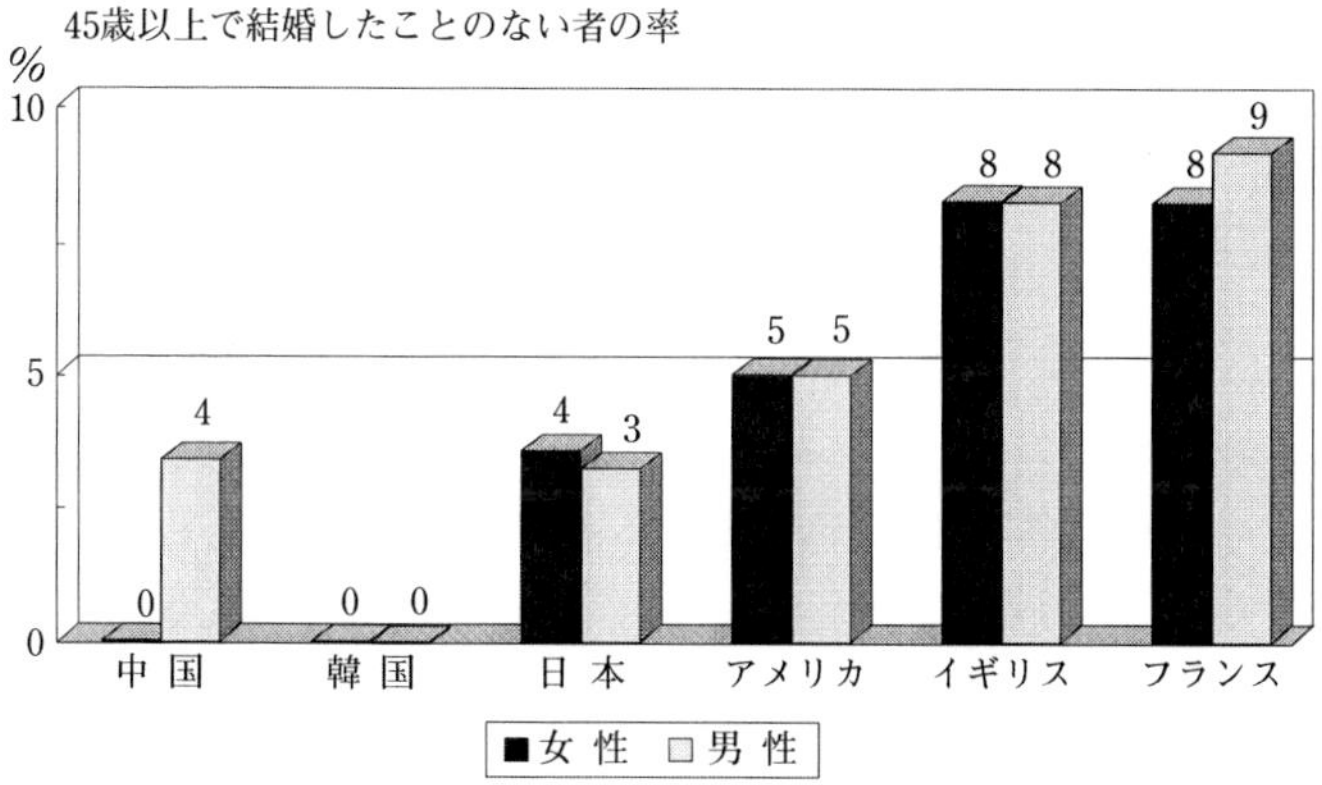

出典：『世界の女性1995』

図表15　生涯未婚率(%)の増加　日本

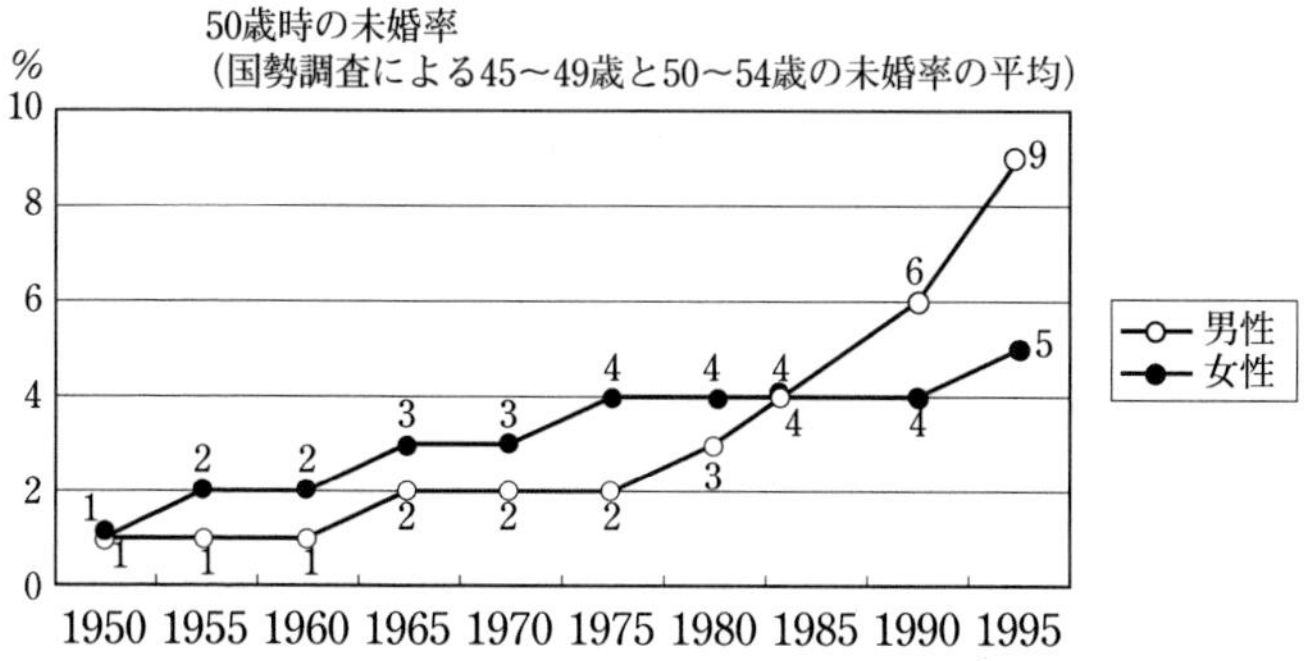

出典：『男女共同参画白書1998』

フランスがもっとも高く、九〇年に三〇%で、最近は四〇%に達している。

イギリスでも、婚外子は六〇年代から増え出し、九〇年に二八%、最近は三八%になっている。イギリスでの母子家庭の社会福祉政策は、弱者である気の毒な境遇の子どもへの援助であるという立場をとって手厚い援助をしており、そのためか、援助を期待して母子家庭の子どもが母子家庭になるという、貧困の悪循環もみられる。そこで、一九九一年には一般の家庭も含めた子どもへの援助の「子ども法」が制定され、年齢・環境に応じた種々の保育環境が提供されはじめた。

アメリカでは、一九五〇年に婚外子が五%程度あったのが、徐々に増え九〇年には二八%を超え、最近は三二%である。子どもの三人に一人は結婚していない女性から生まれている。そのなかには、予期せぬ妊娠による一〇代のシングルマザーがおり、教育の中断、職業上の機会の損失、子どもの健康などの社会問題になっていた。

図表16　結婚していない女性からの出産の割合(%)

	日　本	アメリカ	イギリス	フランス
1990	1	28	28	30
1994-1998	—	32	38	40

出典:『世界の女性2000』

このように、フランス、イギリス、アメリカでは、結婚していない女性の出産は、珍しいことではなくなった。かつては妊娠を機会に結婚していたのが、最近は同棲のまま出産をする傾向にある。

一方、日本では「嫡出でない子」は一%に過ぎず、中国・韓国のデータが存在しないなど、国による差が大きい。

米仏で同性同士や事実婚のカップルにも権利

アメリカで事実上の初めての同性夫婦が、二〇〇〇年の七月一日にバーモント州で誕生した。この日から同性同士にも新しい「市民結婚法」が適用され、税申告や医療制度が異性同士の結婚同様に保証されるようになった。同性の結婚自体は認められてはいないものの、この法律によって、同性愛者同士も夫婦に近い社会生活を送れるようになった（CNN、2000）。

これより前、サンフランシスコ市では市と契約を結ぶ企業にまで、同性間のカップルや事実婚の異性間のカップルに婚姻関係にあるカップルと同等の権利を与えるドメスティック・パートナー制度を義務付ける条例を九七年に制定している。このほか、九八年にニューヨーク市が、九九年にはロスアンゼルス市とシアトル市が新たに加わっている。

また、民間企業も同様の動きがあり、CBS放送は二〇〇〇年一月から、アメリカ三大自動車メーカー（GM、フォード、クライスラー）は六月からドメスティック・パートナー制度を適用した。労働組合からの要求もあるが、企業にとっても労働力確保のための方策と考えている。

このようにアメリカでは、二〇〇〇年度にドメスティック・パートナー条例・規約を制定する自治体・企業が前年度の二五％増しの三、五〇〇件に増えている。

一方、ハワイ州最高裁判所は一九九九年一二月九日、同性間の婚姻を禁じた州憲法を支持する判決を下した。コロラド州下院議会も、二〇〇〇年二月に、ウェストバージニア州下院議会は二〇〇〇年三月に、それぞれ同様の禁止決議をするなど、まだまだ反対の州も多い。

フランスでは、連帯市民協約ＰＡＣＳ（パクス）が一年間の審議を経て、一九九九年一〇月一三日に国民議会で賛成三一五、反対二四九で可決された。この法案は未婚のカップルにも既婚者同様、社会保障や税制優遇などの法的権利を与える。もともとは同性愛者からの要求から始まったので、保守党、カトリック教会などの反対や、家族制度の崩壊を心配する意見があった。しかし、これは同性愛者だけのための法律ではなく、約四四〇万人いるといわれる異性愛の同棲カップルたちの要求もあった。とはいうものの、ゲイ・カップルは市民権を得たことになり喜んでいる（www.wrcjp.org, 2001）。

4　家族・子ども

多様な家族形態の存在

青年（一八歳から二四歳）たちの結婚の状況を見ると（図表17）、どの国でも「未婚」が多く、それは韓国九六％を筆頭に、日本九二％、フランス八五％、イギリス七七％で、最低はアメリカの七四％である。逆に配偶者またはパートナーがいる青年は、アメリカの二五％、イギリスの二二％、フランスの一五％である。

このなかで、法的に「結婚している」のは、アメリカの一三％がもっとも多く、ついで日本七％、イギリス五％、韓国四％、フランス三％である。一方「同居のパートナーがいる」率は、イギリス一五％やフランス一二％で多く、ついでアメリカ七％である。ここでもアメリカは結婚、イギリスでは同棲という形態が多い。さらにアメリカでは、この年齢ですでに「離婚または死別した」青年が五％いるのが目立つ。

このように、同じ年齢の青年でも、結婚状況に関しては国の差があり、韓国、日本では圧倒的に「未婚」であり、アメリカでは「結婚」、イギリス、フランスでは「パートナーと同居」する傾向がある。

つぎに、これら青年調査より一〇歳程度年齢が高い層を対象にした調査から、配偶関係を見てみよう。この調査では、まず子ども（〇〜一二歳）を無作為抽出し、その子の親の役割をしている人を、法的な結婚の有無も性別も問わずに調査した。

まず、配偶関係（図表18）については、ふつうの結婚の状態、すなわち異性の配偶者・パートナーのいる率が、韓国九九％、日本九八％、イギリス九二％、アメリカ八五％で多数派だった。一方、同性の配偶者・パートナーがいる率がアメリカとイギリスに、それぞれ一％だけ存在していた。

母子家庭は、アメリカ一〇％で多く、ついでイギリス五％、日本二％である。父子家庭はアメリカ三％、イギリス・韓国一％であった。どの国でも、父子家庭より母子家庭が多い。

これら母子家庭、父子家庭、同性のパートナーなどに育てられている子どもたちは、アメリカが一四％でもっとも多く、イギリスはその半分であり、日本・韓国は極めて少ない。一九九四年当時、アメリカとイギリスに、多様な家族関係が存在することを示した調査であった。

図表17　結婚の状況　18-24歳

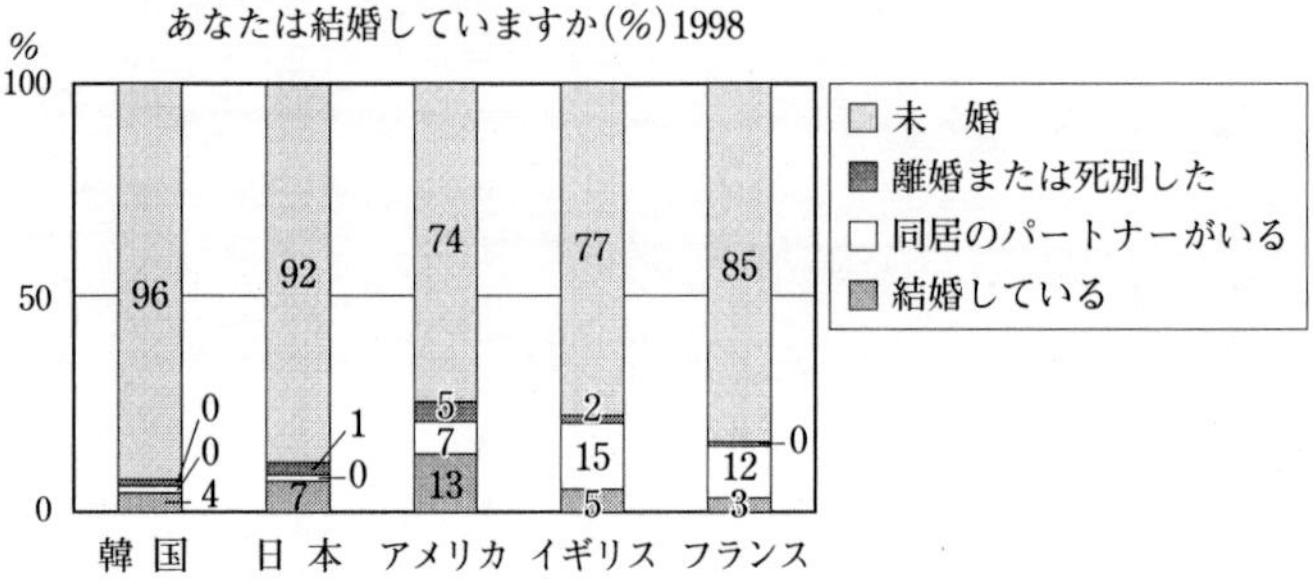

出典：『世界青年意識調査1999』

図表18　配偶者／パートナーの状況

0-12歳の子どもの保護者

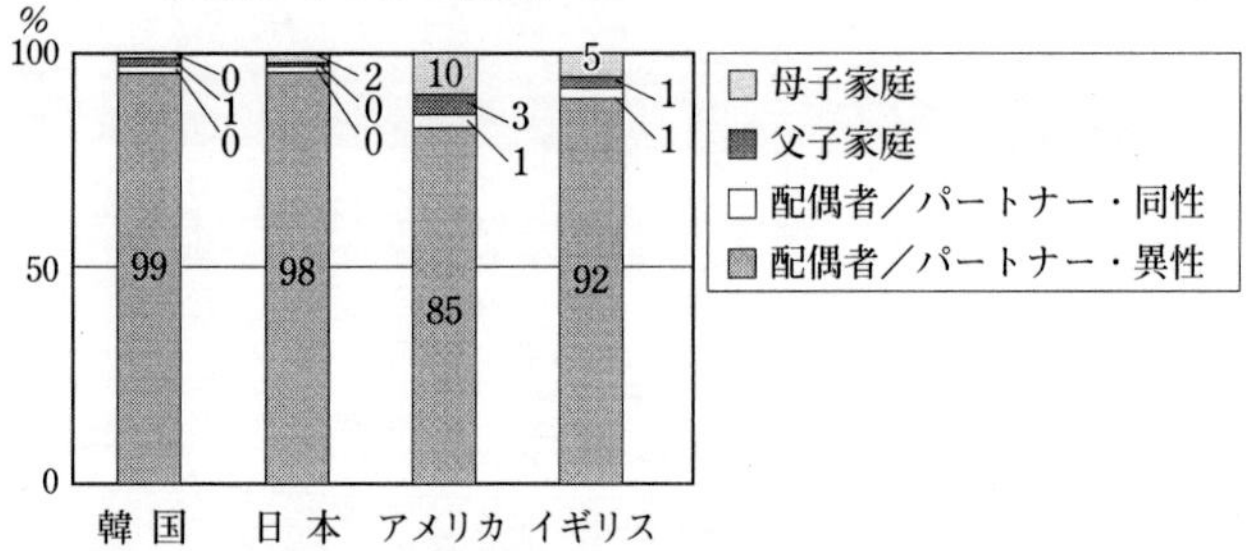

出典：『家庭教育に関する国際比較調査1995』

新しい家庭像に寛容なイギリス

新しい家庭像を一三タイプ記入したカードを、子ども（〇～一二歳）の親たちに見せて、「次にあげる生活のうち、あなたが親として、将来、自分の子どもにして欲しくないと思うものはどれでしょうか」と尋ねた（図表19）。

過半数の親から「子どもにして欲しくない」とあげられたタイプ（図表中の数字に斜線）を数えると、韓国は九タイプになり、新しい家庭像への抵抗感が相当強く、ついでアメリカで七タイプ、日本では六タイプであったが、イギリスは二タイプであった。

イギリスの親の過半数が「子どもにして欲しくない」と指摘したのは「同性愛カップルで共同生活をする」と「一生独身でいる」だけであった。それ以外のタイプでは、概して他国より率が低く、イギリスの親たちは新しい家庭像に寛容である。

アメリカの親は、同性愛、独身のほか、「子どもがいて離婚する」「未婚で子どもを持つ」「子どもを持たない」も望まない。そのうえ「仕事の関係で夫婦が別居する」や、「自分と子ども夫婦が一緒に暮らす」などの親の世代と同居も受け入れない。

日本や韓国の親は、同性愛、独身、離婚、未婚の母、同棲など、新しい風潮になじめない一方、親の世代同居への反対は少ない。

このように韓国や日本では、新しい家庭生活像は望まない。アメリカも思いのほか保守的な回答であり、若者の実態の方が親の意識より先に進んでいるようだ。イギリスだけは新しい多様な家庭

図表19　将来、子どもにして欲しくない家庭像（%）

0 —12歳の子どもの親〈日本の%の順〉

	韓国	日本	アメリカ	イギリス
同性愛カップルで共同生活をする	96	80	76	59
一生独身でいる	94	72	67	51
子どもがいて離婚する	94	64	54	47
未婚で子どもを持つ	95	61	64	33
子どもを持たない	89	55	54	34
婚姻届をせずに男女が同棲する	95	53	49	13
仕事の関係で夫婦が別居する	75	43	54	33
子どもを連れて再婚する	79	25	21	17
養子など血縁関係のない子どもを育てる	58	23	9	3
子どもが女の子だけ	22	12	24	6
自分と子ども夫婦が一緒に暮らす	38	12	51	37
子どもが配偶者の親と一緒に暮らす	33	12	49	31
子どもが男の子だけ	15	11	23	6
一つもない	0	7	8	11

出典：『家庭教育に関する国際比較調査1995』

像を認める姿勢が読み取れる。

進む少子化

女性が一生の間に生むであろう子ども数（合計特殊出生率＝一五から四九歳までの女性の、年齢別出生率の合計で推定）の推移を見ると、一九六〇年に多少のぶれがあるものの、どの国も減少傾向にある（図表20）。どの国も少子化が進んでおり、一九八〇年に夫婦二人が生む子どもは二人を下まわるという国が多くなった。

最新の状況は、アメリカが二・〇人に、フランス・イギリス一・七人、日本は一・四人に減少した。このような少子化は、次の世代を担う若者の数が減少し、人口の高齢化をもたらすので、対策が急がれるところである。

図表20　合計特殊出生率の推移

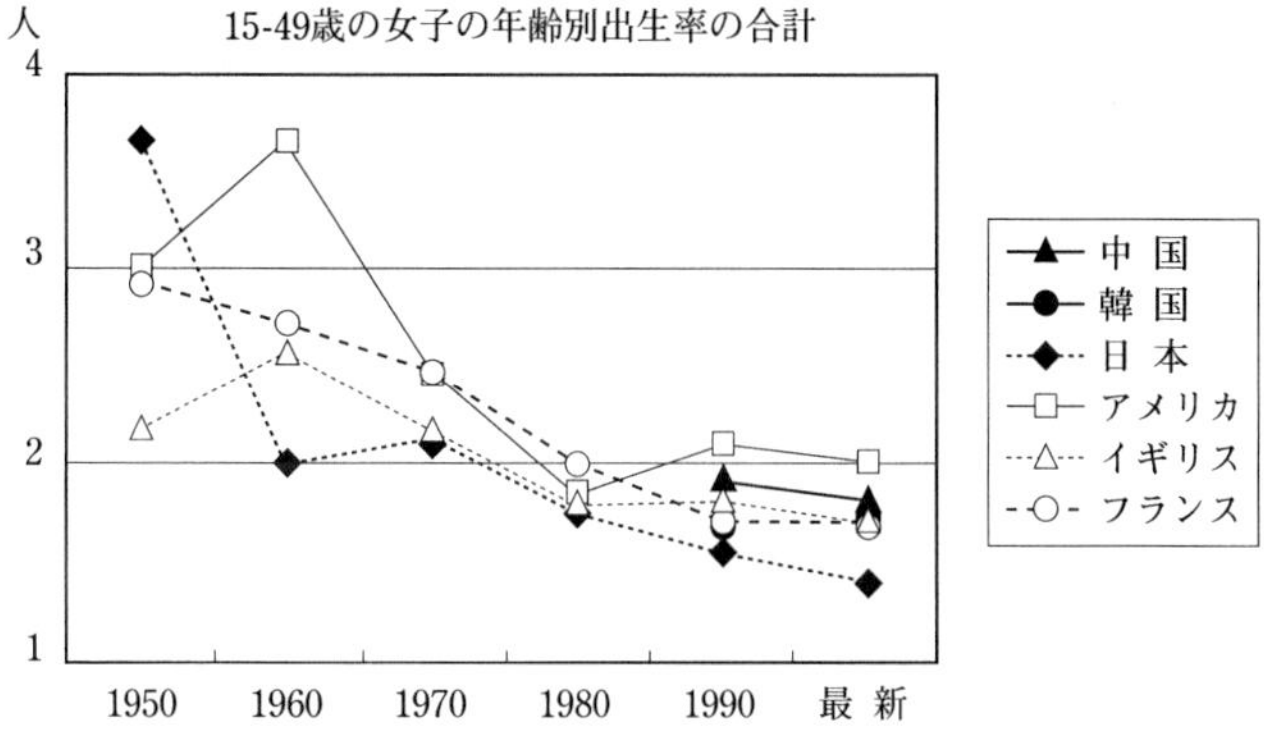

出典：『人口の動向2000』、『世界の女性2000』

図表21　出生数の少ない理由(%)　日本

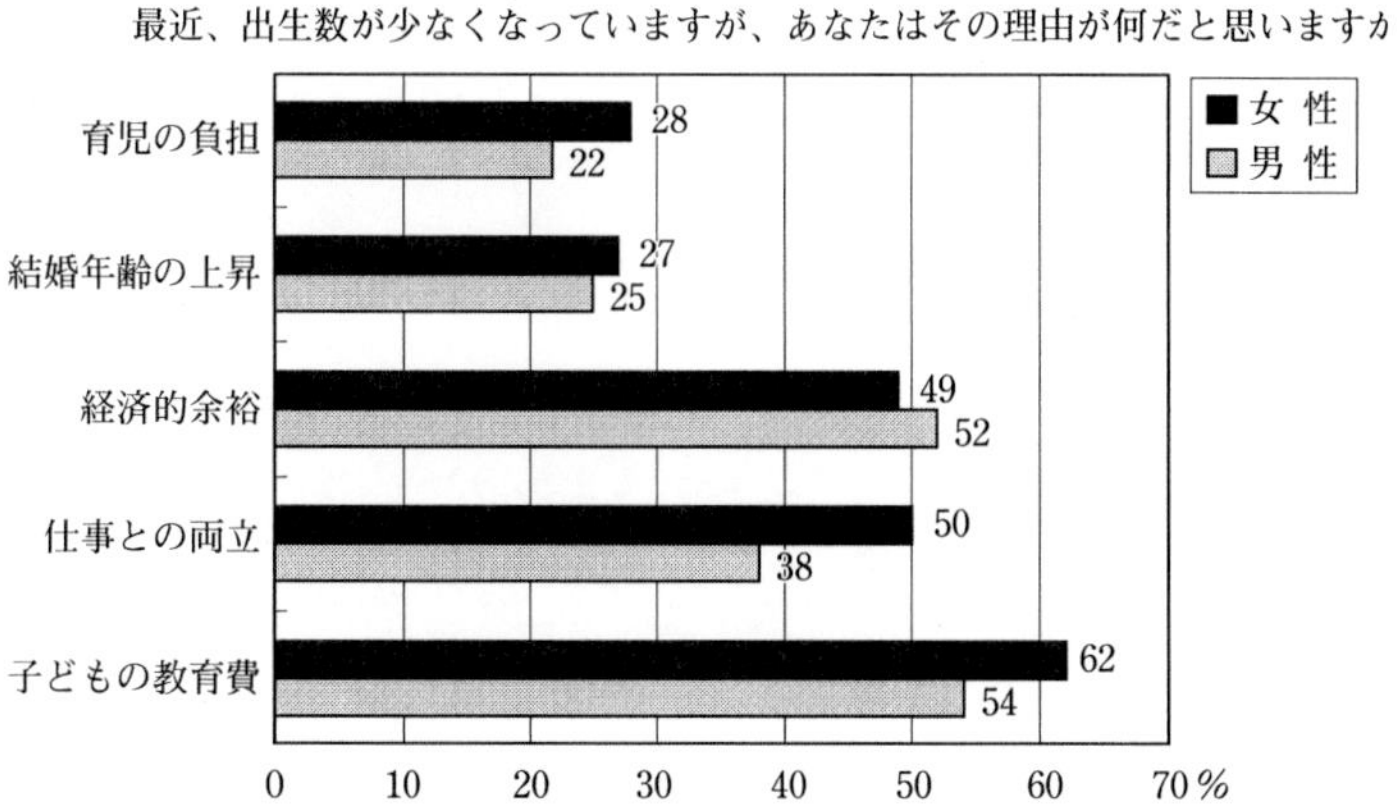

出典：『男女共同参画白書1998』

日本の女性があげる「出生数の少ない理由」の第一は「子どもの教育にお金がかかるから」、ついで「仕事をしながら子育てをするのは困難だから」「経済的に余裕がないから」である（図表21）。日本の男性もほぼ同様の回答だが、順序が「子どもの教育費」「経済的余裕」「仕事との両立」の順である。

中国・韓国でゆがむ男女比

生まれてくる子どもの男女比を、女性一〇〇に対する男性の数で求めた（図表22）。生物学的には、出生時の男女比は一〇五が標準とされ、日本・アメリカ・イギリス・フランスでは、どの年齢層も、一〇五前後である。

ところが、中国では九歳以下において、男性の比率が非常に高く、中でも一～四歳では一二一まで上昇している。これは、中国の「一人っ子政策」の影響で、親たちの人為的操作が疑われる。男女人口のアンバランスは、将来、結婚のパートナー不足をもたらすのは必死である。人口爆発を収めるためにとった「一人っ子政策」は、人口の高齢化だけでなく、男女比の偏りなどの問題を孕んでしまった。

一九九四年現在、六ヵ国のうち妊娠中絶の許されていないのは韓国だけであった。その韓国でも中国と同じように一〇歳未満で男性比が高くなっている。韓国では、一九七〇年代に保健福祉部から「二人っ子」のスローガンが出され人口抑制が図られたことが、また男性が家系を継ぐ点も中国

図表22　男子の出生比

女子100に対する男子の数

	中　国	韓　国	日　本	アメリカ	イギリス	フランス
総数	103	101	96	96	96	95
0歳	116	114	105	105	105	105
1－4歳	121	113	105	105	105	105
5－9歳	112	111	105	105	105	105
10－14歳	108	106	105	105	106	105
15－19歳	107	106	105	106	106	105

出典：『世界の統計2000』

図表23　男女の生まれかわり　日本

もういちど生まれかわるとしたら、あなたは男と女のどちらに生まれてきたいと思いますか

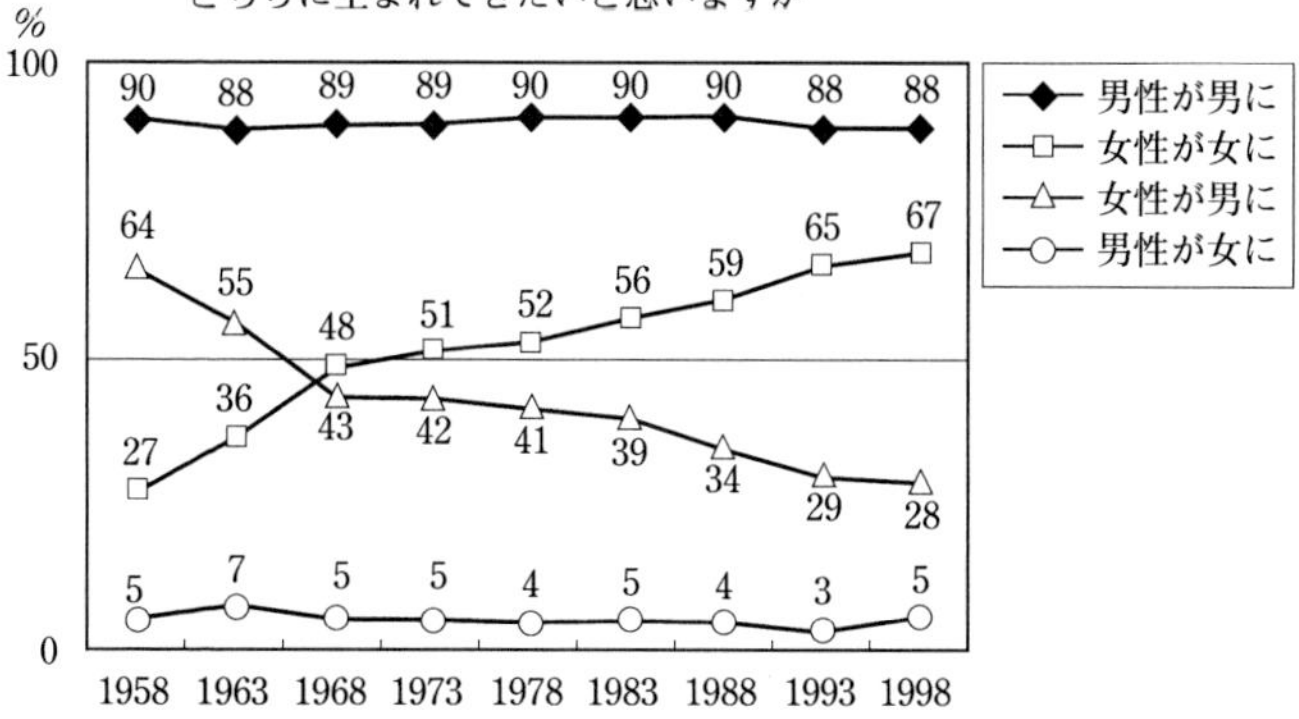

出典：『国民性の研究1999』

と似ている。

このように、生まれてくる男女の性比が偏る現象は、その国における男女の地位の差が大きく関係していると言われる。少子化が進んでいる日本はじめ他の国々で男女比が崩れていないのは、男女同権が進んでいると言える。

かつては男女差別の強かった日本でも、最近は女性にも住みよい国になってきたようだ（図表23）。一九五三年からの継続調査において、「もし生まれかわれるとしたら」との問いに対し、いつの時代も、男性はほぼ九割が「男に生まれかわりたい」と答えている。一方、女性はかつて六四％もが「男に生まれかわりたい」と答えていたが、最近は二八％までに減少した。代わりに、女性の「女に生まれかわりたい」が、二七％から六七％までに増加した。このデータは、日本が女にとってもよい社会に変わってきたことを端的に示している。

5 家族の変容

ノルウェーではシングルマザーの女性大臣が子どもを連れて、一夫多妻のサウジアラビアへ公式訪問したニュースが伝えられたのが、二〇〇一年二月のことである。四月には同じノルウェーで皇太子がシングルマザーの女性と結婚の意向を示し、国民の八五％がそれを支持していると伝えられた。北欧はすでにシングルマザーを認知している。近隣のアイルランドはカソリックの規範の強い国であるが、EU内での貨幣統一も近づき、域内の人たちの交流が盛んな時代に、もはや自国のみ宗教的規範を維持して行くのは難しいと感じている。

日本の国民は民法の下、すでに男女平等の生活をしているが、皇太子妃ご懐妊を機に、女性の皇位継承権に関する皇室典範改正などが、政治の課題になってきた。

結婚制度は、これまで家系を維持するという目的の下、夫婦愛・子孫育成・老後介護の機能を果たしてきたが、性道徳の変化、福祉の充実策などにより、これらの役割が次第に薄くなってきた。結婚制度を維持する理由が失われてきた時代に、人は何を求めて集合し世帯を作るのか。アメリカのドメスティック・パートナー制度や、フランスの連帯市民協約（パクス）はそれにある種の回答を示した。社会構造の一単位として機能を認めたのである。

また、イギリスの社会福祉の充実が母子家庭を増やすという悪循環、中国の人口抑制策が男尊女卑とあいまって子どもの男女比を偏らせるという事態、アメリカでの一〇代シングルマザーの問題など、福祉政策が思わぬ影響を与えていることから、政策を見直す動きが出ている。

さらに、情報技術ＩＴが発展した時代に、良きも悪しきも、世界中に同じ情報が発信され、全世界の人々に影響を与え、価値観を変えるようになり、時代の流れが加速されることは疑いない。

参考文献

官庁統計

国立社会保障・人口問題研究所編『人口の動向　日本と世界二〇〇〇』(財)厚生統計協会、二〇〇〇年

国際連合『世界の女性一九九五』日本統計協会訳、一九九五年

国際連合『世界の女性二〇〇〇』日本統計協会訳、二〇〇一年

厚生省大臣官房統計情報部編『婚姻統計人口動態統計特殊報告』(財)厚生統計協会、一九九七年

厚生省大臣官房統計情報部編『離婚に関する統計』(財)厚生統計協会、二〇〇〇年

総務庁統計局編『世界の統計二〇〇〇』大蔵省印刷局、二〇〇〇年

世論調査

NHK放送文化研究所『日本人の意識第六回一九九八』一九九九年

(財)日本女子社会教育会『家庭教育に関する国際比較調査報告書』一九九五年

総務庁青少年対策本部編『世界青年意識調査報告書――第六回日本の青年』大蔵省印刷局、一九九九年

総理府編『男女共同参画白書平成十年版』大蔵省印刷局、一九九八年

統計数理研究所『国民性の研究第十次全国調査』研究レポート八三、一九九九年

その他

CNN.co.jp, 2000.07.2, Web posted at:3:04 PM JS

www.wrcjp.org/News.Summary/marriage2.html（2001.4.29）

II

体制と結婚

第二章　アメリカにおける結婚
――結婚はなぜ重大なのか――

小檜山　ルイ

二〇世紀末、一九九三年から八年間にわたったアメリカのクリントン政権において、最も記憶に残ったのは大統領の不倫とそれをめぐる弾劾裁判であったろう。クリントンの精液のついているというモニカ・ルインスキーの服が証拠として提出されたのは、大統領にとっていかにも不名誉な話であった。よくそこまでやるものだ、アメリカというのは面白い国だという感想を抱いた人は少なくないはずである。権力者の婚姻外女性関係など、別にめずらしいことではない。フランスのミッテランには愛人との間に娘がいる。しかし、それの何が悪い、というのがミッテランの基本的スタンスであり、フランスではそうした態度をとることが可能である。アメリカ大統領とて、フランクリン・ローズヴェルトやジョン・F・ケネディなど、過去に浮名を流した男は決して少なくないが、以前は公然の秘密として葬られた。しかし、クリントンのケースは派手に政治問題化された。

ところが、さらに興味深いことに、クリントンの婚姻外恋愛あるいは性関係は、結局許されたのである。そもそも弾劾裁判自体、クリントンのモニカ・ルインスキーとの性関係を直接問題とすることはできず、この件について大統領が議会で偽証したことの罪を問うたのであった。その過程で、クリントンの不倫の事実は明らかとなり、彼自身それを認めざるをえなかったが、政治生命を失うことはなかった。世論は検察側の執拗な追及に悪趣味さえ覚え、クリントンを許したのである。

一連の事件は、現代アメリカ社会における結婚の位相をよく表現している。まず第一に、妻以外の女性との大統領の性的関係は、彼に重大な政治的ダメージを与えうるルール違反だということである。つまり、逆に言えば、アメリカ社会において一夫一婦制の婚姻関係はまだそれだけ尊重されており、いわゆる不倫は依然として社会的な顰蹙を買う、忌まわしい行為なのである。結婚している人が公然と愛人を持つなどということは社会的に許されない。かつての大統領たちの同様の行為は、秘密として保持し得、その限りにおいて不問に付された。今日では、女性の政治権力、あるいは、ジェンダー・ポリティックスの伸長により、結婚が尊重されているがゆえに、結婚における不義は政治的に利用されやすい状況が生じている。実際、アメリカにおいて、社会的に公認された性関係としての結婚へのこだわりは一般的にかなり強いように見受けられる。九六％の人が結婚を望み、九〇％が結婚する。そのうち半分が離婚するが、七五％が再婚するという。そのうち六〇％がまた離婚するというのに（岡田、九頁）。ゲイのカップルの結婚を合法化する問題は、結婚というも

のの多様化を示すものとして取り上げられることが普通だが、むしろ結婚という制度への執着を表現していないだろうか。(1)

しかし、同時にクリントンの騒動が表わしているのは、一夫一婦制の結婚における約束違反に対しての社会的制裁には限界があるという点である。「過失を問わない離婚（non-fault divorce）」がアメリカで認められ始めたのは一九七〇年以降のことである。それ以前、結婚の解消には配偶者のどちらかに重大な約束違反――不倫、性的能力の欠如、家庭内暴力、扶養義務の放棄等々――があったことを証明することが必要であり、したがって離婚請求はいわゆる有責配偶者の側からは原則的にできなかったし、有責配偶者の側の賠償責任も重かった。このような責任を問わない離婚を認めることは、単に離婚が簡単にできるようになったことだけを意味するのではない。結婚に伴う責任を法的、社会的に規定することが困難になったことを示しているのである。つまり、たとえクリントンのように他の女性と性的関係を持ったとしても、結婚の契約との関係でそれをどうとらえるかは、夫婦が決めるしかないことなのである。(2) そして、それが互いの認識において、重大な契約違反であり、許し難いものだとなったら、結婚を解消するまでのことである。事実、クリントンが社会的に許されたことの背景に、ヒラリーの夫擁護の態度は大きな意味を持った。裏切られた妻が許し、結婚関係を続けようとする夫婦に社会がそれ以上何を言うことができるのか。この意味で、今や結婚はきわめて私的な決断以外の何物でもない。それは、個人のコミットメント――それもいつ変わるとも知れない――を公的に表明する以上の意味をもたなくなりつつある。

現代アメリカ社会における結婚を考察する場合、以上のような矛盾する二つの特徴を扱うことになる。一夫一婦の結婚という制度が社会的に尊重され、人々がこれに執着することと、それとは逆行するように、結婚の公的意味合いが薄れ、私化され、移ろいやすくなってきているということである。おそらく前者はアメリカの歴史の古層に属する伝統であり、後者は社会変化に伴って出てきたより新しい傾向であろう。本稿は、主に前者の問題を扱う。つまり、アメリカにおいて、なぜ、一夫一婦制の結婚は特別に尊重されてきたのか。それはいかなる公的意味合いをもってきたのか。この問題をアメリカのキリスト教の伝統、共和主義の伝統、資本主義の伝統に関連させて考察してみたい。

1 ピューリタニズムと聖家族

たとえ、人々の異言、天使たちの異言を語ろうとも、愛がなければ、わたしは騒がしいどら、やかましいシンバル。たとえ、預言する賜物を持ち、あらゆる神秘とあらゆる知識に通じていようとも、たとえ、山を動かすほどの完全な信仰を持っていようとも、愛がなければ、無に等しい。全財産を貧しい人人のために使い尽くそうとも、誇ろうとしてわが身を死に引き渡そうとも、愛がなければ、わたしに何の益もない。

愛は忍耐強い。愛は情け深い。ねたまない。愛は自慢せず、高ぶらない。礼を失せず、自分の利益を求めず、いらだたず、恨みを抱かない。不義を喜ばず、真実を喜ぶ。すべてを忍び、すべてを信じ、すべてを望み、すべてに耐える。（一コリント一三・一―七）

プロテスタント・キリスト教の結婚式でしばしば読まれる一節である。これは聖書の文脈では結婚における男女の愛とは全く関係なく語られているものだし、現実の結婚の失敗の多さに照らすとどうも聞いていて落ちつかない。が、それでも、甘美な夢と感動を男女の新生活の出発点に添えるには違いない。最近日本では、信仰に関係なくキリスト教式で結婚する男女がついに多数派になったそうだ。少なくとも日本人には、キリスト教は結婚式に特別な親和性を持つように感じられるらしい。キリスト教国アメリカでは、たとえ教会で結婚式を挙げないとしても、この宗教の教えるところが結婚のあるべき形を根底から規定してきた。キリスト教は一対の男女が生涯添い遂げる誓いを交わすことを求める。この要請は、佐藤論文に引用がある、ハートグによるアメリカにおける結婚の意味、「結婚とは、男と女を生涯夫と妻として法的に結びつけることを意味してきた」（傍点筆者）（二頁）にも色濃く投影されている。

禁欲主義の伝統

元来、キリスト教は結婚に二次的な重要性しか与えてこなかった。キリスト教は終末の予感の中で禁欲主義を掲げて広まった。グノーシス主義に見られるような極端な禁欲主義は結局異端として退けられるが、禁欲的生き方が最も価値あるものとする態度は保持された。聖職者は一般人にたいして格上の倫理を求められるがゆえに、妻帯を禁じられた。逆に言えば、性欲に負ける弱く罪深い一般人に次善の策として許されるのが結婚であった。女性はエバであり、男を罪に誘う邪悪なる誘惑者であった（森本）。

次善の策としての結婚は、カトリックにおいてサクラメントとされ、原則的に解消不可能とされた。婚姻内の性交は出産を前提にする義務とされ、必要最低限にすべきであって、いつ性交して良いか細かい規定が示された（阿部、一五八―一六二頁）。「妻をあまりに熱く愛する者もまた、姦淫の罪を犯している」（ヒエロニムス）のであった（森本、五八頁に引用）。むろん、このような規定と現実の人間生活が一致していたわけではない。カトリックは聖と俗の位階的分離を前提とし、告解による罪の解消という現実的システムを備えていたので、一般人の日常生活はかえって罪の許容のうちに送られたのではないかとも想像される。

結婚に二義的価値しかおかないカトリック教会が結婚式を執り行い、結婚の成立や解消(3)に積極的役割を果たすようになるのは、歴史的経緯を経てのことである。四世紀には男女双方にヴェールをして司祭が祝福を与えるという典礼形式が定められたというが、定着にはさらに時間を要した。その背景には、女性の意志を無視した名目的結婚のもとに無秩序な性関係がもたれることを防ぎ、女性を保護する目的があったという（森本、五五―五六頁）。確かに、キリスト教的な、一夫一婦の関係性への長期的コミットメントはどちらかというと産む性である女性の願望、要求であるようにも思える。家父長的特徴、女性敵視の傾向がしばしば指摘されるキリスト教ではあるが、古代以来、女性の信者が多くを支えてきたこともまた事実であり、女性の願望や要求はこの宗教のなかにかなり反映されているのではないか。

他方、ジョルジュ・デュビーは、教会が一一、一二世紀に貴族の結婚に介入していくプロセスを『中世の結婚』のなかでフランスの事例を使って分析している。貴族の結婚は財産の移動や血脈の形成が成される重大な出来事であったから、この成立や解消に教会が介入することは、教会の権力や権威を高め、保証することにつながった。たとえば、財産のある未亡人の立場を教会が再婚の認可権や前の結婚の成否の判定権を使って保護すれば、莫大な寄進が入ることも期待できた。結婚への介入は、ローマ・カトリック教会の権力の強化に少なからぬ役割を果たしたというのである。

プロテスタントによる転換

宗教改革は、上述のような禁欲主義を基盤とするカトリックの結婚観を大きく転換させた。修道士であったルターは、一五二五年に修道女カタリナ・フォン・ボラと結婚した。中世の時代から非公式に妻帯する教区司祭は数多く、良心の呵責にさいなまれていたというが、ルターは、聖職者に独身生活を求めるという規定を批判し、聖書的理解によれば、教会の指導者は既婚者であるべきであり、結婚を禁ずるほうが、「悪霊の教え」である（一テモテ四・一、三）と指摘した（森本、六四―六六頁）。カルヴァンは、ある研究者によれば、女性を本当に良いものとして語る最初のキリスト教神学者であった。彼によれば、結婚は単に生殖のためにあるものではなく、人間に必要な伴侶を与えるためのものであった。男性は女性なしには不完全だとして、「次善の策としての結婚」という見解を完全に退けた。カルヴァン自身も結婚している。このような同伴者間の結婚の理想は、他の宗教改革の聖職者たちに徐々に受け入れられていった（アームストロング、三八一—三八二頁）。

プロテスタントの改革者たちは、アウグスティヌスが主張し、一四三九年のフィレンツェ公会議で教義的にカトリック教会が確定した、結婚は七つの秘跡のうちの一つである、という見解を否定した。ルターによれば、結婚は教会の外にも存在し、創造の秩序に属する制度であるから、キリストによって定められた洗礼や聖餐とは異なる。また、プロテスタントは万人祭司的思想を掲げ、神の前での聖職者と一般信徒の間の位階的差異を基本的に認めなかった。したがって、その差異を可視的に示す必要は払底され、聖職者も一般信徒同様の服を着、また、結婚生活を送ってしかるべきなのであった（森本、六六頁）。

アメリカにわたった最初期のピューリタン、ピルグリム・ファーザーズの指導者であったウィリアム・ブラッドフォードの手記に、結婚は「世俗的事柄（a civil thing）であるから、行政官によって司られることがもっとも適当」（Bradford, 86-87）とある。つまり、サクラメントではない結婚は、行政上の手続きで承認されるべきだというのである。一六二〇年にニューイングランドに上陸した、この分離派ピューリタンの一群は、信仰上の指導者ジョン・ロビンソン牧師をオランダのライデンに残してきた。移住後、何度か牧師の招聘を試みたが、気に入った人材を得られず、彼らのプリマス植民地は長く無牧であった。また、植民地は「聖徒」と自称するピューリタンばかりではなく、「よそ者」と称される信者ではない人々も多数抱え込んでいた（斎藤、三一四二頁）。まさにルターが指摘したように、これらの教会の外の人々の間にも結婚は起り得るわけで、カトリックのような教区制度を採らないピューリタンの教会で結婚の認可を仕切るのは困難だったであろう。プロテスタントの新天地アメリカにおいては、宗教的思想に、環境的、社会的要因も加わって、正式な結婚の承認は民事法に基づく行政事項としてごく初期から処理されようとしたわけである。先にも引用したように、アメリカでは、「結婚とは、男と女を生涯夫と妻として法的に結びつけることを意味してきた」（傍点筆者）とある通りである。また、ここに、近代に入って、人々の生活の細部を統御する機構が、宗教権力から近代的政治権力へと移行する過程が見てとれて、興味深い。

ピューリタンと世俗の聖化

プロテスタントにおいてサクラメントではなくなった結婚は、しかし、それゆえに聖性を失うことはなかった。森本は、「かえってそれ（結婚のサクラメント性の喪失）は、結婚と召命が背馳せず、人間の愛の秩序と神への献身の秩序とが相即する新しい世俗内倫理の構築を目指すことであった」（六六頁）と指摘する。確かに、ピューリタンは結婚の成立、解消にかかる管理を行政に委ねるのを良しとしたが、それは結婚生活の理想を共同体に対して提示し、指導する使命を教会が放棄したことを意味しなかった。本来、ピューリタンの共同体統治の理想はマサチューセッツ湾岸植民地で実際試みられたような、いわゆる神聖政治であった。湾岸植民地は、実際には長続きしなかったとはいえ、選挙権付与の条件に教会員であることを含めた。[4] したがって、行政官に結婚を司らせても、結婚は教会の影響下にしっかりと抱かれるはずであった。

ピューリタンにおける聖と俗の区別は、曖昧なのである。プロテスタンティズムの伝統にのっとり聖と俗の位階制を廃することは、彼らのあいだでは俗に聖を見ることで救済の実感を得るという方法論に帰着していった。人間の日常性の意味が非日常的な聖性により照射されるのである。その端的な方法の一つが予型論である。アメリカに渡ったピューリタンが、新約に語られる出来事を旧約における預言の成就と見るこの聖書解釈の方法を自分たちの歴史の解釈に用いていたことは、よく知られている通りである（大西、一五九—一八一頁、Bercovitch を参照）。また、日常生活の意味づけをこのように行うピューリタン的特性は、マックス・ウェーバーによって、勤勉と富の蓄積と神の祝福=資本主義の誕生という図式のなかにとらえられてもいる。[5] このような解釈の枠組みを前提としたとき、ピューリタンにとって、結婚とは、その内にある性の喜びも含め、神の恩寵(grace) の証しであった。つまり、ピューリタンは恩寵を神と信徒の間の交わりの結果、信徒が神と結ばれることで信徒に救いが与えられるものと定義した。その交わりはエロチックな感情を呼び覚ますようなかたちで表現されることがあり、それは恩寵の自覚とされた。換言すれば、結婚内の性交や幸福は恩寵のアナロジーであった (Porterfield, 14-15)。ケンブリッジの牧師、トマス・シェパードは、妻たちを神の愛を運ぶものと感じ、二度目の妻ジョアンナが死んだときには「神が手を引いたと感じた」。同じように、ジョン・コットンは、エリザベス・ホロックスとの結婚式の日に長い間待ち望んだ神の愛に対する確信を得たという（Porterfield, 88）。ピューリタンは、結婚の宗教的意味、聖性を、その幸福の経験によって確認しようとしたのであった。

実際、ピューリタンの男たちは、慰め、情緒的安定、心の平安を妻から得ていたようであり（Porterfield, 88）、ピューリタンにおいて「愛と共生」をともなう、「近現代的の友愛的な結婚観の輪郭がはっきりとあらわれている」（森本、六九頁）という言い方もできるのかもしれない。ピューリタンはエラスムスのような一六世紀の人文主義者の思想も取り入れ、結婚は、国家や教会同様、当事者同士の意志による契約——つまり、ナンシー・コットによるアメリカの結婚の歴史についての近著におけるキーワード、「同意」——によって成立[6]するとも考えていた（Porterfield, 24）。彼らは同時代のイギリスの一般的習慣であったバンドリングも結婚決定のプロセスに取り入れており、当事者同士の性的相性も同意の形成の大切な要因としていた（Morgan）。

が、彼らが、今、私たちが即座に連想するような恋愛感情を中心に結婚を組み立てていたとするのは大きな誤解である。そもそも、結婚に投影された聖なるイメージ——神と信徒の交わり——は神の圧倒的な力とそれに服従する信徒の契りを夫婦関係に適用するものであった。神の「勝ち誇ったような、豊かな愛」を受け入れることで信徒は神の持てるものに与ることができる。彼らの暗喩に従えば、結婚の喜び、あるいは、性的満足感は、男性の権力とそれに服従する女性の出会いによって獲得されるのである（Porterfield, 16）。結婚の本質は家父長権とそれに対する妻の服従の同意であったと言っても過言ではない。「女性自身の選択により、そのような男を夫とするのである。しかし、選ばれた以上、彼は彼女の主君であり、彼女は彼に服従する。けれどもそれは奴隷のようにではなく、自発的に従うのだ。真の妻は服従を名誉、自由と考え、夫の権力に服従するときのみ、自分の状況は安全で自由だと考える」（Porterfield, 34）。妻の夫にたいする服従は「道徳的自由（moral liberty）」の模範であって、自然的自由の行使は人を邪悪にし、獣以下にすると考えたマサチューセッツ湾岸植民地の指導者ジョン・ウィンスロップが賞揚した、唯一の自由であった（同上）。このような主張は、一九世紀になっても繰り返された。家政学の元祖とも言える教育者、著述家、キャサリン・ビーチャーにとって、女性は劣っているから男性に従うのではなく。優れているからこそ、自発的に男性に従って社会の調和に貢献するのであった（Sklar, 157-158）。

このような夫婦関係は、「夫の保護下にある妻の身分（coverture）」の存在を重ねあわせるとき、支配の構図としてより鮮明にたち現れてくる。「夫の保護下にある妻の身分」とは、イギリスのコモン・ローに従い、アメリカでも植民地時代以来長く結婚の基本的枠組みとなった法規で、結婚の際、女性は財産権を放棄する。持参金のみならず、妻が働いて得た収入も夫に帰属する。そのかわり、夫は妻の扶養義務を負う。財産権を持たない妻は独自に契約を結べず、夫の見ている場で、あるいは、夫の承認のもとに犯罪をおかしても通常罪に問われない。財産を支配する夫に投票の意志判断を強要される可能性が大きいので、女性は選挙権を与えられない。さらに、結婚は、夫の妻の身体にたいする性的接近の絶対的権限を保障する。たとえば、妻が契約を結べない理由は、妻が自分名義の財産を持たないだけでなく、彼女が契約不履行で収監された場合、妻の身体にたいする夫の接近の権利が著しく侵害されるというものであった。要するに、妻の法的身分は奴隷のそれとほとんど同じであり、独立革命期にアビゲイル・アダムズが有名な夫への手紙で問題にした通り、夫は妻をどのように使っても処罰されず、すべての男は専制君主になりうるのであった（Adams, 10-11)。歴史家リンダ・カーバーは手紙のこの箇所を、家庭内暴力の問題を示唆するものと解釈している（Kerber, 2000, 113)。

紙面の都合から詳述はできないが、さらにつけ加えるなら、ダニエル・スコット・スミスによるニューイングランドのヒンガム（Hingham）の研究などを参照すると、一七世紀から一八世紀初期にかけて、結婚の決定が親の支配のもとになされていた明らかな証拠があり、長男がもっとも持参金の多い、良家の娘をめとる顕著な傾向、複数の子どもがいる場合の年齢順の結婚等が見られる。(Smith 及び Hawes, 39）つまり、結婚の意志決定において優先されたのは、一般的に産業化以前の社会について想定されるように、ニューイングランド社会においても、当事者同士の相性とか恋愛感情ではなく、経済的要因や家格、年齢等の社会的秩序にかかわる要因であったと考えられる。愛情は結婚後に芽生えるのが理想とされ、バンドリングなどによってある程度その可能性が期待できるカップルの形成に配慮がなされていたとはいえ、結婚前の当事者同士の恋愛感情が第一義的に重視されていたとは考えにくい。

要するに、結婚を民事と位置づけたピューリタンは、結婚の決定において現実的で、家父長権の確定において断固としていた。その枠組みのなかで、夫と妻がそれぞれの役割を受け入れて同伴者として生き、結果として愛情が育まれることで、結婚と家庭生活が神の恩寵の証しとして実感されることを期待し、また現実にそうできた夫婦もあった。先にも言及したジョン・ウィンスロップは、ニューイングランド上陸を目前にアーベラ号上で行った有名な説教、「キリスト教徒の慈愛の模範（"A Model of Christian Charity"）」のなかで、持てるもの（富者＝支配者）は寛大と慈悲を以って与えつつ支配し、持たざるもの（貧者＝被支配者）は従順に従うことを「キリスト教徒の慈愛の模範」とし、この模範を示すことで、新大陸に「丘の上の町」を築く事業を成功に導くべきことを訴えた。この共同体形成の原理は、夫と妻の関係にもっとも端的に具体化されるべきものだったと言えよう。

逆に言えば、婚姻関係は共同体の礎であった。新大陸アメリカでは、伝統的共同体はなきに等しい。そのなかで新しい共同体をつくるとき、その人間関係の形成に、婚姻とそれによって生まれる家族の絆が、実質的にも、イメージ形成のうえでもいかに重大な役割を果たしたか、想像に難くない。当時独身者は原則的にどこかの家に属する（特定の家父長権の傘下に入る）ことになっていたのだからなおさらである。しかも、ピューリタニズムにおいて、家長の司る家庭礼拝は、そのスピリチュアリティの源泉とされ、「家庭は小さな教会」とされた（Porterfield, 5）。関係性の模範としての夫婦関係の社会的意味合いはさらに強まったはずである。つまり、日々の家庭内礼拝で神の恩寵として確認される、安定的で信頼に満ちた幸福な夫婦関係、その二人を中心とした家族関係は、共同体全体の安定と平和の感覚を浸透させるに違いないのである。なるほど、植民地時代のアメリカで、住人たちはお互いの家庭を熱心に監視しあっていた。裁判記録のなかに、婚前交渉、不倫、扶養義務放棄、家内の掃除の怠慢といった、男女関係や家庭にまつわる事件が極めて多く記録されている（Cott, 1986, 59-64）。逸脱は厳しく取り締まられなければならなかった。彼らにとって、結婚は、聖なる公的秩序であり、婚姻と家族関係は、その寝室における「秘め事」も含め、正当な公的関心事であったのだから。

2　共和政下の秩序と結婚

革命と市民の誕生

「我々は以下のことを自明の真理と考える。すべての人は平等に創られた。」一七七六年、アメリカ独立宣言は高らかに謳いあげた。独立革命の志士たちは、イギリス君主ジョージ三世に別れを告げ、貴族制度を廃し、一般人が互選によって指導者を選び、みずから統治する共和政を打ち立て、市民革命をなしとげた。今や、丁稚奉公の小僧でも、やがて大統領になる大いなる可能性が開かれた。この意味で彼らはたしかに階級制秩序を転覆したのであった。しかし、「すべての人」の平等の実現までには長い道程を要したのは周知の通りである。「すべての人」には黒人奴隷も女性も含まれていなかった。そもそも「すべての人」たる「市民」というのは、エリート主義を内包する、特別な人間像であった。

植民地建設初期、先にも引用したジョン・ウィンスロップが「キリスト教徒の慈愛の模範」で前提したのは、富者と貧者の支配と被支配の社会関係、もたれあいの階級社会である。統治する者（富者）の徳は、惜しみなく与える点にあり、ウィンスロップの主たる議論は、どのような場合にどのくらい与えるべきかということに集中している。この統治者のモデルは、君主制とそれを支える貴族の徳との連続性のうちにとらえられる。モンテスキューによれば、貴族のなかでも最高位に属する「純粋な戦士貴族」は財をなす必要があると考えるが、まずそれを蕩尽するところから始めないなら、それを増やすことを恥とするという。この階級に属する人間は、自分の財産を使って奉仕し、破産してしまえば、同じように自分の財産で奉仕する者に地位を譲る。「戦場にいなかったと誰にも言わせないために戦場に赴く」（川出、八頁）。

貴族とは、生まれによって運命づけられ、名誉という情念にとりつかれた、高貴なる人々である。彼らの政治的リーダーシップはこのモラルの公共的性質により確保される。アーベラ号においてウィンスロップが指導者層とみなした連中は、自分が破産しない程度に与えることに腐心するような、モンテスキューの戦士貴族に比べればはるかに小さき者である。だが、与えるという振る舞いに公共性が見出され、それゆえに支配される者はその分際にふさわしく従うことが共同体の安定を何よりも保証するというのがウィンスロップの議論である。それは、貴族という特別な階層を前提とする階級構造の論理に副いつつ、「貴族の名誉」を「キリスト教徒の慈愛」に置き換え、より慎ましい人々にも政治的指導者としての自負を求めたものであった。

独立革命によってそのような階級社会が覆され、「すべての人」たる「市民」が政治的主権者として浮上したとき、かつて特別な階層が保証した公共性はどうなったか。与えられ、服従してきた者は、与え、支配する者に変貌をとげたのだろうか。

「市民」とは、まず、与えないけれども、もらいもしない人である。福沢諭吉がいみじくも西洋市民社会の根底の論理として把握したように、「一毫をも貸さず、一毫をも借ら」ないことによって、貸借関係が必然的に生み出す支配と従属の関係を払拭し、独立独歩の自由人として立つのが市民である（引用は福沢より）。彼は、支配もせず、支配もされない、対等な人間関係を他の市民との間につくる。その上で、当該の負担については均等に分担する。だから、たとえば、武器を取り、共同体を守る義務も負う。彼を守ってくれる戦士貴族がいない以上、彼は自分で自分の身を守る責任と義務と権利をもち、それが共同体を守る義務を果たすことに直結している。要するに、市民とは、共同体の事柄を自分の事柄として考え、引き受ける能力を持つ、ある意味でエリートである。市民社会は、いわば、かつて特別な階層が義務として担い、かつ、特権として保持していた公共性を大勢の市民が少量ずつ分かち持つ社会なのである。

ベンジャミン・フランクリンは、このような市民像を理想的に体現した独立革命期の英雄である。その著作の一つ、「富への道（"The Way to Wealth"）」は、市民像の平易な解説書ともなっている。教訓の語り手リチャードによれば、専制政治を脱して、自由に服を選ぶ権利を得た者が、俺の勝手だ、誰にも指図されない、というわけで、贅沢な服装に金を使い、借金をして返せなくなれば、収監され、自由を失う(447)。市民的自由は、自己に内在化された規律なくしては保持し得ない。目先の欲望だけ追求したのでは失ってしまう、自己と他者(社会)との注意深い均衡の上に成り立っている。そう考えると、市民というのはかなりの緊張を要する恣意的存在であり、ぼんやりと普通の人として生きるだけで自然になれるというものではないようである。よく知られているように、モンテスキューは共和政を成立せしめる要因を公徳心(virtue)と考え、君主制のそれが名誉、専制政治のそれが恐怖であることに対比させた。上述の議論の文脈で言えば、公徳心とは、市民が自らの利益の延長線上に公共の利益を見て、少しずつ公共性を分かち持とうとする意志・徳性のことである。

市民にとっての結婚

さて、今ここで問題にしなければならないのは、このような市民社会において、結婚がどのような意味をもったかという点である。端的に言って、市民像は結婚なしには完結しないであろう。市民像の基本的モデルは男性である。女性は帰化し、市民権を取ることはできたが、植民地時代以来の「夫の保護下にある妻の身分」は革命後も――それが革命の平等主義の理念に矛盾することは明らかであったにもかかわらず――ほぼ残され[7]、財産権を持たないので女性には選挙権も与えられなかった。女性は二級市民であり、独立独歩の市民像を受け入れる権利も義務も否定されていた。しかるに、この女と結婚において結ばれることで、初めて市民としての男が完成されるはずなのである。これなしに、男は一人前の大人とはみなされない。なぜならば――

まず、女性的存在は共和政以前の社会における被支配者層のあり方が温存されたものである。結婚によって市民たる男はこの被支配者層を「生涯の伴侶」として自らの生活・経済圏に引き入れる。彼は扶養の義務を負い、古い社会秩序で支配者層に期待されていた「与える」という徳を学ぶ。ウィンスロップ流に言えば「キリスト教徒の慈愛」を発揮する修練を婚姻関係のなかで行うと言ってよいかもしれない。別の言い方をすると、結婚のしがらみにとらえられることで、古い支配者のモデルは市民たる男のなかにとりこまれるのである。それによって養われるはずの「弱いもの」への保護者的態度、ある種のやさしさや愛情といった感性は、彼の市民としての公徳心を補強する。また、結婚した男は、守るべきものを得て、共同体に根づかざるをえないから、これに責任を持とうとするであろう。どこへでも簡便に移動できる、根無し草の独身男のように無責任ではいられない。この観点からすると、妻と子どもは男にとって財産と同じ意味を持ち、彼の市民権を裏打ちするものである。さらに、植民地時代以来、結婚は一対一の合意に基づく民事上の契約と理解されてきた。それは、共和政においては、この政治制度を支える社会契約をもっとも身近な局面で経験するものとなる。結婚は、嘘のない、まっとうな契約としてあるはずであり、その契約を果たすこと（少なくとも離婚などという形で中途で放棄しない）は、立派な市民の証しとなるのである。(8)

これだけでも共和国における結婚の重要性は納得できようが、さらにアメリカでは、「共和国の母」という議論がなされ、結婚生活における母と妻の役目が市民の公徳心を育成する上で決定的に重要だとされたことは、すでによく知られている（Kerber, 1980を参照）。共和国を支える市民の公徳心は普通の人間が生来備えているものではなく、教育によって育まれるものである。したがって、子ども（特に男の子）の教育にもっぱらたずさわる母親こそが、公徳心を持つ市民を生み出す鍵である。すなわち、女性は共和国の礎だというわけである。この議論は革命に男性と同じように参加し、共和国の誕生にコミットした女性たちの間で高まった自立の感覚や市民としての自負を、革命後の社会が「夫の保護下にある妻の身分」を保ちつつ生かすために編み出した苦肉の策であったと言えよう。共和国の女は結婚し、家庭に留まり、古い時代から続く夫の家父長権の傘下にありながら、夫と子どもに影響力を行使することで、共和国のかけがえのない一員となるのである。女性は家庭という小さな社会で、二級市民としての責任と義務を果たす場を与えられた。したがって、女性にとってみても、結婚は共和国における（二級）市民としての自画像を描くために、極めて重要であったと言える。

「共和国の母」は、ベンジャミン・ラッシュなどが展開した、建国期の女子教育論のなかでしばしば主張され、女子教育を推進した。「共和国の母」は、教育ある妻・母であった。また、女性は「道徳の守護者」とも言われた。前に論じたように、かつてピューリタンのアメリカにおいて、家長がとりしきる家庭内礼拝はスピリチュアリティの源泉とされ、「家庭は小さな教会」として機能した。しかし、すでに一七世紀末には、女性が教会員の大多数を占める事例が増え、教会の女性化は以後一貫して進んでいった（Porterfield, 8；Douglass）。一九世紀までに、妻が家庭内礼拝の中心になっていったという。女性は教会とのつながりを強くし、キリスト教道徳を夫や子どもたち、ひいては社会に浸透させる役割を負うようになった。女性はキリスト教の禁欲主義の価値観も取り入れ、「パッションレスネス（性欲がないこと）」を装うことで淑女としての体面をつくり、かつ、夫の性欲や産児数の制限を行った（Cott, 1978 を参照）。

ナンシー・コットは、「マナー」という言葉を使って、上述のような共和国の秩序構築における女性の積極的役割をとらえている。つまり、市民としての品格は、最も日常的なレベルで、「マナー」として表れるはずであった。当時マナーとは単なる行儀を意味していたのではなく、道徳や人格を含む、習慣や価値観が一定の行動と表情によって表現されるものを意味していた（Cott, 2000, 19）。公徳心も外形的にマナーとしてとらえられたということであろう。男のマナーは一緒にいる女によって決まるとされ、「共和国においては、マナーは法律と同じくらい重要である」（一七九〇年の文書、Cott, 2000, 20 に引用）とも言われた。アメリカは、ヨーロッパ人が「荒野」と呼んだインディアンの土地に移民が建設した国である。自由の女神の礎石に刻まれたエマ・ラザラスの詩にもあるように、ヨーロッパでは「塵、芥」であった人々も受け入れたのであった。フロンティアを開拓する粗雑な男たちは、絨毯の上に唾を吐き、泥靴をつけた足をテーブルの上に投げ出してソファに座る。こういった連中を飼い慣らし、立派な共和国の市民にするのが、教養ある、敬虔な女であり、結婚は文明化の柱である——このようなテーマはずっと後まで大衆文化の中で繰り返され、一般人のイマジネーションを形作ることになる。たとえば、二〇世紀初頭のオーウェン・ウィスターの人気小説『ヴァージニアン』では、荒野のカウボーイが最後に東部からやってきた「スクール・マム（女教師）」と結婚し、大団円に至る。

以上、共和政において、一夫一婦制の結婚は「合意の上での連合、自発的忠誠の主要なメタファーとして、また、愛情の学校として、さらに国家道徳の基盤として」（Cott, 2000, 20）政治的意味合いを持つと建国の父たちが考えていたとナンシー・コットが指摘する、その意味合いの詳細がいくらか明らかになったであろう。共和国において、市民権が大幅に拡大して民主主義が成立したとき、有象無象の男たちを市民とするという、結婚において女に期待される役目はさらに重要性を増したはずである。一八三〇年代初頭、アレクシス・ド・トクヴィルが、「女性がアメリカほど高い地位を得ている場所を他に知らない」と感じ、「アメリカの特異な繁栄と高揚する力の源泉は……アメリカの女性の優越性にある」（Vol. 2, 381-384）としたのは、なるほど炯眼であった。

他者の存在と特権としての結婚

最後にもう一点だけ、ナンシー・コットの近著から重要な論点を紹介しておこう。共和政における上述のような結婚の意味は、奴隷やアメリカ・インディアン等の、アメリカ合衆国内の身近な他者の存在、さらには、遠いアジアの異教徒たちの存在との対比によって際立たされ、強調されることになったというのだ。

奴隷が共和国の二級市民でさえなかったのは言うまでもないが、その家畜と同じ身分がもっとも陰鬱に表現されたのは男と女をめぐる一連の関係性においてであった。奴隷は法的に結婚することができなかった。夫と妻に法的に保証された様々の権利——特に夫が妻の身体に対して持つ権利——は、奴隷の身分とは相容れない。奴隷の身体の所有権は奴隷の主人にあるからである。奴隷の間の事実婚は一般的であったものの、それはいつ何時所有者の都合によって解消されるとも知れない、不安定なものであった。また、女の奴隷の性は、所有者やその息子たちによって搾取されることが一般的にあったことはよく知られている。このような状況にあっては、一対一の永続的結婚に対する、市民的自由の象徴的特権としての意識は否応なく強化される。

また、モンテスキューが『ペルシャからの手紙』のなかで一夫多妻制と専制政治を結びつけて以来、啓蒙主義のなかでこれがステレオタイプ的な理解として定着した。ハーレムは「圧制的統治、政治的腐敗、強要、理性にたいする情欲の支配、身勝手、偽善」(Cott, 2000, 22) を代表するものとされ、共和国が避けるべき悪徳のほとんどすべてを表現していた。これに共和国の一夫一婦制の結婚が対比されるわけだが、アメリカには国内に一夫多妻制をとるアメリカ・インディアンがいた。彼らは市民権を付与する対象とされ、奴隷とは異なる存在であったが、「野蛮人」であった。さらに、一八一二年以降、宣教師が海外に派遣されるようになると、異教徒の野蛮で不道徳な風習として、一夫多妻や性的奔放、幼児結婚、見合いなどが盛んに報告された。キリスト教の文明国アメリカの優越性は、一夫一婦制の結婚において際立つのである。別の言い方をすると、一夫一婦制の結婚において、共和政、民主主義、文明、キリスト教は互いに深く結びついた、一連の優越的価値として認識される。この文脈のなかで、一夫多妻ゆえに、モルモン教徒は有色人種とされ、厳しい迫害を受けた。二〇世紀初頭、日系移民の写真結婚は不道徳な慣習として弾劾され、日本人が帰化不能外国人とされる一因ともなった。一九五九年、当時副大統領だったニクソンは、ソ連のフルシチョフに対し、共産主義に優越するアメリカ的自由を表現するものとして、稼ぎ手たる夫と専業主婦からなるアメリカの典型的な家庭を引き合いに出した（May, 1988, 16–17）。

3　資本主義と愛

愛ゆえの結婚をめぐって

アラン・マクファーレンは、『資本主義の文化』の第五章「愛」における議論を、「資本主義なしでも愛が存続し得るとしても、愛なしの資本主義が存続し得たか、あるいは、存続し得るかは、大いに疑問である」と締めくくっている（二七九頁）。資本主義と愛の発見の関係については、イギリスやフランスの社会史家たちが、多くの研究を積み重ねてきた。ローレンス・ストーンやエドワード・ショーターらによるこの分野の先駆的研究に対して、マクファーレンが他の研究者らとともに異議を申し立てたのは、主として時間的順序の問題であった。つまり、資本主義が発展した一八世紀末から一九世紀はじめにかけて、結婚前の求愛期間や結婚後の生活において愛が初めて発見されたという定式について、そのような愛はそれよりずっと以前（一一世紀とする説や一四世紀とする説がある）からフランスやイングランドに広範囲に見られたものであるということを実証したのである。マクファーレンは、しかし、愛を最優先させる結婚と資本主義の適合性を認め、前者が後者の結果であるというより、必要条件であったとする。

本章で考察してきたところからしても、愛は資本主義の専売特許ということではないようである。アメリカで実質的な資本主義的生産関係が発展してくるのはおよそ一八一二年の第二次対英戦争以降とされているが、当事者の合意による一夫一婦制の結婚と結婚後の愛のある結びつきはピューリタンの時代から理想として重視されたし、実際にそのような結婚をまっとうした実例があることはすでに述べた。日本の経験を振り返ってみても、万葉の相聞歌の感性は今でも通用する。逆に資本主義が発展した後でも、相手の顔を結婚式の当日になって初めて見るような結婚が残っていた。結局のところ、資本主義と愛の時間的順序の問題は、愛というものの内容の理解の仕方、資本主義の発生の起点のとり方等によってかなり異なる見解が可能なのであろう。

ここでは、時系列の問題はさしあたり棚上げするとして、むしろ考察したいのは、アメリカにおける資本主義と当事者同士の愛を最優先する結婚システムの適合性についてである。マクファーレンは上述の同じ著作のなかで、ラルフ・リントンの一九六〇年の比較研究から次のように引用する。すなわち、「異性の間の時に激しい愛着があることを、すべての社会が認めている。だが、それを強調して、結婚の基礎に据えているのは、実際上、現在のアメリカ文化ただ一つである。」また、

E・A・ヘーベルの一九五八年の研究からは、「アメリカ人ほどロマンチックな愛に熱中している人々はいない。我々の個人主義的な感傷では愛に基づく結婚の理想が称えられるが、それは不思議な心理的生理学的反応である」と（一五二頁）。

以下に資本主義と愛を優先させる結婚の関連性について、これまでの研究のなかで言われてきていることを紹介しつつ、アメリカ的状況を踏まえて考えてみたい。つまり、男女間の愛は、一七世紀のピューリタンにとっても、おそらくそれ以前の人々にとっても、未知の感情ではなかったにせよ、また、結婚の決定において考慮の一つとされていたにせよ、愛が結婚の最大の理由として一般化してくるのはアメリカでも資本主義が発展してくる、一九世紀初頭であり、その後、この傾向はますます強まり、今や当事者同士の愛が消えたら結婚も終わる――経済的考慮や子どもをはじめとする人間関係への配慮をのりこえて――のが普通になっている。その結果、愛の表明として結婚は重大視されるが、同時に、もろいものにもなった。これはアメリカで特に発展した資本主義的展開の一部ではないか。

愛の需要

一般理論に従えば、愛を優先させる結婚はまず第一に、資本主義の台頭とともに伝統的共同体が破壊され、個人主義が芽生えることに関連して重視されるようになる。この点ははやくからマルクス＝エンゲルスによって指摘されているところである。すべてのものを商品に還元させる資本主義的社会においては、伝統的な関係性、共同体が解体する。慣習と歴史的な権利は自由契約による売買に置換される。資本主義的な生産は、「自由」で「対等」な人々をつくりだす。その結果、結婚は当事者同士の契約となり、当然、当事者の意向が優先されるようになるというわけだ（マクファーレン、一五七―一五八頁）。

前節の議論のなかで、アメリカの共和政が貸し借りのない、対等で自由な市民の間の公平な社会契約ということを前提とすることを指摘したが、このような自立した人間は経済的基盤なしには現出不可能である。資本主義は封建制度において土地を基軸とした身分制度に縛られた経済的社会関係を破壊する。資本家が経済的に自立しているのは言うまでもないが、その支配に拘束される労働者でさえ、需要があり、健康であれば、自分の労働力をだれにでも売ることができる。しかも、この支配―被支配関係は固定的なものではなく、運や個人的努力で入れ替わる可能性がある。相対的に言って、資本主義下の労働者は封建社会の農民より、共同体や身分の拘束から自由であり、自立している。したがって、農民は配偶者選択において共同体や家族の利益に縛られざるをえないが、労働者にとってその必要の度合いはより少ない。しかも、資本主義社会はモノと人の移動が封建社会よりたやすく、また、促進されるから、新たな人間関係を新たな土地で形成していく必要も生じる。男女間の恋愛感情を契機として婚姻がなされ、これを基軸に人間関係が新たに作られ、社会形成されることがぜひとも必要になろう。

アメリカは資本主義が発生し、拡大する以前から、その広大な土地資源により、より多くの男たちを「独立自営農民」とし、経済的自立を獲得せしめる可能性が開かれたところであった。しかも、移民の国で伝統的共同体は無きに等しい。単純化して言うなら、ヨーロッパで資本主義が可能にした諸条件が、所与のものとしてある程度あったのがアメリカなのである。共和政の理想は、この特異な条件のもとに追求されたといっても良い。資本主義が起こると、少なくとも独占資本の形成――これはアメリカでは悪である――まではこれら諸条件はさらに拡大する。したがって、愛を優先する結婚が急速に一般化され、また、実際共同体形成のために広く必要とされる、と考えられる。

資本主義と愛の関係について、第二に指摘されていることは、フィリップ・アリエスによって示唆され、ローレンス・ストーンらにより強調されたもので、資本主義によってもたらされた一般的豊かさが、愛の情感を育んだというものである。物質的欠乏、衛生や医療の不備は短命を運命づける。いつ相手が死んでしまうかもしれないような不安のなかでは、相手にたいする愛情に身を委ねるのはリスクが多すぎるというわけである。同じ議論のなかで、愛は豊かさのみが与えうる贅沢だとも言われる。生活が厳しく、労働に明け暮れる毎日からは、ロマンティックな感情など生まれないとする。短命で貧しい時代に、アリエスが描写しているような、感情表現に乏しい、冷淡な夫婦関係が一般的であったか、この点については多くの批判があり、ここでその是非を論じるだけの材料を持たない。しかし、少なくとも、アメリカでは後に詳しく論じるように、資本主義の発展によって、家庭が生産の場としての機能を失うに従い、妻の役目は生産者としてではなく、子どもを育て、夫の世話をするという再生産に特化していくことになった。そこでは、安らぎ、優しさ、気遣いといった、愛の情感的表現形態が重要になり、当然この側面についての修練が積まれることになる。つまり、資本主義のもたらした物質的豊かさ、あるいは、家庭内生産の外部経済化は、情感の場として家庭が定義されることを可能にし、また、促したと言えるのではないか。

資本主義と愛の関係の第三の議論は、まさにこの点に関することである。まず、ローレンス・ストーンが、上述のマルクス＝エンゲルスによる伝統的共同体破壊の論理の情感的側面を論じたものがある。すなわち、かつて家族は広く共同体に対して開放的であり、家族の成員は奉公人等も含めた広範囲の人々を含んでいた。人々は生涯、一定の共同体で生き、そこで冠婚葬祭を共に営み、喜怒哀楽を共にし、互いに恩義をかけあい、縛り合う。そのような共同体が崩壊し、近代的な核家族のプライヴァシーが確立すると、かつて共同体の中で交換されていた、濃密ではないにしても幅広い仲間意識や親密さといった感情の大部分を夫と妻、両親と子という家庭内の人間関係が濃縮した形で支えることになる（ストーン、三、四章）。

さらに、マックス・ウェーバーが資本主義の合理性と愛の非合理性について、魅力的な見解を提供している。資本主義は、個々人が合理的に経済目的を追求することを要求する。しかるに、愛や性的欲望は、人間の営みのなかでももっとも非合理的衝動であって、資本主義にとって「潜在的脅威」なのである。しかも、この非合理的衝動は、社会が秩序立ち、合理化、官僚化されればされるほど、逆に高まってくる（マクファーレン、一七五―一七六頁）。

先に論じた、アメリカの共和政が描く理想の市民社会も、ともすれば冷たい計算づくの社会となりうる。独立した各人は注意深く貸し借りがないように他人との距離をとるのであるから。さらに資本主義が入り込むと、関係性の大部分は金銭で損得がはかられるようになる。トクヴィルは、一八三〇年代に、アメリカ人の言う勤勉の倫理とはフランス人が物欲と呼んでいるものだと言った(湯浅、七五頁)。このような世界で、男女の愛は、激情、自他の区別の消滅、もたれ合いといったあらゆる不条理な欲求を満たす避難所となる。

性愛的な関係は、二人の魂が直接的に融合する点において、愛の欲求を満たす越え難い頂点を提供する。この無限の献身は、すべての機能性、合理性、一般性と対立する点において限りなく急進的である。……恋人は……日常生活の平凡な繰り返しから完全に解放されるのと同じように、合理的な秩序という冷たい骸骨の手からも完全に解放されると思うのである。(マクファーレン、一七六頁に引用)

そして、愛は結婚の唯一の合理的な理由とされることで、資本主義社会システムの中核に位置づけられる。緊張に満ちた資本主義の競争社会で、合理的判断、忍耐、努力を以って獲得されたモノは、不条理な愛を看板に掲げる婚姻関係に投下されることで、初めて意味を与えられる。資本主義の発展により生産の場でなくなった家庭は、愛の欲求を満たすという機能に特化しつつ、消費の場として待機する。

愛の形式

一九世紀アメリカにおいて、資本主義の発展とともに、おそらく上述の諸理論が提示するようなメカニズムによって、愛を優先させる結婚の理想は一般化した。が、しかし、それは一種独特なフォーマリズムをともなってのことであった。ロマンティックな愛の神秘の魔法は、誰もが了解しているように長続きしない。結婚生活における愛は、合理的、打算的なギヴ・アンド・テイク、市民的気遣いによって基礎づけられる。そもそも配偶者選択の過程における恋愛とて、激情にまで至るのは希ではないか。出会いの場は限られており、たいてい、学歴、収入、職業、年齢などの釣り合いが取れる相手と恋に落ちる。性愛的な牽引力さえ、他の諸条件によって大抵は方向づけられているのである。同時に、放埒な自由恋愛[9]はやはり社会秩序を脅かすから、愛は適度に飼い慣らされたものでなければならない。それでいて、なお、結婚の選択とその後の結婚生活に愛の香りが必要であるなら、求愛のプロトコールや愛の表現が一般的形式として了解され、これが踏襲されることで、愛し、愛されていることが確認される必要がある。

アメリカのヴィクトリアニズムは、求愛期間のコーリング（男が女の家を訪問すること）、男が女に示す「レディ・ファースト」の態度、女に要求された性的無知の装い、贈り物のマナーなど、「懇ろになりすぎない」男女交際の慇懃なルールによってまず特徴づけられていた（常松、Green を参照）。そのわざとらしくも生真面目な儀式は、資本主義の急速な発展段階にあって、合理性と非合理性のバランスを不器用にとろうとした社会的努力と言えるのかもしれない。

一九世紀アメリカにおいて成立したとされる、男女の領域の分離の言説もまた、資本主義と愛の相互補完関係を円滑たらしむる工夫と理解できる。資本主義の発展に伴う都市化は、家庭と仕事場を空間的に分離する。男は、終日「外の」仕事場で経済活動に従事する。女は家で子育てをし、家事を取り仕切り、快適な環境をつくりだす。男の役目、あるいは、甲斐性は、広い社会での政治、経済活動に従事することで、モノ（金）を得て、女を世間の荒波から隔離することである。女が司る非合理的な愛の世界は、無情な合理性の世界と直接触れたら、壊れてしまうからである。男の外での奮闘の意味はここに見出される。一方、家庭という空間で繰り広げられる女の愛の世界は、思いやり、慈しみ、優しさ、自己犠牲、他者への奉仕といった、「キリスト教徒の慈愛」によって満たされるはずのもので、古い価値観を色濃く残した、禁欲的なものであった。女の世界たる家庭は清らかで、穢れを知らない「聖域」であって、夕べには男を迎えて愛で癒し、「浄化」して、朝再び無情な世間に送り出す。愛は金で勘定できないゆえに、神秘的で不合理な世界である。したがって、女の家内労働も金ではかられることはないが、それによって女は「養われ」、生存を保証される。(10)

愛ゆえの結婚は、資本主義社会に生きる男と女にとって生き、働くことに意味を与える欠くべからざる道徳的社会制度なのである。一九二〇年代にロバート・リンド、ヘレン・リンド夫妻はある中西部の町を社会調査して、有名な『ミドルタウン』を著した。その中で、「ロマンティックな愛だけが結婚を決める正当な理由である」という信念が、少なくとも一八九〇年代から一九二〇年代にかけて、町民の間でしっかりと根づいてきたことを発見した。「ただ起る」「神秘的な引き付け合う感情」で、若者は配偶者を選ぶ。町民は「結婚におけるロマンスを社会を維持するために、何か宗教のように信じなければならないもののように見なしている」ようだったとリンド夫妻は報告している（Lynd, 114-115；Cott, 2000, 150 に引用）。

結婚の終焉?

アメリカにおいて、なぜ結婚はかくも重大な公的社会制度なのか。本章では、キリスト教、共和主義、資本主義の伝統における結婚の意味を考察することで、この問題に解答を試みた。テーマが非常に大きく、紙面が限られているため、論理的な素描しか提示できなかったのが残念である。将来、ぜひ実証的な材料を準備して、再び取り組みたいテーマである。

冒頭に、クリントンの例をあげたさい、結婚が私化し、脆弱で、移ろいやすいものになっている最近の傾向も指摘した。この展開について今回取り上げることはしなかったが、最後に見取り図だけ示しておきたい。

まず、愛の内容の変化である。宗教の影響力は二〇世紀に入って圧倒的に低下し、禁欲主義の抑制も緩んでくる。同時に資本主義がさらに豊かさを生んで、享楽的傾向の強い消費社会が到来する。このなかで、キリスト教的抑制のきいた愛は、性愛に急速に置き換わっていく。男女の出会い、求愛期間のみならず、夫婦の間でも性愛の重要性は増し、その本来のプライヴェートな性質、移ろいやすさから、結婚もそのようになってくる。

第二に、いわゆる女性の社会進出の影響である。独身女性の就業機会、単身居住などは南北戦争以後始まり、今日に至るまでに紆余曲折を経ながらも拡大の一途をたどった。一九二〇年以降、女性は参政権も獲得した。このような女性の政治的、経済的自立は、従属者としての女性のモデルを打ち壊し、元来このモデルに立脚してきた結婚制度の有効性を減じせしめた（これらの点について、May, 1980 が参考になる）。第三に国家制度の確立が挙げられよう。アメリカという国が若かった時代は、植民地や共和国の建設、資本主義社会の整備などの、共同体維持にかかる個人のモラル、制度としての家庭の重要性は大きかった。しかし、たとえば、「道徳の守護者」として女性が担ってきた弱者保護の倫理等は、女性を中心とした社会改革運動を経て、やがて国家政策に吸収され、行政という合理的世界に取り込まれていった。国家制度がこのように整備されてくると、個人はより私的になりえ、結婚の決断やその後の生活も限りなく私的なものになる。

したがって、今日のアメリカで、離婚は増え、関係性は移ろいやすくなった。しかしなお、人々は結婚に執着する。古い伝統がこの制度に持たせてきた社会的意味はまだ失われてはいない。あるいは、たとえ一時的にせよ、私的な愛の決断に公的な承認をえ、人生の意味を公的に確認するために、この制度は、個々人にとって捨て難い意味をもっているらしい。

注

(1) ゲイのカップルのように所得が近接している場合、合算課税のメリットはあまりない。
(2) トム・クルーズのように、スターが結婚のときに弁護士を使って当事者同士の約束を文書化するのにも表れている。
(3) 近親相姦や交接不能を理由に結婚がもともと成立していなかったと教会が認定すれば、実質的に離婚は可能であった（デュビー、三〇三―三三八頁）。
(4) ただし、女性は教会員であっても選挙権はなかった。
(5) もっともウェーバーは聖と俗の曖昧性よりむしろその合理的分離をあやまって強調したが (Porterfield, 5)。
(6) 求愛期間中の男女が、着服のまま共に寝る習慣。バンドリングの段階での関係解消は比較的容易。
(7) ただし、夫殺しは、小規模な反逆罪でなく、ただの殺人になった。
(8) クリントン大統領の弾劾裁判のときも、結婚の誓いもまともに守れない男の公に対する宣誓など、もともと信じられないとささやかれた (Cott, 2000, 201)。
(9) その最たるものは異人種間結婚で、法的に禁止されていた。
(10) むろん、これはあくまでモデルとして提示されたもので、現実には、女性によって仕切られる家庭に男性が疎外感を抱いていたとも言われる（常松）。また、ヴィクトリア時代の家庭における愛の基調は夫婦間のそれではなく、母子の愛着によってつくられたとされる。一九二〇年代になって、夫婦間の性愛が母子の愛着に優先する傾向が現れるというのが一般的理解である。

参考文献

阿部謹也『西洋中世の男と女』筑摩書房、一九九一年

Adams, Abigail. Letter to John Adams. 31 March, 1776. *The Feminist Papers*. Ed. by Alice S. Rossi. Boston: Northeastern Univ. Press, 1973.

アリエス、フィリップ（杉山光信・杉山恵美子訳）『〈子供〉の誕生』みすず書房、一九八〇年

アームストロング、カレン（高尾利数訳）『キリスト教とセックス戦争』柏書房、一九九六年

Bercovitch, Sacvan. *The American Jeremiad*. Madison: Univ. of Wisconsin Press, 1978.

Bradford, William. *Of Plymouth Plantation 1629-1647*. New York: Alfred A. Knoph, 1984.

Cott, Nancy F. "Passionlessness: An Interpretation of Victorian Sexual Ideology, 1790-1850." *Signs* 4 (1978): 219-36.

Cott, Nancy F. *Public Vows*. Cambridge.: Harvard Univ. Press, 2000.

Cott, Nancy F., ed. *Root of Bitterness*. Boston: Northeastern Univ. Press, 1986.

Douglas, Ann. *The Feminization of American Culture*. New York: Avon Books, 1977.

デュビー、ジョルジュ（篠田勝英訳）『中世の結婚』新評論、一九九四年

Franklin, Benjamin. "The Way to Wealth." *Norton Anthology of American Literature*. Vol. 1. New York: W. W. Norton & Co., 1994: 442-448.

福沢諭吉『学問のすすめ』日本評論社、一九四一年

Green, Harvey. *The Light of the Home*. New York: Pantheon Books, 1983.

Hartog, Hendrik. *Man & Wife in America: A History*. Cambridge: Harvard Univ. Press, 2000.

Hawes, Joseph M. and Elizabeth I. Nybakkenn, eds. *American Families*. New York: Greenwood

Press, 1991.
川出良枝『貴族の徳、商業の精神』東京大学出版会、一九九六年
Kerber, Linda. "The Republican Mother and the Woman Citizen: Contradictions and Choices in Revolutionary America." *Women's America* (5th edition), Linda K. Kerber and Jane Sherron De Hart, eds. Oxford: Oxford University Press, 2000.
Kerber, Linda. *Women of the Republic*. Chapel Hill: North Carolina Univ. Press, 1980.
Lynd, Robert S. and Helen Merrell Lynd. *Middle Town*. San Diego: Harcourt Brace & Company, 1929.
マクファーレン、アラン（常行敏夫・堀江洋文訳）『資本主義の文化』岩波書店、一九九二年
May, Elaine Tyler. *Great Expectations*. Chicago: Univ. of Chicago Press, 1980.
May, Elaine Tyler. *Homeward Bound*. New York: Basic Books, 1988.
Morgan, Edmund S. *The Puritan Family*. New York: Harper & Row, 1966.
森本あんり「性と結婚の歴史」関根清三編『性と結婚』日本基督教団出版局、一九九九年
岡田光世『アメリカの家族』岩波書店、二〇〇〇年
大西直樹『ニューイングランドの宗教と社会』彩流社、一九九七年
Porterfield, Amanda. *Female Piety in Puritan New England*. New York: Oxford Univ. Press, 1992.
斎藤眞『アメリカ革命史研究』東京大学出版会、一九九二年
ショーター、エドワード（田中俊宏・岩橋誠一・見崎恵子・作道潤訳）『近代家族の形成』昭和堂、一九八七年

Sklar, Kathryn Kish. *Catharine Beecher*. New Haven : Yale Univ. Press, 1973.
Smith, Daniel Scott. "Parental Power and Marriage Patterns : An Analysis of Historical Trends in Hingham, Massachusetts." *Journal of Marriage and the Family* 35 (1973) : 422-426.
ストーン、ローレンス（北本正章訳）『家族・性・結婚の社会史』勁草書房、一九九一年
Tocqueville, Alexis de. *Democracy in America*. 2 vols. New York : Alfred A. Knopf, 1945.
常松洋「アメリカのヴィクトリアニズムと中産階級」『史窓』（京都女子大学史学会）五八巻（二〇〇一年三月）
Winthrop, John. "A Model of Christian Charity." *Norton Anthology of American Literature*. Vol. 1. New York : W. W. Norton & Co., 1994 : 170-180.
Wister, Owen. *The Virginian*. New York : Penguin Books, 1998.
湯浅泰雄「性と結婚をめぐるキリスト教史再考」関根清三編『性と結婚』日本基督教団出版局、一九九九年

第三章　中国の社会主義制度における婚姻
――体制と個人の決断――

聶　莉莉

婚姻によっての男と女の結びつきは、多くの社会において、出生とともに人間社会の基本的紐帯を生み出す契機である。婚姻は、当事者たちの生理的心理的欲求にもとづいているにもかかわらず、それぞれの社会や民族文化の規範によって規定されている。

婚姻は、最初の配偶者選択のステップから、単系または非単系出自などの親族集団の形態や、身分と階級、地域、宗教などによって規定されている。また、当事者の男と女の夫婦関係の締結によって、双方の親族が互いに関係をもち、一定の社会的交換を形成する。そして、婚姻及び家族のかかわる社会的絆は、深い愛情から、衝動や執念、消し難い憎悪にいたるまで多様で混沌とした情動を体験する領域でもある。その個々の人の情動及びその表現様式も、また、社会的文化的影響から逃れることなく、後者によって規定されている。

その意味で、文化人類学においては、婚姻は一つの社会的、文化的複合の体系であるとされている（蒲生、一二七―一四六頁）。人間の社会生活の実践を見つめる文化人類学的研究におけるこの領域への基本的アプローチは、個人の行動がいかにその個人が身を置く社会及び文化に規定されているかを理解し、言い換えれば、文化的に規定された行動、表現様式を見出すことにあった。

本章は、上記した文化人類学的視点から、中国社会主義制度における婚姻を紹介しようとするものである。

ここでは、筆者がフィールドワークをした中国東北地域の村における婚姻の事例、及び北京という大都会で生活する筆者の友人たちが実際経験した事例を取り上げる。これらの事例は、中国の社会主義制度のもとで生活していた人々の婚姻が、いかにその社会の規範や制度に左右されたか、個々人の内面まで時代のイデオロギーや風潮にいかに翻弄されたかを表現するものである。

ここに考察したのは、主として新中国が成立してから一九八〇年代までの時期である。言わば社会主義革命最中の婚姻の姿をとらえてみたい。

それ以後、中国政府が「改革・開放」政策を実施したことにより、特に一九九〇年代に入ってから、「社会主義を堅持する」というスローガンを政府が掲げ続けているにもかかわらず、実質的に、中国社会は、経済や組織制度、個人行動などの面でかなり変化した。したがって、現在における婚姻の姿は、本章で紹介したものとはまたずいぶん異なることであろう。

1　人民公社時代における婚姻

人民公社は、一九五〇年代の末頃から一九八〇年代の初頭まで機能した社会主義中国における農村地域の社会組織である。国家権力の基層レベルの行政機関でありながら、集団経済の組織でもある。農村地域の全人口が人民公社に組み入れられ、村落が人民公社組織の下位単位、生産大隊となった。農民は人民公社の社員として働き、畑の耕作、農作物の管理、家畜の飼育などほとんどの農作業を集団で行った。

その集団労働のうちに、革命以前の「男女授受不親」（男女の間では直接に物のやりとりをしない）の時代には考えられないような、青年男女の自然な接触による「自由恋愛」も現れた。「自由恋愛」は、一九五〇年に共産党政権が伝統的家父長的専制を否定し、自由意思にもとづく婚姻や民主的な家族関係の確立を条文にうたう婚姻法を公布して以降、社会的に受け入れられてきた、結婚を終着点とする男女交際のスタイルである。このような社会的風潮のもとで、親たちは、子女が異性と付き合う、その行動自体に反対できなくなった。しかし一方、親や世論が、甚だしきにいたっては行政や共産党の基礎組織も加わって、タブー視して壊そうとする青年男女の交際もあった。それは、往々にして、革命以後の政治やイデオロギーによって再編成された「反動的な」地主・富農、及び「中立的な」中農、「革命的な」貧農、下中農などの階級や階層を横断するような青年男女の交際であった。

唐沙萍と劉漢鉄の婚姻

一九八七年から一九八八年の間、私は博士論文を書くための資料を収集する目的で、およそ一年間、中国東北地域の劉堡という村に滞在し、実地調査をした。人口が千人ほどのその村では、劉という苗字の宗族（父系血縁集団）が聚居しており、農家の半数以上が劉氏家族であった。資料収集の過程で出会ったのが唐沙萍と劉漢鉄の婚姻をめぐる一連の物語である。

唐沙萍は、村の「第二号人物」（最高責任者の次）の党支部副書記、生産大隊副隊長の娘であり、当時の田舎ではめずらしく高校を卒業して、共産党中央の呼びかけに応じ「還郷青年」として、村に戻った女性である。野良仕事に従事するうちに、劉漢鉄と恋仲となり、ついに彼と結婚することを決意した。しかし、共産党幹部の父親をはじめとする親族全員の強い反対にあい、党支部及び青年団の幹部も彼女と数回にわたって「正式談話」（思想問題を説得し解決する方法の一つ）を行った。皆がこの恋に反対するのは、劉漢鉄の祖父が「反動的な地主」であり、彼が地主出身だという、それだけの理由によるのである。

劉漢鉄は才能に優れた青年であって、農作業は巧みで、笛や胡弓などの楽器もうまく、性格はまじめで温厚であった。劉漢鉄が良い青年だと信じた唐沙萍は、皆に反対されたにもかかわらず彼と結婚した。

唐沙萍の親は、娘が「反動的な」地主の孫と結婚すれば、親子の縁を永久に切ると言明したため、この結婚の結果彼女は実家との関係を完全に断ってしまうこととなった。結婚後は、同じ村に住んでいるにもかかわらず、彼女と両親は互いに付き合わないばかりか話を交わすこともなかった。彼女がやっと実家を訪ねたのは、結婚して十数年後のことである。文化大革命終結後の一九八〇年代初め、癌で臨終の床に伏していた父親を見舞うためだった。

唐沙萍は「出身のよい知識青年」で党支部副書記の娘でもあったので、党支部に重視されていた。幹部の後継者として青年たちが憧れていた共産主義青年団及び共産党組織に加入する可能性も高かった。しかし劉鉄漢と結婚することを選んだ彼女は、「党の指示」に従わないという理由で、すでに始まっていた青年団加入の手続きも止められ、また、貧下中農出身の青年なら誰でも参加資格のある民兵からも除名された。

ある村幹部が、「彼女は自分の政治生命を自ら破壊した」と評したとおり、結婚してからの唐沙萍は、いっさいの政治活動、ひいては村落の社会生活からも疎遠になった。

階級区分と階級闘争

革命以後階級闘争のイデオロギーがいかに人々の婚姻及び親子関係に影響を与えたか、「反動的な階級」というレッテルを貼られた者の結婚がいかに難しかったか、村落の行政組織がどのように人々の生活に干渉していたか、この事例をとおして多少なりともうかがうことができるだろう。

革命以後、社会階級の再編成が過激に追求され、階級を横断するような婚姻は弾劾された。この事情を理解するには、革命直後の土地改革運動について説明しなければならない。

一九四〇年代の末頃から一九五〇年代の初期まで、全国規模で土地改革運動が行われた。この運動の中で、土地所有や生産労働に従事する状況などを基準とする共産党の階級政策により、農民は、地主、富農、上中農、中農、下中農、貧農及び雇農などの七つの階層に分けられた。また、これらの階層は、それぞれ政治的特徴を有していたと言われる。貧農と雇農は搾取される側の階層であるために、「旧中国の封建的搾取制度を転覆する革命的動力」で、共産党が依拠する対象となった。中農については、上・中・下のランクで異なり、下中農は革命から利益を受けるため、貧農及び雇農と同じように革命の動力となる。中農と上中農は革命によって利益も受けないが損失もないので、なりゆきながめの態度をとるため「団結の対象」となる。地主と富農は「封建的土地制度の代表者」であるため「革命の対象」となる。さらに大きく区分すれば、これら七つの階層は、革命と反革命の二つの階級に分けられていた。

以後、毛沢東による「継続革命」理論の指導のもとで、全国規模でくりかえし「三反」「五反」「反右派」「四清」などの政治運動が展開された。それらの中で、「革命の対象」はいつも批判、闘争の矢を向けられた。さらに、一九六〇年代半ば頃文化大革命が始まると、地主、富農、その他の反革命分子が、「黒五類」と総称され、「反革命的勢力」として弾圧されるようになった。

「黒五類」は、すなわち、①「封建主義の勢力」といわれる地主、②富農、③「歴史反革命分子」

といわれる旧満州国時代の村長以上の官吏、国民党時代の将校などの人物及び新たに出現した「現行反革命分子」、④「壊分子」（悪質分子、窃盗犯、殺人犯、放火犯などをいう）、⑤右派などの人々である。

「黒五類」の子孫

階級闘争が強調されていた時代に、「黒五類」に分類された者がひどい目にあったのは言うまでもないが、その子孫も、「五類出身」となり「狗崽子」（犬の子）と呼ばれ、監視及び軽蔑の対象とされた。興味深いことは、「黒五類」に芋蔓式に結びつけられたのは、主にその兄弟ではなくて彼の息子や孫だったことである。伝統社会における、子孫の「血骨」は祖先からのいただきもの、という観念が、階級闘争が強調された時代に、子孫が祖先の「反動思想」を継承する、という形で信じられていた。

この人口千人前後の村には、一八人の「黒五類」がいたが、「狗崽子」は四〇人もいた。彼らは、「出身不好」（出身が悪い）という理由で社会生活の様々な面で差別された。その境遇は、社会階層秩序が逆転した革命後の社会では「出身がよい」とされた貧下中農の子女とは鮮明な対照をなしていた。

第一に、彼らは政治的、社会的地位が低く、共産党及び共産主義青年団に加入する資格がなかった。また、どんなに成績が良く勉強が好きな学生であっても、中学校以上の学校（高校と大学）に進学する権利がない。なんとかして中学校に入学しても途中で退学させられたりした。村の「黒五類」の子孫で、高校卒の学歴がある者はほとんどでなかった。

第二に、集団生産の中で彼らはいつも一番つらく、かつ、「工分」（労働点数）の低い仕事に従事させられた。貧下中農の子弟が避けようとした「運糞」（町へ肥汲み取りに行き、またその糞を肥料として村に運ぶ）などの仕事を彼らは争って担当した。というのは、その仕事の労働点数がやや高かったからである。貧下中農出身の人民公社社員は、仕事に関する生産隊長の手配に服従しないことがよくあったが、「黒五類」の子孫は、どのような無理な要求にも服従するしかなかった。そればかりか、仕事のできが生産隊長の気に入らなければ、殴られたり罵られたりすることも珍しくなかった。冬などの農閑期には、仕事が少ないとか、「工分を節約する」（生産隊の「工分」が少ないと一分ごとの値も高い）という理由で彼らは首になった。東北地方の長い冬の間、彼らが稼ぐことのできる唯一の仕事は、朝早く起きて路上の牛馬糞を拾い、生産隊に納めることだった。この仕事は、「工分」が非常に少なく、貧下中農なら誰もしようとしなかった。仕事がないので都市へ出稼ぎに行こうとしても、「五類出身」との理由で生産大隊から「紹介状」（身分証明と出稼ぎ許可）をもらうことができない。出稼ぎもできず、生産隊の「工分」も多く稼げなかったので、彼らの生活は一般の社員より苦しかった。いつも継ぎはぎだらけの服を着て、辛うじて糊口をしのぐような生活を送っていた。

第三に、社会生活の面では、彼らはまるで親族がないようであった。親族はあえて近づいていくこともできず、彼らもあえて親族に厄介をかけることができなかった。もちろん、友達はない。「黒五類」出身同士の間でも互いに付き合うことができない。それは「反革命串連」(反革命的な連絡を取り合う)と批判される恐れがあったからである。

以上のような境遇の悪さは、彼らの結婚において大きな問題となった。

周品星と劉夏藍の婚姻

当時、唐沙萍のように、あえて世間の風潮に正反対の行動をとり、自ら「往火坑里跳」(火の燃えている穴に飛び込む、即ち非常に困窮している境遇を自らに被らせる)の人はごく少数であった。大多数の青年及び彼らの家長は、相手の「出身」を重視し、この観念は「黒五類」出身の若者にも大いに影響を与えた。彼らは、結婚相手を見つけるのに苦労したが、いったん出身の良い・悪いのどちらかを選択できる可能性にめぐりあえると、他の個人的な条件はいっさい問わずに出身の良い方を選ぶのが普通であった。配偶者の優越的な政治的地位を借りて、自分の地位を向上させようとしたのである。そのような婚姻の例として筆者が調査過程で知った周品星と劉夏藍の話を紹介しよう。

周品星は、父親が「上中農」であったので、自分の出身もそれほど悪くなかった。しかし「姥爺」(母方の祖父)が富農で、しかも旧満州国時代に「屯長」(当時の村長、「反革命」とされた)であったため、彼及び彼の家族も巻きぞえになった。本来、父系血縁原理を重視する中国社会では、母方の血統がそれほど問題とされることはないが、村落内の人間闘争の諸般の事情により、彼の家族も「黒五類」出身者と類似の地位におかれてよくいじめられた。「黒五類」出身者のための「学習班」（出身の悪い者を集めて各自の親の「罪」を摘発させる）が行われるたびに彼も必ず呼ばれ、そこでひどく殴られたことも何回かあった。

もともと品星は、村でも有名な「孝子」（孝行者）だったが、貧農の娘、劉夏藍と恋愛し、その恋愛に反対する両親と激しく対立するようになった。

彼は四人兄弟の長男で、「周家の筐首」（一篭の果物の上のもの。人に見せるため、上に並べるのが必ず一番良いもの）と言われるように、彼が弟たちの模範であり、容貌は立派で性格も良く、親には「孝」、弟たちにはへりくだっていた。親は「長媳」（長男の嫁）、弟たちは「長嫂」（一番上の兄の嫁）に、大きな期待をかけていた。しかし彼の恋の相手劉夏藍は、容貌から才能まで、何一つ彼と釣り合っていないばかりか、性格も優しくなかった。彼にまさるのは一つだけで、それは貧農出身であることである。

彼の恋愛によって、平和だった家族内部は大混乱となり、母親は病気になって、あまりに怒ったため気絶して倒れたことも何回かあった。彼も両親に反抗するため、家の庭に入らず、食事もしないまま菜園で夜を明かすことがよくあった。

両親が彼の婚姻に反対した主な理由は、相手が「賢恵」（善良で徳行がある）な女性ではないということである。周品星の父親は県城高校の教員、母親は「大門檻」（敷居の高い家、即ち裕福な家）

の出身で、両親とも未来の嫁の、女性としての修養を重視していた。特に母親は、自分が長男の嫁として姑に「門風」（家風）の訓練をよく受けていたので、家風の継続に重要な意味をもつ「長媳」に特に期待をかけ、厳格に選択しようとしたのであった。劉夏藍は「小門檻」（貧しい家）の出身で、しかも幼いころに母親に死なれ、女性の修養について教わる人がいなかった。また、彼女の姉が結婚後、姑いじめをしたことから、姉妹の「心不善」（思いやりが足りない）は村で有名だった。品星の両親は、自分たちの政治的な地位が低く、軽蔑の対象となっていることを承知していた。しかし、息子たちの「終身大事」（結婚）については、たとえ政治的に有利であっても、我慢を重ねなければならないような相手との結婚だけは絶対に困ると考えていた。

また、劉夏藍は、品星の母親と同じ劉氏宗族の人であった。共通する先祖がだいぶ上の世代にさかのぼり、血縁そのものは遠いが、輩行（世代関係）によれば、劉夏藍は品星の母親より一世代下となり、言わば「姪女」（兄弟の娘）と「姑」（父の姉妹に当たる叔母）との関係である。この地域には「姑做婆、老不和」（「姪女」が「姑」の嫁になれば、嫁と姑の関係がいつまでも不和である）という忌諱があるため、品星の母親はこのような関係にある女性が嫁になることを忌み嫌っていた。

しかし品星は、父母とまったく異なることを考えていた。まず出身が悪い者の苦しみによく耐えた彼は、貧農出身の娘に愛されて初めて自分がこの社会に受け入れられる可能性を感じたのである。また彼は、良い出身者と同じようにさまざまな権利をもち、他人に軽蔑されないように生活したいという夢を持っていた。彼は劉夏藍との結婚を通して、自分と両親及び兄弟の、村内での社会的地位が上昇するのではないかと考えていた。彼の家族、特に母親は、「歴史反革命」というレッテルを貼られた「姥爺」の巻き添えを受け、さんざんの打撃を蒙った。手ひどい迫害を受けた「姥爺」は、文化大革命の最中耐えられずに自殺した。「孝子」としての彼は、自分の結婚によって家族が攻撃を受ける地位から抜け出せれば、それは長男としての義務及び両親に対する最高の孝行ではないかと思っていた。両親を喜ばせようとした自分の婚姻が、両親にそれほどまで反対されるとは、彼にとっては意外であった。

村の人々の間では、この婚姻についてさまざまな議論があった。「周品星の母親が大胆にも貧下中農の娘を軽蔑する」といった政治運動の闘争会での発言と同じような口吻の評論にはじまって、「あんな出身の悪いものと結婚すれば生活が大変だ」とか、「姑にそれほど反対されては、たとえ結婚できても平和な生活は送れないだろう」、また、「正直に言えば、劉夏藍は周品星とはとても釣り合わない。周が頭をあげられない今の段階では、劉夏藍が彼にとって必要であるけれども、将来周が出世する日が来れば劉夏藍はどうなるだろう」といったことまで、農民の生活の経験をふまえて盛んに議論された。

立場は様々であったが、今は若者の婚姻が両親の意見に左右される時代ではないから、品星の両親がいくら反対しても彼の婚姻をとどめることはできないだろうという点で皆の意見は一致していた。人々の予測通り、周品星は劉夏藍と結婚し、両親の心を傷つけた彼は、結婚後すぐに家から離れて独立した。

伝統と時勢、社会と個人

以上の事例から、革命以後の政治運動及び階級闘争の実践が、いかに人々の観念を変化させ、親子関係及び婚姻にまで影響を与えたかが理解できよう。

年配の周品星の両親が想定した、嫁を選ぶ際の基準は、「大門檻」か「小門檻」かという家柄の釣り合いや、女としての教養や思いやり、特定の親族関係を避ける慣習など、伝統的価値観によるものだった。これにたいして、階級闘争において悲惨な境遇に追いやられ、その環境の中で育った若い周品星は、まったく異なる基準を適用しようとした。つまり、栄光に輝く革命的階級の娘劉夏藍に愛されたことは、彼の心に希望をもたせ、夢を膨らませた。相手の容貌の醜さや教養のなさ及びそれらの要素が彼らの今後の共同生活に持つ意味合いなどは目に入らなかったようである。品星は初恋の情熱で劉夏藍と結ばれたが、そこに打算的なたくらみがまったくなかったとは言えないようである。

彼は、劉夏藍と結婚しさえすれば、自分の社会的地位を改善できると信じていた。この婚姻を通じて社会的地位を向上させたいという強烈な願望が、婚姻相手本人以上に彼の心を捉えていたのかもしれない。その願望が愛と錯覚され、禁じられた若者の性的衝動と混ざったとき、その強い情動の勢いで、一貫して父母の意思に従い「孝子」とまで言われた彼が、自分の選択した婚姻を実現するために一変して「逆子」（不孝な子）となり、両親と対立し反抗するようになったのである。

一方、唐沙萍は、「狗崽子」劉漢鉄の人柄に引きつけられ、純粋な恋心で彼と結ばれた。そのときまで階級闘争や政治的圧力の重大さや怖さを知らなかった彼女は、結婚してはじめてそれを体験した。結婚をきっかけに、彼女は村の社会生活から遠のいてしまった。

一九七六年に文化大革命が終わり、一九八〇年代の初期に農村改革が進む中、全国で人民公社が解散された。自主経営となった農家では、社会保障がなくなると同時に行動の自由が保証された。世の中の風潮がすっかり変わり、拝金主義が流行し、イデオロギーによる階級の区分及びそれにともなう政治的スローガンはもはや誰にも重視されなくなった。周品星は、五、六年ほど裁判で争った結果、やっと断固として離婚を拒否する劉夏藍と離婚できるという判決を手に入れた。周品星が裁判所へ提出した離婚訴状に陳述した離婚理由は、主として夫婦の相性が合わないことや、妻が日常生活において女性らしい優しい振るまいができないこと、結婚を反対した舅と姑にずっと恨みをもって親孝行をまったくしないことなどであった。

2 「単位」社会における婚姻

「単位」制度と戸籍制度

社会主義制度のもとで、組織化が社会の隅々まで進み、農村では個々人が上述したとおり人民公社に編入された。一方、都市では「単位」が人民公社に代わる組織であった。病弱な者や老人でも地域住民の半自治的な組織「居民委員会」に所属した。

「単位」とは、人々の職場のことであり、計画経済システム下での官僚支配の浸透経路であり、政治的機能をもつ国家行政の下位組織でもある。「単位」は、もっとも重要、かつ基本的な社会組織であり、複雑に分化されていた。

まず、「行政単位」と一般「単位」の区別がある。前者は「官」、後者は「民」である。行政部門は、また国家、省（直轄市）、市、区県、郷鎮などのレベルに分けられ、それに対応して軍隊も総部、軍、師、団などの級別がある。

社会分業からみると、「企業単位」と「事業単位」の分類がある。「企業単位」とは、生産・製造部門のことで、工場や鉱山、発電所などがこの類に属する。「事業単位」とは、「物の生産に直接かかわらない」部門のことで、教育、科学研究、医療、福祉、マスメディアなどがこの類に属する。

所有制度について、細かく分類すると八つの類型があるが、基本的には「国営全民所有」と「集団所有」の二類に分けられる（李、二三一―二四頁）。集団所有の企業には、国家が部分的に出資するか、または全く出資しないかで差があり、国家の関与度に応じて、損益の責任をその集団に負わせる程度、国家より提供される福祉の程度も違う。

あらゆる「単位」に「行政所属」がある。「行政所属」は、また「条々」と「塊々」の二つに分けられる。「条々」とは、企業や事業「単位」が業務内容によってそれぞれ上のレベルの国家官僚機構に管理されることである。例えば、学校は国家教育部の系統に、機械製造工場は国家機械工業部の系統に、電気製品製造企業は国家電子工業部の系統に、それぞれ管理された。「塊々」とは、各「単位」が縦に管理される以外に、所在地の地方政府「行政単位」に管理されることである。あらゆる「単位」に「行政級別」が与えられた。具体的には、部、局、処、科、股などの級別がある。同じ国営企業「単位」でも、「部」という高い級別が国家から与えられた企業もある反面、低い級別の企業もある。大学も同様で、国家教育部に直轄された一流の「重点大学」と地方の省・市に管理された普通の大学とでは、ランクづけにかなりの差がある。行政級別が上であることは、規模が大きく、より高度な技術を使用している、国民経済により重要なポジションを占めているなど、さまざまな意味をもっている。

一方、一九八〇年代末頃までの長い間、政府による戸籍の管理が厳しかった。

まず、国家の戸籍制度には、「都市戸籍」と「農村戸籍」の区別があったが、都市と農村との生活水準の差、及びほぼ都市の住民のみに提供される国家の福祉制度などにより、二種類の戸籍の間を自由に行き来することができなかった。農村の人々が、都市の生活に憧れて、一生懸命努力して「城里人」(都市の住民)になろうとしても、政府の労働者募集に応募して工場に入ることや、大学に合格して卒業するさいに国家から都市で職を得ること、または、軍隊から戻り都市の「単位」に配属されることなど極めて狭いルートしか開かれていなかった。しかも少数の人しか「都市戸籍」を得ることができなかった。また夫が、「都市戸籍」を手に入れても、妻や子どもたちももともとの「農村戸籍」から「都市戸籍」に移ることは、制度的にはできなかった。

戸籍管理のもう一つの特徴は、人口の都市間の移動を厳格に制限することである。同じく都市であっても、直接中央政府に帰属する直轄市や、省政府所在地としての市、県政府所在地としての市など、さまざまな行政レベルがあった。行政レベルの低いところから高いところへの「垂直」移動は、まず不可能であった。また、たとえ同じ行政レベルの都市間であっても、あらゆる都市建設や産業開発が政府の計画による配置であるという大前提のもとで、個人や家族の都合や自由意思による移動は許されなかった。

配偶者選択と「夫婦分居」

上述したとおり、「単位」の複雑な分類系統に関連して、所属する「単位」が違うと、個人の社会的地位も異なる。一般的にいえば、「単位」の所有形態が公的であればあるほど、行政級別が高ければ高いほど、また職務の内容が知的になればなるほど、そこに属する個人の社会的ステータスも高い。

配偶者を選択するさいに、往々にして互いに相手がどういう「単位」に所属しているか、またその「単位」の中でどういう職務をしているかが問題になる。

また、「都市戸籍」と「農村戸籍」との間の壁は厚く、通婚しない傾向があった。故郷で配偶者を求める者や、互いに幼なじみで本人同士または親の意志で結婚に至ることなどを除いて、「都市戸籍」をもつ人は、「農村戸籍」の人との結婚を極力回避した。

同じ「都市戸籍」同士でも、親や当事者たちは、結婚相手を選ぶさいに、双方の家柄が釣り合うか否か、本人同士の学歴や教養に差があるか否かを見るばかりではなく、できるだけそれぞれが所属している「単位」にもさほどランクの差がないように細心の注意を払った。「単位」のなかでは「行政単位」や「事業単位」の人気が高く、また行政級別が高い「単位」ほど、人気があった。配偶者を求めるさい、これらの「単位」に勤めている人が有利であった。

一方、「単位」や戸籍制度のもとで、「夫婦分居」、つまり夫婦が二つの地域に別れて生活することが多かった。「夫婦分居」の理由は、さまざまであった。

まず、夫が国家の労働者募集に応じたり、大学または専門学校に入学するなどの理由で「都市戸籍」に変更できたとしても、妻及び子どもが「農村戸籍」のまま変更できないために、「分居」せざるを得ない場合がある。「都市戸籍」でなければ、都市人口がもっている「購糧本」（食糧を購入する証）や、「副食本」（食用油、砂糖、塩などの副食を購入する証）、衣服を縫う布を購入するための「布票」、蒲団作り用の綿を購入するための「綿票」などを、政府に発行してもらえない。社会主義制度のもとで、住民の消費生活も国家の計画経済の枠に組み込まれたので、そうしたさまざまな「証」や「票」がなければ、お金があっても、必要な生活用品を購入することができなかった。したがって、「都市戸籍」がない限り、都市で生活していくのは基本的に不可能だと言える。

また、社会主義建設の時期に、「三線建設」（国防上戦略的後方とする西南・西北地区において軍需工場や国民経済に重要な位置を占める大型工場を建設し生産を行う）や「辺彊建設」（東北・西北の辺境地域を開墾する）など、国家レベルの大型建設プロジェクトが次々に打ち出された。その度に、政府が各「単位」を通して沿海や中原地域から技術者や労働者、幹部を大量に動員し転勤させた。妻たちは、「単位」所属を夫と共に変更するのが容易なことではないこともあり、子どもの教育への配慮もあるので、往々にしてもとの都市に残った。

分居の夫婦に対して、国家は毎年「探親費」（家族訪問の旅費）と一ヵ月の休暇を与えていた。

ある大学職員の婚姻

筆者は、文化大革命の時代に青春時代を過ごした。一五歳のときから、工場に入って八年間労働者として働いた。その工場は、大学の附属工場であったが、当時中国国内で一番進んだ大型コンピュータを生産していた。ここでの見聞は、研究者として収集に努めたものではないが、文化人類学的な考察の対象として興味深いものが多いことに後になって気づいた。自分の見聞を踏まえて、これから、都市における婚姻の事例を二つほど紹介したい。

私の職場に、その大学出身の熊という技術者がいた。彼は、河南省の辺鄙な農村地域の出身で、大学に合格し北京に来るまで都市に入ったことが一度もなかった。彼は、大学を卒業して大学附属工場への配属が決まった後、故郷の娘と結婚した。

熊が自ら夫婦「分居」の婚姻を選んだ理由は、次のとおりであった。一人っ子である彼は、幼い頃に父親に死別し、母親に苦労をかけて大事に育ててもらった。母親を大切にする彼は、自分が母親から遠く離れた都市で仕事をして親孝行ができない代わりに、母親のそばに嫁をおいて母親の世話をしてもらおう、と考えた。

当時、農村の娘たちにとって、都市の男と結婚できることは、夢のような話であった。たとえ結婚して自分が都市に入れないと分っていても、「人往高処走」（人は高いところへ行く、人は向上心をもつという意）という諺のとおり、このような結婚は自分の人生をレベルアップさせることだと考えられていた。

結婚後の熊は、毎年「探親」をし、一ヵ月ほど妻と母親のところで生活した。数年経つと、熊家に待望の男の子が産まれた。

しかしその後、熊は、「伝宗接代」（父系の血統を代々継承する）という伝統的観念が強く、孫が生まれるのをずっとまち望んでいたにもかかわらず、母親が、孫に接するときあまり面白くないような態度をとるのを見て、家庭に何か異変が起こったことに気づいた。

熊の妻は、熊のいない寂しさに耐えられず、よその村の男とこっそりと付き合った。熊家の孫は、実際その男の子どもだった。熊の母親及び周囲の親戚は、熊を傷つけるのを恐れて、事実をずっと隠していた。熊が真相を完全に把握したとき、息子はもう四歳の誕生日を迎えていた。

熊にとって妻の不倫のショックは大きかった。しかし、年老いた母親の衰弱した姿や、その後生まれた娘の顔を見て、そして、離婚をすれば、かならず大騒ぎとなり、さまざまなうわさが生じてくると考えた熊は、妻との離婚を断念した。この精神的苦痛を自分の心に秘めて一生背負っていくと、熊は心に決めた。一方、以前は楽しんでいた「探親」生活は、熊にとって耐え難いものとなり、しばらくの間、彼は家族のもとに帰るのを止め、数年連続して大学の職員宿舎で孤独に正月を迎えた。

その息子が八歳のとき、脳に悪性腫瘍ができた。熊は、たとえ自分の子でなくとも、人命を救助するのが第一だと考えて、息子を北京に迎えて大学病院に入院させた。当時、大学の職員でも給料はけっして多くはなかった。が、熊は自分のできる限りの治療を息子に与えた。

一九九〇年代の半ば頃、私は北京で熊と十数年ぶりに再会した。熊の話によると、その後、息子は病院で死んだ。熊の母親もその前後に亡くなった。当時、熊は、娘と共に生活しており、妻は一人で故郷で暮らしていた。妻と離婚したかどうか、彼の口から語られることはなかった。

「単位」の構造と個人

「単位」は、国家の行政的管理の下位組織として、政治的機能をもつ。「単位」は、成員の思想、社会行動を管理し、政治的学習が定期的に行われ、成員が社会主義に忠誠を誓う「政治覚悟」の向上をうながした。また、人員管理の一環として、「単位」は成員の家族背景、階級出自、行動及び思想の履歴を記した「個人档案」を厳重に管理した。

「単位」は政治的機能や社会的分業を果たす以外に、生活管理を中心に多領域にわたる社会的機能を担っていた。「単位」は「対成員福祉機能の遂行のさいに、所属する従業員や職員はもとより、その家族成員までも面倒をみる。行政に代わって彼らの生活全般を丸抱えし、住宅、医療、年金、教育、娯楽や子弟の就職までも面倒をみる。」中国人はその現象を「企業＝社会」（企業が社会を運営する）というのに対して、西側の学者の中には、職住一致的社会生活管理の多機能性から、「単位」を農村共同体の「都市版」と呼ぶ人もある（松戸、八七—一一二頁）。

「単位」の内部構造については、つぎのような特徴があると思われる。

第一に、「単位」間の横の人的移動、及び除名の不可能性などの、国家の人事制度により、「単位」内には閉鎖性と非流動性が生じる。

第二に、規則の不完備と「人治主義」。国家が決めた制度が各「単位」の具体的な状況に対応しきれず、規則が不完備かつ硬直化した状態のもとでは、効率の向上および問題の解決には、幹部の個人的な処理能力の発揮、すなわち「人治」（人によって治めること）が必要となる。大衆を動員するために、幹部は自分の周りに指導力のある積極分子や中堅を養成し、彼らを通して大衆に働きかける。この状況のもとで事実上フォーマルな組織の中にインフォーマルなネットワークができあがった。ネットワークは、公務のみならず、幹部の私利を図ることや、職場における世論のコントロール、構成員の行動監視まで、さまざまな便宜を提供した。したがって、「単位」の内部には、幹部の家父長的権威と成員の幹部個人への服従が存在していた。

第三に、「人治」と関連する特色として、幹部や積極分子の個人としての能力が問われ、また、「大衆路線」が提唱された。「人治」のもとで、幹部が積極分子のネットワークを通して大衆を動員するために、積極分子には、業務運営上の能力ばかりではなく、大衆への影響力や、「単位」の雰囲気づくりの能力も要求された。彼らは、上の命令を完遂するためにも、大衆の反応に耳を傾け、職場の世論の風向きに留意せざるを得なかった。

そして、能力と同様に重要なのは、積極分子の人柄である。人間関係にたいするバランス感覚、公平さ、敵をつくらないより温厚な性格、思いやりある心などの性質をもつ人が、構成員に「人縁」（人気）がある。また、それらと同様に重要、いや、それらよりさらに重要なのは、「男女作風」（男女交際）に「汚点」がなく、模範的に倫理道徳を実践することであった。男女交際の「汚点」とは、主として離婚をした経験があることや、不倫をすることである。

第四に、前二項の特徴と関連して、管理制度上の平均主義と事実上の不平等が併存する。社会主義の理念に基づいた平等的な賃金基準、労働保険、福祉待遇などの制度がある一方、労働模範などの名誉の授与、昇進、企業内外の研修の機会、限られた住宅の分配などにおいては、往々にして客観的な基準が働かず、幹部の個人的意見が重要である。したがって、限られた恩恵はしばしば幹部の側近や積極分子に与えられるため、常に仕事に専念するより、幹部と良好な関係を保つことや、民衆の気に入られるようにすることが重要であった。

「単位」のこれらの社会的機能及び内部構造より、個人からすれば、「単位」はつぎのような意味をもつと思われる。

第一に、賃金収入のみならず、「生老病死」に関するあらゆる福祉が「単位」によって保障される。

第二に、社会活動において、個人の身分及び行動の合法性の証明は、「単位」からもらう。具体的に言うと、結婚証書、公証書などの法的証書の取得から、旅券の取得、航空券の購入、ホテルの予約までも、「単位」の公文書としての「紹介状」が必要となる。

第三に、政治的統制や、生活管理及び福祉提供をとおして、「単位」による個人の社会活動や思想観念への統制や介入が強固なものとなり、また、職住一致によって生活の場まで成員同士の相互干渉・監視が行われるために、個人は「単位」という閉鎖的「村社会」の中に完全に閉じこめられることになる。

第四に、個人の思想及び行動がほぼ完全に「単位」に管理される以上、婚姻という個人の「終身大事」も、「単位」の許可を必要としていた。具体的には、つぎのようである。結婚する個人が「単位」に「結婚申請書」を提出し、そのなかに結婚相手の名前、年齢、所属する「単位」などを記入する以外に、文化大革命およびそれ以前の時期には、その階級出身と両親の所属「単位」までも記入しなければならなかった。

「結婚申請書」に基づいて、「単位」は「組織審査」を行う。共産党員、共産党に入党しようとする者、及び幹部、「機要」（機密文章を保管する）部門などの重要なポストに勤務する者にたいしては、審査がとりわけ厳しかった。配偶者の出身が悪いと、本人に重大な影響を与える可能性があり、共産党入党、幹部任用の障害となったり、重要なポストから外される理由となったりした。

互いに愛し合っている二人が、片方の出身が悪いという理由で、「単位」の干渉や周囲の反対などによりとうとう結婚することができずに別れたケースは、過去に決して少数ではない。

また、婚姻がいったん成立すると、離婚が「不道徳的」「悲劇」と見なされた。この風潮のもとで、離婚を阻止するのも「単位」組織の役目だった。また、「単位」制度の職住一致によって生活の場までに成員同士の相互監視が行われ、人々の私生活が周囲の世論に左右されたので、敢えて離婚しようとする者は当然少なくなる。たとえ離婚しようとしても、当事者双方の父母や兄弟、近い親族ばかりではなく、「単位」の幹部や積極分子までも含めて、周囲及び「単位」組織から別れないように勧告や圧力が加えられる。それでも、やはり離婚を希望すると、実際、離婚を受理する政府の末端機構「街道弁事処」に離婚の申請を提出した後でも、役員による調停がまた長期間行われるのであった。

もしも、離婚が、夫婦のどちらかの不倫によって生じたのであれば、不倫をした方は、世論に批判されるばかりではなく、「道徳敗壊」と見なされ、「単位」からも「警告」や「降級」(官位を下げる)「減給」「免職」などの行政処分を与えられる。共産党員なら、党から除名される可能性もあった。

離婚者の悲哀

大学院生時代、私の一年先輩の女性の一人が離婚経験者であった。彼女は、学生結婚をし、卒業してから母校に留まり教師となった後、夫との間に「共同言語」(共通の価値観)がないという理由で離婚した。その彼女が、同じ学部の、留学先のイギリスから帰国したばかりの一人の青年教員と出会い、恋をした。二人は結婚も考えた。しかし、彼女の離婚歴が二人の関係の障害となった。

当時は、政府の「改革・対外開放」政策が実施されて間もなく、政府派遣留学生の帰国者がまだ珍しく、学界では貴重な存在だと思われていた。自分こそ優秀な人材だと自負する彼は、近い将来、肩書き的には助教授・教授に速く昇進し、学問的には学術著書を数冊出版し、そして、校内政治の面においては学部長、またその上の役職を得るという、意欲満々の野望に満ちた人生プランをたてた。

彼は、目の前に現れた彼女の人柄も才能もさらに容貌も好きになり恋に落ちた。しかし、彼女の不名誉な離婚歴だけは受け入れることができず、それが自分の上昇に害になると判断した。それには、それなりのわけがあった。彼の教授昇進に決定的な力をもつ審査委員会の主要メンバーである学部の長老教授が、彼に対して、「無瑕」(きずのない)ではない女との付き合いを止めてくれ、と「忠告」したのである。

その後、二人はとうとう別れることになった。彼女は、彼のことを責めてはいなかったが、「たとえ、学者の世界でも、『単位』内部の網のような人間関係が人の行動、そして、人の心まで支配していることは、中国のどうしようもない現状です。でも、人間がどうして、もっと自分自身に、そして、自分の内面に忠実にできないのか」と、淡々と語った。

つい最近、偶然中国の新聞に載った彼のエッセイを読んだ。その中に、「単位」制度のもとにある人間関係についての議論があった。要約すると、つぎのような話である。

「単位」は「生人」（見知らぬ人）のない世界である。人間にとって「熟人」（よく知っている人）の間に面目を失することより恥多きことはない。人々が仕事の場でも、生活の場でも、いつもいつも深く関わり合っているうちに、だんだんと、世間に通用する身の処し方、文字化されないしきたりが形成される。人々はそのしきたりの限界を一歩も越えようとしない。もしも、誰かが敢えて因習を破ると、中傷的うわさがたって人に後ろ指をさされるばかりではなく、昇進など限られたリソースを獲得する競争においても、不利となり、容易にライバルに敗れる。そして、あらゆる中傷の中で、特に怖いのは、男女交際にかんするものである。例えば、敢えて離婚歴をもつ者と結婚しようとしたとしよう。誰かが「この人には男女交際に問題がある」と、「何気ない」ように一言でも言えば、それで十分、彼または彼女を口に出して言えないような忍びがたい境遇に置かせる可能性がある。

「人言可畏、輿論殺人」（人のうわさは怖いもので、世論は人を殺す力をもつ）。

彼の言うことは、かつての社会的現実を正確に言い当てている。実際、自分自身、世間にたいする名誉や地位を重視するあまり、「単位」の人間関係の網やしきたりの虜となったのである。

人間は、自律性をもつ個体でありながら、社会的動物でもあるので、個人と社会・集団、私秘性と公共性との関係は、互いに対立しあい、補完しあう弁証法的関係である。男女の愛は、人間の内面に秘めた感情であり、もっとも私秘性がある一方、不可避に時代や社会的風潮、その社会に推奨された理想的男性像・女性像、人間の美徳に関する集団的価値観などの、公共的要素や観念に影響される。

3 国家と個人のバランス

人民を圧迫するブルジョアや封建貴族を打倒し、被圧迫者たる大衆の地位を向上させ、家父長の独裁と男尊女卑の秩序を打破し、婦人解放運動を進め、男女間の完全な平等を求め、民主主義の社会を建設する、といったようなさまざまな目標を目指してスタートした中国の社会主義は、その革命的正当性、革命を実行する国家政権の正当性、革命をリードしている共産党独裁の正当性を強調するあまり、いつの間にか、組織そして政権そのものの強化と維持が目標となり、絶え間なく行われる革命運動が何よりも優先されて、そのもとで生きている人間の存在、個々人の個性は軽視され、または無視されるようになった。

長い専制王朝の歴史をもつ文化的土壌に建てたこの新政権も、また中国の社会構造、とくに王朝政治を維持してきた中核的要素を踏襲した。「単位」のような「網」を社会の底辺部まで張りめぐらせて、上の意志を徹底的に貫徹する集権政治の体制や、厳しい人身管理、イデオロギーによる思想のコントロールなどが、「社会主義」という新しい着物を纏って登場した古い歴史をもつものだと言える。

このような体制のもとで、個人と社会・集団、私秘性と公共性との弁証法的関係の対立項の間にあるはずのバランス関係が崩れてしまった。国家・「単位」組織が強化されるのと同時に、個人としての自律性、個人行動の独立性、個人生活と感情の私秘性が否定された。したがって、恋愛、結婚も、完全に公的機関の支配に組み入れられた。

プロレタリア革命の勝利による、プロレタリア独裁の政権と自称する政府は、「封建帝王・ブルジョア・地主など圧迫階級を鎮圧する」ことに力を入れた。経済的基準で区分された地主やブルジョアなどの階級及び彼らの子孫が、政治的ばかりではなく社会的にも排除された。かつて彼らは結婚も難しく、絶望的状況だった。

プロレタリア独裁の政権は、資本階級を排除すると同時に、文字が読めない貧しい農民や労働者を政権の基盤とした。そして、ブルジョアや貴族を批判するとともに、長い歴史の中で培ってきた中国文化の精髄や庶民生活の場における伝統的風俗習慣までも破壊した結果、洗練された文化を追求する美的意識が失われた。精緻より粗雑、上品より卑俗、教養より無教養の方が革命的、プロレタリア的だった。

この風潮のもとで、人々の価値観が変化し、配偶者を選択する基準も変わった。個人の人格や美徳（例えば、信義を重視することや、女性の教養と思いやりなど）及び日常の礼儀作法（例えば人との交際のマナー、食事作法、挨拶の礼儀などを身につけること）などが廃れた環境のもとで、周品星の目に入った劉夏藍の「貧下中農」の革命的ポジションが魅力的だったのも、理解しにくいことではない。

社会主義時代に生きた人間は国家政治という巨大な機械に巻き込まれて振りまわされたと言えるものの、そのような厳しい時代においても、人間性が完全に扼殺されたわけではない。唐沙萍は家族と縁を切るほど犠牲をはらっても、愛する「反動的」地主の孫と結婚した。二人はその後ずっと仲良く暮らし、彼女は自分が幸せだと私に語ってくれた。私の友人の大学教員は、外見は弱いが意志は強かった。離婚すればいかに困難な人生に直面しなければならないか、彼女は最初から覚悟していた。それでも自分自身に忠実であろうと離婚をし、そして、二度目の失恋の打撃にも耐えた。

社会主義や国家、革命、また他の名目で現れたどのような形のものであっても、およそ全体主義的なもののもとで、自分自身を見失わずに生き、ひとりの人間としての感覚を保つことは多くの困難を伴うものである。しかし、外圧に屈しない自律性と尊厳をもって生きていくことは、個人と社会・集団、私秘性と公共性のバランスのとれた社会をつくりだす根本である。結婚の決断は、私的なものであると同時に、そのような個人の自律性と尊厳を公に示し、社会のバランスの感覚を個人のレベルにおいて涵養する最良の機会ではないだろうか（文中の人名はすべて仮名である）。

参考文献

蒲生正男他編『文化人類学を学ぶ』有斐閣、一九七九年
李漢林「中国単位現象与城市社区的整合機制」『社会学研究』一九九三第五期
松戸庸子「家族の変動と社会」宇野重昭編『岩波講座・現代中国第3巻・静かな社会変動』岩波書店、一九八九年
聶莉莉「『礼俗』社会から『組織』社会、そしてポスト『組織』社会へ——中国における『共同体』」中牧弘允編『共同体の二〇世紀』ドメス出版、一九九八年
聶莉莉『劉堡——中国東北地方の宗族とその変容』、東京大学出版会、一九九二年

第四章　韓国における結婚
——家父長制社会に生きる——

矢野　百合子

1　伝統社会の家族構造

結婚したい相手ができたとき、あなたは両親に「結婚します」と宣言するのか、それとも「あの人どう思う」と聞くのだろうか。あなたの両親は、相手の男性を見ずにあなたの選択を祝福してくれるだろうか。結婚が個人の自由な結合とされる現代でも、家族の意向を重視し、家族の反対を押し切ることにためらいを感じるのはなぜか。もちろん不協和音をおこしたくないという家族への愛情もある。しかし日本の場合には、それ以外にも、結婚が、家族から独立して新たな家族をつくるという本来の意味のほかに、イエとよばれる集団（現代では家族）の強い絆に依存しつつ、枝葉をのばすように新たな家族をつくりだすかたちをとってきた、イエ中心の集団意識が根底にあると考えることができる。

現在でも多くの女性たちが、結婚までは親元ですごし、男性側の家族に迎えられる（イエに入る）かたちで結婚して男の姓を名のる。最近では仲人を介しての求婚を求める例は減っているが、それでもまず男性側から結納などの然るべき手順を踏んで挨拶に来るべきだと考える家庭は多い。家父長制度の残滓である「嫁に行く」「嫁をもらう」などの言葉は現在でも有効で、対表現としての「婿に行く」「婿をとる」は特殊な例と考えられている。女性にとって結婚は戸籍も含めて相手のイエに入ることを意味し、そのことを多少は理不尽に感じつつも、大多数の女性たちがこれらの慣習に従うことに大きな違和感はもたず、むしろそのことにある種の夢を感じている。なぜ、私たちは嫁に行くことを望むのか。そこにはどのような問題点が隠れているのか。そのことが本書のテーマともなっている。身近すぎて客観的な判断の難しい日本の現状をしばし離れて、日本とよく似た家父長制社会の伝統を今に伝えるお隣の国、韓国の状況を見ていくことで、あらためて日本について考えていくための参考にしたいと思う。

宗族を基本とする社会

かつて朝鮮半島に暮らす人々は、宗族を中心に生活していた。宗族とは同じ祖先をもつ男系の血縁集団である。現在の韓国でもっとも大きな宗族である金海金氏の場合を例にみてみよう。

金海金氏とは「金海という地域を本貫（先祖発祥の地）とする金姓の人」の集団のことで、本人や両親、祖父母が金海に住んだことがあるかどうかは関係ない。現在でも韓国の戸籍にはこの「本貫」を記入する欄がある。宗族ごとに作られる族譜には、始祖の代から現代にいたる代々の一族の名前が記録され、宗親会という組織がそれを管理、出版してきた。一般に族譜に詳細が記載されるのは男だけで、トルリムチャ（行列字）(1)という漢字一文字を名前に入れることによって、その子が何代目の子孫であるかを示す習慣が現在でも残っている。韓国人どうしが初めて会って挨拶をかわすとき、同じ名字であれば「本貫」を聞くのは、この本貫とトルリムチャによって、初対面の相手が自分とどの程度の親族関係になるかを知る必要があるからで、かつては行列が上であればたとえ相手が若くても、目上として敬語を使ったという。金海金氏の始祖とされる伽倻（駕洛）国の金首露王は、後代の史書によれば紀元四二年に即位した半ば伝説上の人物で、日本人の感覚からいえば記紀神話の登場人物のような存在であるから、金海金氏の集団はじつに二千年のながきにわたって、その人物の子孫であることを自覚して一族を維持してきたということになる。

祖先祭祀

金首露王の結婚に関する伝承は興味深い。朝鮮半島南部の部族連合であった伽倻はもともと九人の首長が治めていたが、ある日、天から黄金の箱がおりてきて、その中から六人の童子が出てきた。

首長たちはこの童子たちを育てて大伽倻と五伽倻の王とした。大伽倻の金首露王が成人したとき、海上に仏像を載せた一隻の船が現れた。船に乗っていたのはアユタ国（インド古代王国）の王女で、夢のお告げを受けて、后となるためにやってきたのである（一然、一八八―一八四頁[2]）。

金海金氏の人々は始祖の国際結婚をどうとらえているのだろうか。血統を尊び、祖先祭祀を欠かさない人々が、なぜ始祖の妻を、歴史的な交流もほとんどないインドの女性としたのだろうか。彼らはインドにたいして特別な親近感をもっているわけではない。むしろ、この伝承の目的は宗族が仏教の伝来に関わったと主張することにあって、金海金氏にとって始祖の妻の出自などはどうでもよかったために、創られた伝承ではないかと疑りたくなる。男系血縁集団である宗族にとっては、先祖と子孫をつなぐものはあくまでも父親側の血統であって、子どもを産んだ母親はその子の血縁ではあっても、一族の血縁ではない。

実は朝鮮半島の人々は、太古からこのような父系中心の社会に暮らしていたわけではない。たとえば祖先祭祀の継承が法的に嫡長子系に限定されるようになったのは、性理学が政治に影響力をもつようになった高麗最末期（一三九〇年）のことで、この方針は朝鮮王朝の法典である『経国大典』へと引き継がれ、社会全体に定着したのは朝鮮時代後期の一七世紀頃と考えられている。つまり、それ以前には娘の子孫や娘婿に継承されることもあった祭祀が、これ以降は『朱子家禮』にしたがって嫡男に男児がなければ次男系というように男系のみに継承されるようになり、高麗時代には均等相続が多かった財産分与も、しだいに祭祀を行なう長子中心へと変わっていった（井上、一三三

―一三八頁)。この時期以降、宗族のもつ血統への強い執着と、支配思想となった儒教秩序にもとづく男女有別、長幼有序などの概念が重ねられ政策化されたことで、朝鮮半島における家父長制は他に例をみないほどの厳格な家族規定と女性への抑圧の構造をもつことになった。その最大のものが「男児選好」とよばれる、息子を産むことへの執着である。

祭祀の継承者

宗族集団においては、祭祀を絶やすことは最大の不孝とされる。先祖を祭ることによって、子孫は繁栄を約束される(3)。一族の嫡流を宗孫といい、名のある家門ではいまなお、連綿と受け継がれた宗族の長として先祖の眠る宗廟を護り、始祖の祭祀をとりおこなっている。ソウルの中心部にある壮麗な「宗廟」は朝鮮王朝李王家のもので、現在でも朝鮮時代の官服を着こんだ数百人の一族男性が集まって祭祀を行なう姿をニュースでみることができる。祭祀に参加するのは男性だけで、女性の姿はない。

日本にも伝統的なイエ制度があって、古い家門も多い。江戸時代には朱子学が支配思想として取り入れられて、儒教的なさまざまな概念も定着した。しかし、朝鮮半島や中国漢族の場合の宗族と日本のイエ制度の決定的な違いは、血統にたいする認識の差にあらわれている。簡単に言ってしまえば、利益を同じくする人々の集まった村落共同体的なイエ制度では、後継者がいない場合は同じ村や組織の中から、優秀な者を養子にして継がせればいい。娘がいれば婿をとることでイエは継承される。日本人にとって、イエを継ぐことは名字を継ぐことを意味している。イエ制度において引き継がれるのは名字という名の家門や組織、財産であって、血統は二の次であった。日本でももっとも純粋なイエと考えられている天皇家でさえ、過去には嫡子がいても弟に譲位したり、王族出身の妻が帝位についている。ところが宗族では、何よりもまず血統を継承することが重要とされるために、継承者としての男の子が必要になる。それゆえに中国や朝鮮の后たちは寵を競って男児を得ようとした。たとえ身分は低くても男児を産みさえすれば、その子が次代の王となる可能性があった。血統が重要だからこそ、后らの世話は生殖能力を失った宦官に担当させた。日本の王宮に宦官制度が定着しなかったのは、天皇の擁立が出生順ではなく外戚の政治力によって、つまりは組織を防衛し強化することを中心に決められていたからであろう。

2　伝統社会における女性の地位

王族とは違って一夫一婦制を原則とする一般の宗族では、とくに宗孫の結婚相手を選ぶために一族の長老が名家を物色した。むろん官僚社会では政治的な配慮も必要だったが、基本的には優秀な子を得て一族の繁栄を図るために、傑出した人物を輩出した家柄が好まれた。高麗王朝末期からの早婚の風習もあって、たいていは女性のほうが年上で、なかには幼い新郎を育てることから始まる結婚生活もあったようである。(4)そのようにして結婚をした女性に与えられた最初の課題は男の子を産むことであり、次は舅姑に仕えながら子女を善導すること、そして最後の課題は息子の成長を見守ってから、死んで婚家の守り神たる「鬼神」となることであった。

「三綱」の教え

一三九二年に成立した朝鮮王朝は、大韓帝国を経て日本に併合される二〇世紀初頭まで、朱子学にもとづく儒教秩序を柱に朝鮮半島を支配した。現在韓国や北朝鮮で古来の伝統と認識されている嫡長子中心の家族制度や男性優位の結婚制度なども「変化は高麗末から始まり、大きな転換点は朝鮮時代後期（一七世紀後半頃）……この時期が朝鮮における家父長制の成立時期と見てほぼ間違いはないであろう」（井上、一三八頁）と考えられている。一四四三年には漢文の読み書きができない庶民を治めるためにハングルが考案され、儒教の理想とする生き方を絵解きのかたちであらわした『三綱行実図』(5)などが出版された。三綱とは儒教が重んじる父子、君臣、夫婦の道をいう。父・君・夫は慈愛をもって導き、子は孝行を、臣は忠を、妻は貞節をもって夫に仕える。『三綱行実図』は孝子、忠臣、烈女の代表例を中国、朝鮮の古典から抜粋したもので、孝を代表するのは孝子（孝行息子）と孝婦（孝行な嫁）であった。女性の孝の対象は自分の親ではなく、婚家の舅姑と考えられたからである。

烈女

『三綱行実図』の烈女伝に登場するのは、父親の命じる再婚を拒否して飢死したり、夫に捨てられても貞節を守るなど、生涯をかけて一人の男のために生きた女たちである。

人は自分の生きる時代の直前の習俗を、古代からの長い伝統だと錯覚することが多い。日本でいえば明治以降、あるいは江戸時代に始まった法や社会制度が、神代からの日本の伝統だと信じて疑わない人々がいる。韓国の場合も、一般的に、朝鮮王朝時代の女性の生き方が、民族の古くからの伝統だと考えられている。しかし、このような女性像がいわば教科書的な理想像として掲げられたということは、逆に、当時の社会にはこれらの儒教的な価値観が定着していなかったことを示している。実際、朝鮮王朝初期には再婚への拒否感は少なかった（井上、一三一頁）。法律書『経国大典』（一四七一、一四八五改修施行）は「妾腹の子とその子孫、再嫁失行婦女の子と孫」には科挙を受けさせないと定め、一四七七年にも朝廷で「婦女再婚の禁止に関する論議」があったにもかかわらず、一五〇〇年にはあらためて寡婦の再婚が禁止され、淫乱男女を死刑とする法律もあわせて制定された。実社会において、ある程度の性の自由、または許容があったからこそ、それを厳しく取り締まるための法律が必要になったのであって、その意味で法やスローガンは社会の現実を逆に映すものである。『三綱行実図』が理想とする烈女や孝婦といった女性の生き方が朝鮮社会に定着したのは、朝鮮時代後期以降のことで、女性の地位や行動は厳しく制限されて、社会の表側に立つ男性（公）の世界から排除された女性たちは、私的な女性の世界を形成して、排斥された仏教やシャーマニズムのような、儒教秩序外の民間信仰との関係を密にしていった。

寡婦の悲劇

公の世界には、たとえば各地に伝わる烈女顕彰の記録がある。貞操を守るために自害し、あるいは夫の遺子を立派に育て上げた夫人は「烈女」として表彰され、その家族は徴税免除の特例を受けることができた。一族は烈女門を建てて家門の名誉とした。反対に、寡婦であっても夫以外の男を愛することは死に値する罪とされた。厳格な身分規定に支配される社会では、秩序からの逸脱は個人の責任にとどまらない。一族全体の不名誉とされて評判をおとし、子孫の出世にも影響する。このため、婚家は若い寡婦の言動に目を光らせざるをえず、外部との交流を一切遮断するのが常であった。離婚され、あるいは寡婦となった女性を実家が受け入れることも困難だった。実の娘であっても「出嫁外人（嫁に行けば他家の人）」であり、戻されることは実家の一族全体の不名誉につながった。以前ならば世を儚んで出家し、山奥に隠遁することもできたが、朝鮮王朝は仏教を迫害したためそれも叶わなかった。ハングルで書かれた当時の女性の作品集には、将来への不安と絶望にふるえる女性たちの心情がうたわれたものが多く、夫の後を追って自害する絶命詞もある。教科書的な烈女伝は「夫以外の男性との関係を防ぎうるのは、ひとえに夫の死につき従って自分も死ぬことであると教える」（崔吉城、八六頁）[(6)] ため、子のない若い寡婦のなかには暗黙裡に自殺を勧められる場合もあったようである。これはその社会の人々がもつ情愛の軽重の問題ではなく、社会的なシステムとしての責任連座制のもとでの一種の自衛手段と考えるほかない。婚家も実家も、人としての情愛を殺し、ひとりの女性の生涯を犠牲にすることによってしか、一族を守るすべがなかった。その意味で烈女顕彰の記録は悲しい。一族の保身のために愛する子に犠牲を強いる親はどのような気持ちだったのだろうか。歴史資料にはなかなか現れてこない疑問の答えを、伝承された昔話の中に探ってみよう。

秩序を超える情愛と民間信仰への傾斜

昔、寡婦がいて、七人の息子を苦労して育て上げたが、いつの頃からか、川向こうに住むやもめと深い仲になった。彼女は夜のふける頃、橋のない川を渡っては、夜の明ける前に戻ってきたので、いつも体が冷え切っていた。ある晩、息子の一人が気づいて後を追い、家の中で男が母にやさしく声をかけるのをきいた。息子はそっと戻ってきて、兄弟で相談し、川の中に石を投げ入れて、飛び石を渡って行き来できるようにした。後にその橋は孝不孝橋とよばれたが、母親には孝にあたり、死んだ父親には不孝にあたる行為だったからである。後にその子らは死んで北斗七星となった。（崔仁鶴、二六七―二六八頁「北斗七星の由来」）

高名な儒者が早世した息子の嫁と暮らしていたが、ある晩、嫁の部屋に男の影が映るのをみて、怒りに任せて踏み込んだところ、嫁は寂しさのあまり藁人形に亡夫の服を着せて抱き合っていたのだった。儒者は翌朝さっそく、嫁を追い出した。月日がたち、諸国をまわっていた儒者は、ある日山奥の民家に泊めてもらった。翌朝、枕辺に新しい足袋が仕立ててあった。履いてみるとぴたりと足に合う。民家を辞すときに聞くと、その家の主と再婚した以前の嫁が、感謝を込めて縫ったものだった。(7)

法で禁止され、倫理で束縛された再婚も、実際には方便としての抜け道がなかったわけではない。実社会においては儒教秩序のたてまえと情愛に満ちた本音が使い分けられることもあったようである。ときには若い寡婦の処遇に困った婚家と実家が示し合わせて、略奪婚のかたちで再婚させることも民間で盛んにおこなわれた(韓国民俗大事典、婚姻の項)。この場合、対外的には盗賊による略取なので体面も傷つかず、死者あるいは行方不明者として扱われたようである。実際に寡婦の生計維持は困難な場合も多く、一八世紀のフランス人宣教師の記録では、便宜的手段として扶養者の妾になるものも多かったという(井上、一三二頁)。

一方、シャーマニズムの世界では、女は自然界に通じる神秘的な力を秘めた存在である。それゆえに、生命を生みだす力を発揮しえずに死んだ女は、この世に強い執着をもった「処女鬼神」となって禍をなすと考えられていた(崔吉城、七八頁)。処女の墓は道端につくるという風俗も「男とつれあうことにより、仮婚して慰め、恨みをもたず」(任、一二頁)にすむようにとの考えからきている。このような性的な欲求をふくむ女性への肯定的な姿勢が、女性たちをシャーマニズムへとひきつけた。女性たちはサルプリという邪気払いの儀式を巫女に依頼し、儒教秩序のなかでは解くことのできない苦しみを昇華させようとした。サルプリという言葉は後に、寡婦の悲しみと絶望、尽きせぬ欲望を解いて昇華させる韓国舞踊の代表的な演目となる。また、死んだ未婚の男女を結婚させる死後婚の風習もあった（崔吉城、三五四頁）。死後婚にはシャーマニズム的な性のダイナミズムへの尊崇と恐れと、残された家族の死者への執着と情愛がこめられている。国家は早くから死後婚を禁止しているが、一九八三年の旧ソ連による大韓航空機撃墜事件では、犠牲となった全く面識のない若い男女が、双方の家族の希望で死後婚をおこなったことが報道されている。

儒教の説く夫婦像

それでは儒教思想自体には、このような人間的な情愛はなかったのだろうか。儒教秩序を厳格に適用した朝鮮王朝は、一夫一婦制を基本とする嫡庶の区別、長幼の区別を徹底させたため、王族以外では、日本のような跡取りをめぐってのお家騒動はあまりみられない。夫に庶子がいても、正妻に男児がない場合に、一族の男児（たとえば弟の長男）を養子として跡を継がせた例も多い。しかし、儒教の有名な「七去」は子を産めない妻の離縁を認めている。子とは家を継ぐ息子のことであって、たとえ夫婦仲がよくても男児を得られなければ、一族の名によって離婚される可能性は十分にあった。ただ、このような男尊女卑の元凶と非難される儒教にも、女性擁護の視点が全くないわけではない。「七去」に続く「三不去」は戻る実家がない妻、舅や姑の三年忌をおこなった妻、貧しい婚家を豊かにした妻の離縁を認めていない。

前述した再婚禁止令が出たのは朝鮮王朝九代の成宗のときであるが、成宗の母、昭恵王后韓氏は、宮中の后たちや一般女性の教育のために、儒教の古典から女性に関する部分を集め、七章からなる『内訓』（一四七五）を考案されたばかりのハングル文字で出版した。夫婦の章には「夫は天、妻は地」という『礼記』の言葉が繰り返されている。「再婚する夫はいるが、再婚した妻の記録はない」（八二頁）「嫁が影法師や木霊のように行動することほど称賛されることはない」（八四頁）などの言葉と並んで、「夫が賢くなければ妻を治められず、妻が賢くなければ夫を立てることができない」（七九頁）「夫婦は頼りあいながら一生を共にし、共に老いていく間柄であって、一日限りの縁ではないのだから、小さなことでも互いに話し合うべきで、一人で決めるのは人の行いではない」（七八頁）などの言葉が紹介されている。

また、一七世紀の学者で政治家でもあった宋時烈は、嫁ぐ娘への愛情あふれる二〇項目の『戒女書』を記して、とくに嫉妬について女性の最も警戒すべきこととして細かく述べている。それはつまるところ「嫉妬をするとうまくいっていた夫婦も憎みあい、だましあい、体と心を損なう。義父母を敬う気持ちが薄れて、自然に愛することが難しくなり、理由もなく召使に手を上げ、家庭を治められず、悪口が口をついて出るような嘆かわしいことになる。嫉妬すれば誰であれこうなるのだから、家庭と子孫の興亡はここにかかっているのだ」（二〇九頁）と、家庭経営を担う女性の重要性を認めている。「舅姑を自分の親のように敬わない嫁を、どうして自分の娘のように愛せようか」

（二〇二頁）という言葉からも、儒教の結婚観、夫婦像が、本来は女性だけに忍従を強いることを目的としたものではないことがうかがわれる。

安東地方の伝統的な宗族村出身の老人は、結婚前日に父親から「人は結婚するまでは半分の人間であって、結婚とは自らの半身を得ることである。人は結婚によってはじめて一人前の人となるのだ」と薫陶をうけたという(8)。これらの言葉から知ることのできる儒教の夫婦像は、決して男尊女卑一辺倒のものではない。親子、君臣、夫婦は「慈愛をもって導き、敬意をもって従う」という上下関係が儒教の規定する人間関係の基本である。また「偕老同穴」「百年佳約」などの言葉にみられる夫婦の情愛への信頼を忘れてはならない。儒教は夫婦という一組の男女の精神的な結びつきに永遠性を求め、ある意味では至上のものとしたために、それ以外の関係を卑しんだ。儒教においては、妻という立場と、夫が他所で関係する女性たちとは、まったく次元が違う存在なのである。もちろん現代のような、性関係をも含めての男女平等とは程遠いとはいえ、これらの儒教本来の夫婦像はあくまでも理想であり、達成すべき目標であったにすぎない。儒教思想は朝鮮時代に統治理念として法制度化されることによって、本来の理想を逸脱した、極端で抑圧的な制度へと変容し、近代にいたるまで、女性たちを縛る枷となっていったとみるべきではないだろうか。日本の植民地下で書かれたチュ・ヨソプの短編小説「間借り客と母」（一九三五）は、当時法的には認められていた再婚を、幼い娘の将来のために諦める若い寡婦の物語である。「(母さんが再婚すればおまえは）立派なところへお嫁にも行けないし、あのはしたない売女の娘だと、世間が悪口を言うんだよ」（一五九頁）と幼い娘に語る主人公の姿は、朝鮮王朝時代と変わらぬ抑圧が、その当時も社会に強く残っていたことを物語っている。

3　現代韓国の家族と結婚

女性の社会進出

女性たちの生活に大きな変化をもたらす転機となったのは、経済の高度成長と民主化運動の高まりである。経済の発展は女性の社会進出を促し、民主化運動による人権意識の伸長は、開かれた平等社会への自覚を促した。

朝鮮戦争後の一九六一年、クーデターによって政権を掌握したパク・チョンヒ将軍は、破綻に瀕していた国家を再建するために、外国借款によるインフラ整備と貿易立国を急いだ。国民の反発を抑えて六五年には日韓協定を結び、ベトナム戦争への派兵を決めてアメリカからも経済支援をかちとった。高速道路や製鉄所が建設され、ソウル近郊には繊維など輸出産業の工業団地ができた。紡績工場で働くのは農村出身の少女たちだった(9)。彼女らは困窮を続ける農村の親兄弟を食べさせるために、集団就職の形で上京して、満足な防災設備もない劣悪な環境のなかで、昼夜兼行の長時間労働に耐えた。体を壊すものが続出し、オンドルの練炭中毒で死者が出ても、彼女たちは職場をはなれなかった。のちに激しい労働運動を展開した彼女たちであるが、仕送りで家族を支える生き方については、まるでそれが自身に課せられた使命であるかのように、悲観はしても決して抗おうとはしなかった。むしろ、プライドの唯一のよりどころにしていたようにみえる。この少女らの姿勢には、単純なヒロイズムや無知のせいにはできない家父長制という構造的な問題が隠されている。

パク大統領は、国家の安定は民主的な自由に優先すると考え、そのためには国民に無理を強いることも辞さなかった。軍事独裁政権といわれるゆえんである。一九七二年には維新革命を断行して終身大統領に就任、一九七九年に暗殺されるまで、一八年にわたって強権をふるい「ハンガン（漢江）の奇跡」と呼ばれる驚異的な高度経済成長をなしとげた。

一方でこの時代は弾圧の時代でもあった。抗議行動を抑えるために緊急措置が次々と発表され、その最高刑は死刑だった。北朝鮮と休戦状態の韓国には国家保安法という共産主義思想をもつこと自体を罪とする法律があり、スパイ事件を捏造して反対者を排除することはきわめて容易だったといえる。民主と自由を叫んだ多くの文学者、学生、労働者たちが、政府の弾圧の対象となり、逮捕・拷問・収監された。女子労働者も例外ではなかった。七〇年にソウルの平和市場で働く青年が焼身自殺した事件をきっかけに、エリート層であった学生と労働者の連帯が進み、夜学で彼らに学んだ労働者たちは、ついには学生たちを凌駕する組織力を発揮して労働運動、民主化運動を展開していった。労働運動の初期にもっとも注目を集めたのが、繊維産業を中心とする女子労働者の闘いである。その闘いのすさまじさは他書に譲るとして、家父長制との関連に話を戻すならば、彼女らの闘いはまず労働条件改善へと向けられ、運動の高まりのなかで、男性労働者との葛藤や組合の女性差別がとりあげられて、最終的には家父長制社会の問題へとたどりつく。しかし、自立した労働者として目覚めた彼女らにとっても、家族のために犠牲となる生き方から抜け出すことは容易ではなかった。経済と福祉の成長によって、農村社会がある程度の豊かさを享受し、女性の諸権利が容認されて、彼女たちが「孝女」の呪縛からのがれるには、四半世紀にわたる長い年月が必要だったことを忘れてはならないだろう。

一方で、半世紀前に大学を卒業したエリート女性たちは、日本と同じく結婚か仕事かの二者択一を迫られていた。ただ、日本よりも大学の門戸が狭かったこともあって、彼女らの多くは比較的豊かな知識層の出身で、女性が医者や法律家などのいわゆる専門職に就くことを歓迎する傾向があった。富裕層では当時、食母とよぶ住み込みの家政婦に家事をまかせ、田舎から貧しい家の少女をつれてきて、学校に通わせながら、家の仕事を手伝わせた。ただし、この年代のこの階層には職業的な貴賤の概念がはっきりとあって、夫の地位に悪影響を与えたり、妻や嫁としての役目をないがしろにすることは好まれなかったため、仕事に生きがいを見出そうとした女性たちは、独身で通すことを選んだのである。現在でも全体的にみた場合、韓国の女子学生は日本に比べて豊かな層の出身者が多く、職業を通しての自己実現への欲求も強くて知識産業を好む傾向が強い。同時に職業の貴賤にたいする意識も根強く残っているため、自身がプライドのもてる職業に就けない場合は安易に結婚へとはしることも多いようだ。

共稼ぎ夫婦の登場と核家族化

経済成長は女性に職場の門戸を広げたが、八〇年代までは多くの企業で、結婚退職制がとられていた。日本でもそうだが、女性の雇用機会は社会経済のニーズと密接に関係している。働き手が不足すれば女性雇用が促進され、託児所など女性が働きやすい環境が整備されていくが、失業率が高くなればまず女性が首を切られ、保守層からは「家庭に帰れ」コールがおこる。韓国では高度成長で単純労働者が不足した時期に女性の社会進出が進み、経験を必要とする専門職や外資系企業を中心に共稼ぎ夫婦が増えていった。そして労働運動の高まりのなかで労働環境の整備が進み、八四年には家族法関連の留保事項があるとはいえ、国連の女子差別撤廃条約に批准したことも追い風となって、結婚退職制は法的にも否定されるにいたった。[10] 九五年には「女性発展基本法」が制定されている。また現実的問題として、西欧的な消費社会への急激な転換と物価の高騰のなかで、豊かさを享受して満足感を得るためには、共稼ぎもやむをえないという発想が、若い世代の男性に増えていったことも、女性の社会進出を促す要因となった。

現代社会では、家族のありかたも変化した。ソウルを中心とする首都圏への人口集中は、否応なしに農村社会の過疎化を生み、核家族化が進んだ。以下に韓国統計庁の発表した数値を『女性統計年報』（一九九九）から引用するが、九五年には親子二世代の世帯が全体の三分の二を占め、七〇年の調査では二二％を占めていた三世代世帯は九・八％に減った。逆に七〇年には数字としてあらわれていなかった単独世帯が一二・七％（農村では一五・七％）と急増している。離婚や再婚にたいする見方も大きく変わろうとしている。八〇年には五・八%に過ぎなかった結婚件数にたいする離婚件数の比率は五年ごとに倍増し、九五年には一六・六%、通貨危機後の九八年には実に三二・一%に達した。同時に再婚も増えている。九八年に結婚した夫婦の一三・二%は、どちらか一方が再婚である。興味深いのは初婚・再婚カップルの統計で、七〇年には再婚男性と初婚女性の組み合わせが結婚全体の四・一%、再婚女性と初婚男性のペアは〇・九%に過ぎなかったのが、九八年には同二・九%、三・四%と逆転した。結婚が人生の選択肢の一つでしかなくなった現代、結婚しない女性が増えて、相手を見つけられない男性が増加していることも背景にあるが、とりあえずは女性の再婚に関する社会的な忌避観は消滅したと考えてもよいだろう。

少子化政策の弊害

世帯の平均人数は、人口増対策として少子化政策が進められたこともあって、七〇年の五・二人から九五年には三・三四人と減少を続けている。[11]「一人っ子政策」当時のキャンペーンポスターに写っているのはすべて女児である。少子化政策を成功させるためには、男児を得るまで産み続ける習慣をなくさねばならなかった。少子化政策のポイントは、家族のありかたを、多人数の協力による共存繁栄型から、少数への集中投資型へと転換することで、人口バランスをとると同時に、個人が豊かさを享受する社会を達成するところにあった。しかし、男児選好の傾向をそのままに進められた少子化は、子どもの産み分け、すなわち、女胎児の中絶という予期せぬ結果を招いてしまった。

少子化政策がとられていた九〇年の統計では、自然な状態では女児一〇〇にたいして男児一〇六の出産比率が、第一子で一〇八、第二子で一一七、第三子では一八九と、異常なカーブを描きだした。その後、人口減が予想以上に進んで、少子化政策が撤回されたため、この男児過剰の状態は正常にもどりつつある。子どもの性別にこだわらない夫婦も増えている。しかし、胎児の性別告知が禁止された後の九八年でも、第三子の比率は一〇〇対一五六となっていて、韓国社会の男児選好がいまだ健在なことを示している。

婚約と結婚

婚約したカップルを予備夫婦と呼ぶようになったのは最近のことである。結婚が家どうしの約束であった時代、婚約は結婚と同意であり、婚約を破棄することは離婚と同じだった。テレビの時代劇にも、婚約中、はなはだしくは結婚式の宴会で突然死した夫のせいで、処女のまま寡婦となって、再婚も許されずに空虚な人生を送る女性が登場する。実際に、日本の植民地時代に梨本宮方子との政略結婚を強要された朝鮮王家最後の皇太子英親王には、当時すでに婚約者がいたが、婚約を破棄された形となった女性は、その後の生涯を独身で通した。このような伝統からか、韓国では婚約後の旅行や同居も以前からわりに自由におこなわれていて、その意味ではたしかに予備夫婦という言葉は現実に則しているようにみえる。結婚は日本とおなじ届け出制だが、なかには結婚後もしばらく届を出させずに成り行きを見守る親もある。戸籍を汚したくないという気持ちのなかには、娘の人生にとっては不利になる離婚・再婚という記録を残したくないという親心もかいまみえる。

若い女性たちの恋愛観は、日本の若者とあまりかわらない。自由な恋愛を好み、性行動にかんしても、自己の責任によって判断すべきことだと考えている。女子中学生を対象とした調査結果でも八三・三%が「性交渉と結婚とは別だと思う」と回答している（国民日報記事、二〇〇一年一月一八日）。しかし、結婚にさいしては、現在でも親兄弟の意見を尊重する気持ちが強い（宣保、二八七頁）。恋愛は自由でも、結婚は当事者だけの問題ではなく、家族や社会との新たな絆をつくることだと考え、年長者の配慮や判断に耳を傾ける。日本にもこのような傾向はあるが、韓国の若者は現代においても、日本以上に家族とのつながりを大切にしているといえるだろう。ウエディングドレス姿の結婚式の後、別室に席を移して、新郎側の親族に新婦が挨拶する伝統行事のペベク（幣帛）がおこなわれるのも、新しい家族との絆を大切にしようとする気持ちのあらわれといえる。[12]

参列者たちは式場近くの食堂などで簡単なもてなしを受ける。かつては道行く人々にも餅をまいたというほど、韓国の結婚式は開放的で格式ばったやり方は好まれない。高度成長期には豪華な披露宴が話題になることもあったが、政府が贅沢な結婚式を禁止してしまった。そのため今でも、普段着で誰でも参加できる形が多い。友人が集まっての二次会には、ペベクを終えた新婚夫婦も出てきて祝福を受ける。宴たけなわともなれば、皆で新郎を文字どおり吊るし上げて足を叩き、その罪（処女を奪った罪）を問うトンサンジェで大騒ぎとなる。自分たちの村の乙女を奪った新郎への報復として、若者たちが初夜の翌朝新婦の実家に押しかけて振舞いを要求したことが起源だというこの儀式も、結婚が夫婦だけのものではなく、二人をとりまく社会全体の祝い事であり、その社会に認知され、かつその庇護をうけるための通過儀礼であることを示している。

嫁から妻へ

昨年の夏、日本のプロ野球で活躍する韓国人投手と韓国芸能界屈指の美人女優の結婚式がソウルであり、日本のマスコミはこぞって報道した。式後の挨拶で新婦が「これからはアネ（妻）として、ミョヌリ（嫁）として尽くしていきたい」と話す場面をテレビで見ながら、このような挨拶が日本の結婚式から消えたのはいつ頃だっただろうかと考えた。現代の日本女性は嫁という言葉に、かつてのような強いプレッシャーを感じてはいない。新婦を意味する「お嫁さん」という言葉は残っていても、「イエの嫁」という概念は消滅への道をたどっている。つまり現代の日本語では嫁＝妻に限定されつつあって、嫁の第一義で韓国語のミョヌリにあたる「息子の妻」つまり婚家からみた位置をあらわす言葉ではなくなってきている。

しかし、韓国の場合にはこのミョヌリとなることが、現在でも若い女性たちの心を重くする要因となっている。ミョヌリとして尽くす相手は夫の父（シアボジ）と母（シオモニ）であり、とくにシオモニとの葛藤は永遠の課題であるようだ。韓国語の「シ」は婚家をあらわす接頭語で、若い嫁たちは冗談混じりにシロップ、シグムチ（ほうれん草）など、「シ」のつく単語はみな大嫌いと語る。かつては結婚後の数年を婚家で暮らして、その家の伝統と風習をまなぶ「シジプサリ（婚家暮らし)」の期間があった。その家の嫁となった女性は舅姑からアギ(赤ちゃん)と呼ばれ、家事一般やその家の祖先祭祀のやり方を姑から叩き込まれた。朝は一番に起きて食事の支度をし、夜は姑のそばに控えて、許しが出るまで夫のもとに戻ることもできなかった。嫁とは、実家での習慣を捨てて赤子のような心で、新たに婚家の人間として育てられる存在であった。

このシジプサリの習慣は現代では形骸化してきている。共稼ぎの新婚夫婦には時間的な余裕もなく、夫と妻の関係が過去のような上下関係ではない以上、夫も嫌がる妻をむりやりに田舎に送ることはできなくなった。婚家側にも時代がかわったという認識からくる遠慮があって、よほどの名家でもないかぎり、嫁にシジプサリを強制することはできなくなった。しかし、姑たちの心のなかには、舅姑との距離をせばめて婚家に溶け込む機会となったシジプサリを評価する気持ちが残っているようだ。辛さに耐えて生きることで、人間として成長したと懐かしむ声も多い。

一方、新婦の実家でもかつてのような「出嫁外人」という考え方はなりを潜めて、むしろ気を使わずにすむ娘夫婦との同居をのぞむ声が増えている。子どもが生まれれば、ますます妻の実家との関係は深まっていく。保育所不足と他人に預けることへの不安感から、出産を機に妻の実家近くへ引っ越す夫婦も増え、マスコミは父系中心の家族の概念が変わったと報道している。

4　法制度・慣習との闘い

キム・デジュン大統領は九七年の大統領選挙で、男女平等の実践を公約として掲げた。今年一月にようやく発足した女性省（英語表記は性平等省）の初代長官には、投獄経験をもつ女性運動出身のハン・ミョンスク氏が就任した。八〇年代から男女平等雇用や性暴力処罰など、女性の権益を守るための法整備が進められてきたとはいえ、これまで書いてきたような根強い男性中心の意識は完全にはなくなってはいない。法制度においてさえ、差別撤廃条約の批准時に留保された家族法のように、男女の役割規定を明確に残しているものがある。また植民地時代に導入された刑法上の姦通罪の問題も残っている。大日本帝国時代の姦通罪は妻とその不倫相手にのみ適用され、戦後日本では廃止された。ところが韓国では適用範囲を男女平等に拡大し、最高刑二年の親告罪として残された。一九九五年に四〇年ぶりに改正施行された現行刑法は、当初の案では姦通罪の削除を決めていたが、圧倒的に多い夫側の浮気への対抗策として存続を求める女性団体と宗教界の反対で、最高刑を一年に下げて存続を決めた経緯がある（韓国法制研究院、一九九二）。ただ、姦通罪は離婚訴訟を前提とし、訴訟を取り下げると告訴も取り下げたとみなされるため、離婚後の生計や子どもの将来を考えると、女性側が告訴に踏み切ることは容易ではない。また性をめぐる若者たちの意識の変化や多様な性を認める世界的な流れの中で、姦通の概念自体が揺らいでいることを考えると、存続に大きな意味を見出すことはできない。

同姓同本禁婚

つい最近まで、初対面の異性に本貫を聞くことは重要な意味をもった。宗族は基本的に同姓不婚であり、韓国の場合も本貫の同じ者は同じ一族であるとして結婚を許さない「同姓同本禁婚」の倫理規定が残っているからだ。ただし、金海金氏のような大きな宗族では、それでは結婚相手がいなくなってしまうため、始祖よりは少し時代の下った祖先を基点に「○○派」というふうに宗族を分割して、別の派との結婚を認めてきた。だが、同じ派といっても数百年前の先祖が同じというだけの間柄である。八親等となっている親戚の範囲でさえ、個人主義の進んだ現代の若者にとっては、親しみを感じることはむずかしい。ましてや先祖が同じというだけで恋愛を禁止する必要はないと考える人々は年々増えつづけ、若者層の大多数は「同姓同本禁婚」に違和感をもっている。ただ親や祖父母の代にはまだ倫理的な問題として反対する声も多いため、同姓同本の男女が相思相愛の仲になっても、周囲の反対で結婚には踏み切れない場合もある。余談だが、このような倫理観からみると、日本のいとこ婚や兄嫁との再婚などはまさに「近親相姦」状態に映ってしまう。性にたいして歴史的にも比較的自由であった日本の風土を、宗族の概念にしばられた人々に理解させるのはなかなかむずかしい。国際交流の増えた現代社会では、結婚や性に関する価値観は習慣や風土によってちがうのだということをきちんと認識し、何を受け入れ何を拒否するかという自分なりの倫理規定をはっきりとさせておく必要がある。

韓国の家族法は現在でもこの禁婚規定を法的には維持している。結婚届が出せないために私生児の扱いを受ける子どもの権利を守ろうと、六〇年代以降、女性団体を中心に家族法改正の運動が根気よく続けられてきた(13)。そのたびに政府は特例措置として、同姓同本カップルの結婚届を受理する期間をもうけ、数年前からは政府・与党の中にも禁婚範囲をせばめた改正案を上程する動きが出てきて、廃止は時間の問題となった。しかし、保守系議員の票田となっている宗親会を中心に、儒教の立場から法改正に反対する勢力も大きく、改正案が上程直前に骨抜きにされたり、時間切れで流れたりと、最後の抵抗を続けている。現政権は九七年の憲法裁判所の違憲判決を受けて同姓同本夫婦の結婚届の受理にふみきり、とりあえず、家族法の同姓同本禁婚規定を形骸化する措置をとってきたが、九七年の違憲判決後は、法改正を待たずに、結婚届を受理している。

再婚家族の問題

前述した一九三〇年代の小説「間借り客と母」は六〇年代に映画化されたが、映画では当時の世相を反映してか、女性の再婚に屈託をもたない庶民と、伝統に縛られる知識層とが対比されている。法や社会が再婚を認めていても、当事者である女性自身がまだ後ろめたさを感じていた時代であった。現代の韓国ではそのような再婚自体へのためらいはほぼ無くなったが、再婚数が増えるにつれて、もう一つの大きな問題がもちあがってきた。

何回も述べたように、宗族は男系血縁集団で、子どもは父親の姓を受け継ぎ、その姓は一生かわらない。結婚しても夫婦は別姓である。韓国の戸籍法はその考え方を踏襲している。そのために、離婚時に母親が親権をとって養育しても、子どもは父親の戸籍に留まって、抜けることができない。その子を連れて母親が再婚しても、母とともに新しい父親の戸籍に入ることができないのである。父親が再婚した場合にはおこらない戸籍上の問題を、母親が再婚した例で見てみよう。

「金という女性が、最初は朴という男性と結婚してAが生まれたが、死別（あるいは離婚）した。つぎに李という男性と結婚してBが生まれた」

この場合、日本なら四人は婚姻と養子縁組によって一つの戸籍と名字をもつのが普通だが、韓国ではこの一家には二つの戸籍と三つの姓ができてしまう。最初の子であるAは父親朴氏の戸籍を離れられず、再婚相手の李氏を戸主とする戸籍には、妻となった金氏と実子であるBが長男として記載される。住民票には一家として記載されても、兄弟の姓が違うことはひと目でわかる。幼稚園や学校に通うにも、再婚した母親の連れ子であることが周囲にわかってしまい、好奇の目にさらされることになる。書類ひとつ作るにも、離婚した前夫の本籍地に戸籍謄本を請求しなければならない。ましてや事実を知った子どもたちは大きな精神的衝撃を受けることになる。再婚した母親が罪悪感に苛まされて、その結果、夫婦の間がうまくいかなくなるケースもでてくる。この家族を救うためには、子が親権者である母の姓を名のれるように、あるいは新たな父親の戸籍に入れるように、家族法を改正する以外の道はない。韓国では現在、女性団体を中心に違憲訴訟がおこされ、新たな家族法改正運動が進められている。

5　北朝鮮における結婚

最後に朝鮮民主主義人民共和国（北朝鮮）の場合についてすこし述べておく。北朝鮮の日常生活について、私たちはまだ直接に触れる機会をもてずにいる。それは日本との間にまだ国交が結ばれていないせいでもあるが、国交のある国の人間でも、たとえば郊外の農村をふらりと訪れて人々と自由に話し合うといったことは、今のところ非常にむずかしい。そのために、北朝鮮の若者たちの結婚観を直接に聞くことはできず、公開されている資料と韓国に亡命した人々の手記、あるいは韓国人研究者の資料から垣間見ることしかできない。

北朝鮮の家族法（一九九〇）は「結婚は家庭形成の基礎」（二条）であり、「家庭は社会の基層生活単位」（三条）であるとして、国家の保護と配慮をうたっている。男子は一八歳、女子は一七歳から自由な結婚をすることが可能であるが「祖国と人民のために、社会と集団のために有意義に労働した後に結婚する社会的気風を奨励」（九条）している。一般的に社会主義や共産主義の国の法律では、女性や子どもを社会的な弱者ととらえてその権利擁護に配慮する項目が多い。北朝鮮も「子と母の利益を特別に保護し……母が子を健全に養育できる条件を保障する」（六条）としている。たとえば一歳から三歳の子どもはすべて保育所に入ることができ、保育所から大学まで教育費は無料である。

また結婚登録による正規の結婚以外の男女関係を一切認めない（一一条）としつつも、その一方で婚外子に実子と同等の権利を認めて（二五条）保護している。家庭生活において夫婦は同権（一八条）で互いに義務と責任を負い、離婚に当たっては、子を養育しない当事者（主に父親）の月収の一〜三割を天引きすることを裁判所が定める（二三条）ことになっていて、婚外子の場合にも労働年齢に達するまでの養育費を支払う義務がある。このように、ある意味では理想的な家族法ではあるが、やはり伝統的な要素は残されている。そのひとつは夫婦別姓をとりながらも「子は父の姓に従う」（二六条）ことであり、もう一つは禁婚範囲を「血族八親等、姻族四親等」（一〇条）と定めていることである。

結婚登録以外の男女関係は認めないという項目は興味深い。共和国成立以前の歴史の中で女性たちが虐げられ、妾制度が公然と行なわれていたことへの反省と女性保護の観点から条文化されたものと思われるが、結果的に同棲や内縁関係、結婚後の浮気などは厳密に解釈すればすべて不倫であり、処罰の対象ということになる。韓国に亡命した高英煥によれば大学在学中の飲酒、喫煙、異性交遊は禁止（高、二四〇―二四五頁）で、ラブホテルどころか旅館でさえ男女別室（二八五頁）である。若者たちは川辺や公園、映画館などでよくデートする。しかし、深夜にはそれでも公園の茂みの影で愛をささやくカップルがいて、ときには取り締まりに引っかかってしまい、売春もあるという（二四六―二四九頁）。

韓国梨花女子大のイ・サンファによれば、北朝鮮社会において男女平等は女性の積極的な社会参与を強調する場合に言及されがちで、それは単に労働力確保のためではなく、女性の社会的権利を保障し、彼らを革命化・労働階級化するための根本的な方策であるというのが党の一貫した立場だという（イ、四章）。イによれば北朝鮮の理想的女性像は①革命的で健全な道徳教育をする「英雄の母」、②戦時には子を兵士として送り出し、後方支援する「人民軍の母」、③血縁関係を超越して社会全体に共産主義的な愛を注ぐ女性、④党と指導者への忠誠心を生産性向上で実践する女性（イ、四章）であり、これらの理想像からは個人の自己実現と社会の目標とが一体化された構造が浮かび上がってくる。家庭においては革命的な母であり、かつ社会的な仕事を果たし、しかも家事に関しては「すべてを主婦一人がやってのける……封建世界が北朝鮮の女性の世界である」（高、一一五―一一六頁）ということになると、男女平等家族法の理想と現実のギャップは韓国社会以上に大きいといわざるをえないだろう。

6　個を基礎とする社会へ

男性中心の社会で、韓国の女性たちは、ひとつひとつの権利を、時間をかけて闘いとってきた。家族をめぐる問題だけみても、息子と娘の平等な遺産相続、息子のない家での未婚の娘の戸主相続、離婚時の財産請求権、子どもの養育権と親権の平等、面会の権利、国籍法における男女両系主義など、すべて一九九〇年の家族法改正以降に獲得した権利である。しかしその一方で、宗族と家父長制の伝統は、近代法のなかに組み込まれることで普遍化されていった。国家の基礎単位とされる家族のあり方は法や政策によって規定され、政策的に孝子や孝婦を表彰し、父系相続の戸籍を維持することによって社会にあらたな差別が生じた側面もある。

同じ女性でも、置かれた立場によって利害を異にすることもある。たとえば韓国政府は国連「子どもの権利条約」に沿って、九〇年の家族法改正で庶子の権利を大幅に拡大した。それまで社会的に捨て置かれてきた庶子とその母親にとって、正式に子として認知され、平等に相続できるようになったことは、人権上の大きな前進である。しかし、妻の立場ではどうだろうか。共稼ぎが大半となった現代では、家族の資産形成における妻の貢献度は非常に高い。妻の同意なしに認知された他の女性の子どもに、財産を相続させることに複雑な感情をもつことになる。しかも、妻に息子がなければ、たとえ実子の娘がいても、次の戸主は庶子の男児となり、夫の祭祀のたびにその男児のもとに一家が集まることになる。

私たちは法によって守られるが、法によって規制されてもいる。民主国家において、法は人権を最大限に尊重して制定されるが、それでもすべての人を満足させることはできない。どのような社会であれ、人が人であるかぎり、その社会の秩序や慣習から逸脱した生き方、あるいは情愛の様相が存在する。人の生き方や情愛のあり方は千差万別であるが、法や秩序は総体として人の営為を規定しているからだ。人権と民主を標榜する現代社会に比べればはるかに厳格な規制で人々を縛りつけていた伝統社会には、宗族や身分から離れ、あるいは他所に移るなどの方法で情愛を全うするという、方便としての抜け道があった。しかし、近代法は国家と国民にいきわたり、すべての人に等しく適用されるがゆえに、そのような方便を認めない。

恋愛や結婚、家族の問題をはじめ、両性の平等と自由と人権を追求していくと、人間の複雑な営為と情愛のあり方を、いかにして法に反映させていくのかという壁につきあたる。個々の状況はバラバラであるのに、国家が家族を基礎単位とするかぎり、国家社会の理想とする家族像が生まれ、そこからはずれたものは法的に疎外されてしまう。彼らを擁護するためには、まず家族から個人へと、基礎単位を変えていかねばならないが、日本や韓国のような戸籍制度をもつ国で、はたしてそれは可能なのだろうか。家父長制という言葉さえ死語となった観のある日本社会も、隠れた部分では父系中心の考え方を根強く維持している。この壁を乗り越えるためには、私たちがこれからどのような社会で生きたいのかを、自分自身に真剣に問いかけ、みずから実践していく必要がある。最近はやりの「思いやり社会」とか「やさしさ」といった言葉は、行動をともなわなければ無意味であり社会を変えることはできないということを、私たちは問題の当事者となったときにはじめて実感することになる。韓国の女性たちの長い闘いは、そのことを教えている。

注

（1）行列とは世代間の順序をあらわす。行列字は陰陽五行などの法則により、例えば木へんの

「植」の次の世代は金へんの「鍾」というように、宗族によって決められている。一般に男性の名に適用される。

(2) 一然禅師が一三世紀後半に記録した『三国遺事』は、朝鮮半島の古代史を知る上で正史の『三国史記』と双璧をなす資料とされ、日本の『古事記』と同じくさまざまな古伝承を記録している。

(3) 祖先祭祀は一般的に、父母を含む四、五代前までの祖父母の命日の夜中に毎年おこなわれる。祭主となる長男の家では年八回から十回の祭事を取り仕切ることになるため、相当な負担感がある。このため最近では男兄弟で祭祀を分担する場合もある。方角占いの風水も、そもそもは先祖の墓を正しく定めることによって子孫の繁栄が約束されるとして、墓地選びに多用されていた。

(4) 高麗末期に朝鮮半島は元の支配下に入り、高麗王は元の大都で育てられ、元の王族を娶って帰国し即位した。一説には未婚の女性が元に徴用される例が相次いだことから早婚の風習が定着したと言われている。

(5) 朝鮮王朝四代の世宗の命により、中国及び朝鮮の古今の書伝を蒐閲して、孝子、忠臣、烈女の卓越した事績を各々一一〇人ずつ選び、絵と文で解説した。一四三二年以降、一八世紀まで、数回の改訳が出版されており、一七世紀には和刻和訳も出版されている。

(6) 閨房歌辞と呼ばれ朝鮮時代に両班家庭の婦女の間で流行した作品群は作者と年代が未詳のものが大部分だが、代表的な許蘭雪軒の「閨怨歌」のように、恨や怨の字がつくものが多く、封建社会の女性たちの悲しみを綴っている。

(7) 伝承では李退渓の話とされるが、事実かどうかは不明。筆者はテレビドラマで見たが、文献としては確認できていない。

(8) NHK教育テレビ「朝鮮半島——現代社会と伝統」一九九八年一二月四日放映

（9）当時の女子労働者に関する日本語の資料としては水野順子「韓国、工業化と女性の役割」『開発政策と女子労働』アジア経済研究所（一九八五）が詳しい。

（10）労働基準法は結婚退職制を認めていないが、例えば一九八五年の李慶淑事件のように、労災後の訴訟で、当時の女性平均結婚年齢二六歳以降の賠償額を日雇女性労働者の賃金を基礎に算出した判例もあり、法適用の面では現在も女性が不利だといえる。また韓国政府は差別撤廃条約の批准にあたり、国籍取得変更、婚姻中と婚姻解消時、子女への責任、子女の保護・後見・財産管理・入養、家族の姓と職業選択などの五項目における男女平等を留保している。

（11）一九八五年に韓国政府はそれまでの子どもは二人までを改めて「一人っ子政策」を発表し、本格的な少子化政策にのりだしたが、出生率の激減により現在では否定されている。

（12）伝統衣装に着替えた新婦は、舅姑をはじめとする婚家の年長者たちに、一人ずつ丁寧にお辞儀をしていく。立って両手を顔の前で重ねたまま、ゆっくりと腰を落として拝礼し、再びゆっくりと立ち上がるこの動作は、両脇に介添えがついてさえ相当な筋力を必要とする。挨拶を受けた人は新婦のチマ（スカート）の上に、棗や栗を投げる。これは子どもに恵まれるようにという意味である。

（13）一九六〇年の家族法施行時、国会は禁婚範囲を父系八親等、母系四親等とすることを求めたが、儒林の反対で同姓同本及び姻族八親等となった。これに抗議して女性団体を中心にこれまで数回の請願や改正案が提出され、憲法裁判所も九七年に違憲判決を出している。

参考文献

安宇植（アン・ウシク）「李朝・女・恨の文化」季刊青丘一四号、青丘文化社、一九九二年

崔仁鶴（チェ・イナク）『韓国の昔話』三弥井書店、一九八〇年

崔吉城（チェ・ギルソン、真鍋祐子訳）『恨（ハン）の人類学』平河出版社、一九九四年
チュ・ヨソプ『間借り客と母』韓国、一九三五年。ONE KOREA 翻訳委員会篇訳『対訳　そばの花の咲く頃』新幹社、一九九五年に原文及び日本語訳所収
韓国法制研究院『姦通罪の存廃及び堕胎の許容範囲』一九九二年、http://www.sangsaeng.org/book06.htm
韓国民俗事典編纂委員会編『韓国民俗大事典』韓国、民族文化社、一九九一年
韓国統計庁『女性統計年報』韓国、一九九九年
一然（李民樹ハングル訳）『三国遺事』韓国、乙酉文化社、一九八三年
任東権（イム・ドングォン）『朝鮮の民俗』岩崎美術社民俗民芸双書四五、一九六九年
井上和枝「朝鮮家族史序説」ほるもん文化四号特集『在日朝鮮人揺れる家族模様』、新幹社、一九九三年
韓国民法（日本語訳）http://www.geocities.co.jp/WallStreet/9133/min3.html
北朝鮮家族法（日本語訳）http://www.geocities.co.jp/WallStreet/3277/nkazoku.html
小針進『韓国と韓国人』平凡社、一九九九年
小林孝行『変貌する現代韓国社会』世界思想社、二〇〇〇年
高英煥（コ・ヨンファン、河合總訳）『ソウル暮らしピョンヤン暮らし』徳間文庫、二〇〇〇年
国民日報「女子中学生八三%が性関係と結婚は無関係」二〇〇一年一月一八日付。数字は国務総理傘下の青少年保護委員会「中学生の性意識調査及び性教育資料開発研究」からの引用 http://www.kukminilbo.co.kr/html/kmview/2001/0118/091800664713131100.html
李温竹（イ・オンチュク）『北朝鮮の社会学的研究』三一書房、一九九五年

イ・サンファ「北韓女性の倫理観」韓国、梨花女子大学韓国女性研究院『第四回統一問題学術セミナー――統一に備える南北韓女性の生き方についての比較』一九九六年、http://www2.kwdi.re.kr:8090/ucgi-bin/
仁科健一・舘野皙『韓国の女たち』新韓国読本二、社会評論社、一九九四年
瀬地山角『東アジアの家父長制――ジェンダーの比較社会学』勁草書房、一九九六年
宣保美恵子「日・韓大学生の結婚観――琉球大学と啓明大学校について」琉球大学教育学部紀要第四六集II、一九九五年
志部昭平『諺解三綱行実図研究』汲古書院、一九九〇年
昭恵王后韓氏・宋時烈（金鍾権ハングル訳）『内訓・戒女書』韓国、明文堂、一九八六年
杉山晃一・桜井哲男『韓国社会の文化人類学』弘文堂、一九九〇年
矢野百合子「都市の女性」伊藤亜人編『もっと知りたい韓国』二、弘文堂、一九九七年

III

文学に見る結婚

第五章　国家と結婚
——一九二〇年代のアメリカ小説にみる——

佐藤　宏子

1　結婚という制度

二〇世紀最後の年の秋、アメリカにおける結婚を扱った大部の研究書が二冊相次いで出版された。一つはイェール大学の歴史学の教授でアメリカ女性史の第一人者とみなされているナンシー・コットの『公の誓約——結婚と国家の歴史』であり、もう一冊はプリンストン大学のアメリカ法制史の教授ヘンドリック・ハートグの『アメリカにおける夫と妻の歴史』である。ともに、著者が年月をかけて完成し、満を持して世に問うた力作であり、アメリカの文化・社会を考える者たちに多くの示唆を与えるものである。ハートグはアメリカの歴史における結婚を次のように説明している。「結婚とは、男と女を生涯夫と妻として法的に結び付けることを意味してきた」(Hartog, 1)。「法的に結び付けられた」ことによって権利と義務をともなった関係が成立し、それをめぐって多くの争いと主張が繰り広げられてきた。ハートグの研究は、結婚ではなく離婚を視点の軸として、夫の扶養義務、それと表裏をなす妻の財産と収入にたいする夫の権利、子どもの養育権といった問題が、一九世紀から二〇世紀の半ばまでどのように法廷で争われ、法が解釈されてきたのかを詳細に検討したものである。これらの問題はエリザベス・ケイディ・スタントンなどの一九世紀の女権運動家たちが取り上げ改善を要求したものであり、法廷で争われた実際の離婚のケースの検討を通して、その実態と裁判官や陪審(ほとんどが男性によって占められていた)の法解釈が明らかにされていて興味をひく。

一方、コットは結婚が男と女が結ばれる個人的な関係であるにもかかわらず、公的な権威がその条件を定めるという奇妙な制度であることを指摘して次のように述べている。「一度その関係が結ばれると、それに伴う義務はコモン・ロー(慣習法)によって決められる。夫と妻はそれぞれ、共同体における新しい身分と同時に、新しい法的な身分を得るのである。このことは、定められた契約条件を破ることとは、相手を傷つけるだけでなく、共同体、法律、国家に背くことなのである」(Cott, 11)。アメリカは英国のコモン・ローを踏襲しているので、結婚の制度はキリスト教の考えにもとづいている。それは、結婚によって夫と妻が合体して法的に一人の人間になることである。

夫は妻を守り扶養することを約束するが、妻はその代償として夫に仕え従うことを誓うのである。夫は結婚によって法的な立場が拡大するが、妻は夫の姓を名乗ることで自分のアイデンティティを象徴的に喪失することになる。植民地時代から、結婚におけるこのような主従関係と政体と人民の関係の類似は、ジョン・ウィンスロップのような指導者によって統治に巧みに用いられてきた。この類推は、アメリカにおいては一九世紀の半ば過ぎまで、主人と奴隷の関係にも当てはめられ、奴隷制擁護にも用いられたのである。

このような点を考えれば、アメリカにおいて奴隷制反対運動と女権運動がある時期まで重なり合って進展してきたのも当然であろう。エリザベス・ケイディ・スタントンは、彼女が結婚における女性の不当な扱いについて語るとき、女性の参政権を問題にする時より聴衆（大部分が女性である）がはるかに強い関心を示すことに気がついている。一八五三年に、彼女は協力者のスーザン・B・アンソニー宛の手紙の中で「女性の権利という問題全体が結婚という関係を軸にして回っているのだということを、これほど強く感じたことはありません」と書いている（Cott, 67）。女性たちの関心は、結婚にともなう女性の財産権、子どもの養育権といった問題とともに、特に「母親になる回数」を決定する権利、つまり性生活と妊娠を男性の欲望のままではなく、両性の合意にもとづいて決定する権利に向けられているとスタントンは言う。結婚は人間の自然な営みの一部のように人々に受け入れられてきた。しかし、それは文化によって規定され、経済的な契約にもとづき、国家の安定のための政策と密接な関係をもつ政治的な一つの制度であることを改めて認識する必要があるだろう（コットは、結婚制度とそれに関わる法律が、アメリカにおける白人種の保存、移民、特に非白人移民の排除に用いられたことを例証している）。

以下の章では、このような結婚制度が、アメリカ小説の世界ではどのように扱われてきたかを検討してみたい。

2　愛という妙薬

結婚行進曲

一九世紀を代表するアメリカ小説といえば、誰しもナサニエル・ホーソーンの『緋文字』（一八五〇）を思い浮かべるのではないだろうか。そして、そのテーマが姦通という結婚制度を破壊する行為だということ、ヒロイン、ヘスター・プリンの個人的な行為がピューリタン植民地の共同体の掟に従って裁かれたことは、前節で述べた結婚の定義と合致する。作者ホーソーンがヘスターの力を認めながらもその無秩序と混沌を指摘していることは、彼がヘスターの力が持つ社会にたいする危険性を十分に認識していることを示している。独立から日の浅いアメリカで、結婚制度が揺らぐことは、国家の基盤を脅かすものだったと考えられる。当時、女性の美徳として、柔順であること、信仰心が厚いこと、家庭的であること、純潔であることが「真の女らしさ」として求められていたことは、すでに多くの研究者によって言われてきたことであるが、これは結婚制度の安定を意図した一つの社会的戦略と考えることができる。

そのような社会的要請に応じたのが、一九世紀の半ばに主として女性作家によって書かれた「家庭小説」という範疇の作品群である。これらの作品全体についてはここで詳細に述べることはしないが（関心のある方は拙著『アメリカの家庭小説』を参照されたい）、法と権利、義務にもとづく契約である結婚を、「愛」というオブラートに包んで口当たりを良くしたことが大きな特徴と言えるだろう。ここでは、「家庭小説」の一部を形成すると考えられ、妻予備軍である若い娘たちの意識形成、教育に大きな影響をもったとされる、いわゆる少女小説について考えて見たい。

少女の教育

現実のアメリカ社会では、前節でも触れたが、一八四八年、ニューヨーク州セネカ・フォールズで最初の女権集会が開催されたということからも明らかなように、女性たちは家庭という領域の中で、夫への全面的な依存、服従という立場に満足しているわけではなかった。結婚によって夫の庇護を受けるのと引き換えに、女性たちは自分の財産を失い、結婚後に得た自分の収入も夫のものになることに同意せざるをえなかった。夫の姓を受け入れることもその条件の一つだった。しかし、夫がこの契約を履行しなかったとしても、女性の権利を守る法はなく、苦しむのは妻の方だった。このような不平等な契約の改善を求めて、女性たちが活動を始めたのは当然の成り行きといえよう。アメリカでは州単位で法律が異なっているので、セネカ・フォールズの集会以後、女性の財産権その他の権利が州ごとに女性に有利に修正されていくが、一九二〇年の参政権獲得まで、およそ一世紀にわたる女性たちの戦いが続くのである。
このような結婚をめぐる駆け引きを反映していて興味深いのが、若い娘たちを読者対象にしたいわゆる少女小説である。彼女たちは妻予備軍であり、結婚市場で高値で取引される価値を身につけていなくてはならない。そのため、結婚の神聖さを信じ、柔順な妻になるよう教育される必要があった。少女小説はその役割を社会から担わされていたといえる。ここでは、アメリカ少女小説の代名詞になっている『若草物語』(原題の『リットル・ウィメン』は大人の雛形としての娘たちという意味なので、作品の意図するところが明白であろう)の作者、ルイザ・メイ・オルコットの作品のいくつかと、二〇世紀の初頭の代表的な少女小説、ケイト・ダグラス・ウィギンの『サニーブルック農場のレベッカ』(一九〇三)を取り上げて、結婚がどのように扱われているかを検討したい。

一八六八年に出版されたオルコットの『若草物語』は、家庭の重要さ、愛にもとづく結婚の賛歌として現代にいたるまで変わらぬ人気を保っている作品である。現在では続編として書かれた『良き妻たち』も含めて一つの作品として扱われている。マーチ家の四人の姉妹たちが、母親の導きのもとにそれぞれの性格の欠点を矯正し、成人した三人がふさわしい伴侶と結ばれる話である。作者は少なくとも次女のジョーだけは結婚させたくなかったようだが、読者の熱烈な願望に押し切られ、いささか自嘲気味に作品のタイトルは『結婚行進曲』(結婚するマーチ家の娘たちの意味もこめて「ウェディング・マーチ」）としてはどうかと出版社の編集者に書き送っている。作品の前半でマーチ夫人は娘たちの将来について次のような希望を表明する。

私はあなたたちが美しく、教養があり、善良な娘に育ってほしいと願っているの。人々から称賛され、愛され、尊敬される人にね。幸せな青春時代を過ごし、賢い選択をして良い結婚をし、世の中で役に立ち心地よい生活ができること。……良い男性に愛されて選ばれることが女性にとっては最高にすばらしいことなの。私は心からあなたたちがその美しい経験ができることを願っています。……お金は必要で大切なもので、よい用い方をすれば貴いものです。でも、それが一番大切で唯一の目標などと思って欲しくはありません。あなたたちが幸せで、愛されていて、満足していれば、自尊心や心の平安をなくして女王の座にあるより、貧しい男性の妻でいてくれたほうがいいわ。（九章）

このような母の考えは、作中で何度も繰り返し示される。長女のメグが隣家の家庭教師ジョン・ブルックと恋仲になり結婚を考えていることを知った次女のジョーは、母にメグを金持ちの男性と結婚させたくはなかったのかと尋ねている。これにたいする母の答えは、『若草物語』の中でよく引かれる箇所の一つである。

私は経験から、ささやかな小さな家でも本当の幸せがえられると分かっているの。日々の糧のために働かなくてはならないけれど、欠乏が手に入れた楽しみをより甘美なものにしてくれるのよ。（二〇章）

揺らぐ結婚制度

現代の読者は説教臭いマーチ夫人の言葉に時に辟易するかもしれないが、視点を変えればこれらの言葉の背後に、当時の結婚の現実が見えてくる。つまり、結婚が経済的な取引であり、それによって荒廃した家庭の現実である。オルコットがそのような現実を十分に認識していたことは、『若草物語』以降に彼女が書いた少女向きの作品により明白な形で示されている。一八七〇年に発表した『古風な少女』では、田舎育ちの主人公ポリー・ミルトンの目を通して、上流階級を気取って流行を追いかけるショー家の人たちの不毛な生活が批判的に語られる。夫と妻の間には夫が稼ぐ富を妻が浪費する以外、人間らしい血の通った関係は存在しない。子どもたちは道徳的に堕落し、互いに反目しあっている。夫が投機に失敗し破産したとき、初めて家族はお互いに向き合うことになる。大邸宅を失ってしまったのだから、物理的にも小さな家の狭い空間の中で顔を突き合わせて生きなくてはならなかった。勿論、少女向けの作品であるから、それなりの結末は用意されている。ポリーの導きのもと、彼らは勤労の大切さを再認識し、家族のために働くことの意味を理解するようになる。結末は、当然のことながら教訓的であり、愛の大切さを知った若者たちの結婚で作品は終わるのだが、『若草物語』の結末のような、マーチ夫妻が娘たちとその家族に囲まれて、マーチ夫人に「これ以上の幸せはない」（四七章）と言わせるような、安定したものではない。『若草物語』から八年後に書かれた『花咲くローズ』ではこの傾向はさらに顕著になる。前作の『八人のいとこたち』と同じ人物を用いて、成人すると莫大な財産を相続することになっているローズ・キャンベルが二〇歳になる時期、彼女を取り囲むキャンベル家の七人の従兄弟たちがどのように振る舞うかに焦点をあてている。この種の作品の常套手段として、当然ローズの結婚問題が焦点になることは予測できるが、そこに至る経路は決してロマンティックでも平坦でもない。

この作品には副筋として、ローズの小間使い兼お相手役である孤児フィービ・ムーアの結婚の問題が用いられている。素性は知れないものの、音楽の才能と美貌にめぐまれたフィービは、キャンベル一族の誰からも好かれ頼りにされる存在である。ローズの世界一周旅行に同行したフィービは、その経験からますます洗練され、魅力的になっていた。そんな彼女に真剣な恋心を抱いたのは、七人の従兄弟の一人アレックである。フィービも彼を愛している。しかし、無邪気なローズが二人の愛をすばらしいものとしてプレンティ伯母さんに報告したときに騒動がもちあがる。プレンティ伯母さんは自分の生活の切り盛りをすっかりフィービに依存しているにもかかわらず、身分違いだとしてこの結婚に断固反対するのである。ここでは愛は問題にならない。結局、フィービはキャンベル家を去り、遠く離れた町で教会の聖歌隊のリーダーとして自活することになる。

一方、ローズの結婚にいたる道も多くの曲折を経ることになる。町では「キャンベル一族」として伯（叔）父、伯（叔）母、従兄弟たちが固く結束していると見なされている一族の中にも、女相続人ローズをめぐる思惑が渦巻いている。クララ伯母さんは夫であるスティーヴ伯父さんと別居中である。伯父さんは「社交生活に没頭するクララ伯母さんとの生活に嫌悪を感じ」（五章）自ら故郷を捨てたのである。彼はインドで貿易に携わり、その豊かな収入で伯母さんは息子のチャールズとボストンで贅沢な生活をしているが、夫のもとへ行こうなどという気持ちは全くない。彼女の野心は、息子のチャールズをローズと結婚させ、その財産を手に入れることである。チャールズは美貌と才気に恵まれて、ほかの従兄弟たちや友人から「プリンス・チャーリー」、「プリンス・チャーミング」とよばれ、人気者である。成人した従兄弟たちが、父親の仕事を継いだり、医者になる勉強をしたり、世の中で有用な人間になれるよう努力しているときに、チャールズは母に甘やかされ、インドで父の事業を継ぐことを勧める父や伯父たちの言葉に耳も貸さず、ローズのご機嫌をとって付きまとうことを「仕事」にしている。

彼がローズの財産を意識していることは、「君には誰か面倒をみてくれる人が必要さ。それに財産を管理してくれる人もね」（五章）というローズへの言葉からもうかがえる。自立して、自分の財産を社会のために有効に使いたいと思っているローズは、チャーリーの言葉に反発を感じるものの、彼の魅力に屈しそうになる。しかし、チャールズの飲酒癖が明るみにでてローズに批判され、彼はそれがもとで事故死する。大切な従兄を失った悲しみの中で、ローズはチャールズにたいする自分の気持ちは単なる一時の「のぼせ」であって愛ではないことを知る。結局、ローズは従兄の中で一番地味で、変わり者といわれる医学生のマックと時間をかけて愛を育み、結ばれることになる。また、フィービとアレックも数年間離れて生活しながら、愛を確かめあった結果、一族から認められて結婚する。

結末で愛にもとづく結婚が成立し、秩序が守られてはいるが、少女小説の世界でも、美男・美女のロマンティックな結婚は夢物語として退けられる時代がきているのだ。『花咲くローズ』を書いた一八七六年、オルコットは、建国百年に際して、参政権を初めとする女性の権利を改めて主張した女権運動家のルーシー・ストーンへの手紙の中で、その革命的運動の支持を表明し、次世代の女性たちがこの革命の思想を引き継いでくれることを希望している（Myerson 他、217-218）。女性が結婚においてすべての社会的権利を夫に渡し、従属の立場に甘んじる社会的・公的契約の現実を、愛で美化することが難しくなり、女性たちが現実に目覚めてきたということであろう。結婚が国家の基盤を支える「偉大な公的制度」であるという認識が一九世紀の半ば以降、多くの結婚に関わる裁判における判事たちの言葉にみられるが、その中にこの危機の認識が隠されている。

3　分裂した結末

二〇世紀初頭を代表する少女小説といえば、ジーン・ウエブスターの『あしながおじさん』（一九一二）、エリナー・ポーターの『ポリアナ』（一九一六）、それにウィギンの『サニーブルック農場のレベッカ』であろう。いずれも日本でも翻訳が文庫本で出版されているし、中でも、初めの二冊は現在でもテレビの劇画や映画化がされ、子どもたちにも馴染みの深い作品である。書簡体という古風で目新しい手法を用いた『あしながおじさん』は、孤児のジェルーシャ・アボットがその文才を大富豪のジャーヴィス・ペンドルトンに認められ、彼の援助で大学教育を受け、最後には彼と愛し合って結婚するまでの物語である。ジェルーシャのユーモアたっぷりの手紙は魅力的で、現在も多くの読者に愛されている作品だが、孤児院育ちの娘までが大学教育を受けられる時代になったことに新しさを感じる作品でもある。しかし、物語は全くのシンデレラ・ストーリーであり、制度としての結婚の問題には全く触れられていない。また『ポリアナ』は、身分が違うが愛し合って結婚した両親の娘として生まれたポリアナが、両親の死後、叔母に引き取られ、その前向きの生き方(彼女の「喜びのゲーム」に象徴される)で人々の心を開いていく物語である。若いころつまらない感情の齟齬から結婚できなかったポリー叔母さんと町の医者、チルトン先生を結びつけ、ポリアナ自身に疑似家族ができることで物語は結ばれる。ここでも結婚という制度は良いものとして受け入れられている。

しかし、『サニーブルック農場のレベッカ』では、様子が少し違っている。物語は、その可能性を示唆しながらも結婚では終わらない。それは、作者の中で、自立につながる女性の職業と財産の問題と、結婚を望む男性の心の中にある、女性を保護したい、自分に従属させたい、未成熟な無垢の状態にとどめたいという願望の存在との矛盾を無視できなかったからだと思われる。妻予備軍の育成を主たる目的とする少女小説の中で、このような結婚にたいする姿勢、疑問がでてきたことは興味深い。その点を作品の結末を中心に検討してみたい。

レベッカ・ランドールは、生活力を欠き、歌とダンス以外には何も才能がないイタリア人の血を引く父親と、ニューイングランドの堅実な農家の娘だった母親との間に生まれた。父親はすでに亡く、母は七人の子どもをかかえて、サニーブルック農場をなんとか経営しようと苦闘している。苦労している妹の生活を助けようと、母の姉で「レンガ屋敷」と呼ばれる大きな家に住む独身のミランダ伯母さんが七人の子どもの一人の養育を申し出てくれた時、レベッカが選ばれた。なにごとにもニューイングランド風に厳格なミランダ伯母さんは、活発なレベッカの行動に批判的で、伯母さんの家での生活は決して心地よい幸せなものではなかった。しかし、農場にいれば決して受けることができなかったであろう教育を受けることができたことをレベッカは感謝している。村で初等教育を終えると、伯母さんは自分の生活費を切り詰めて、彼女を大きな町のセミナリーにやってくれ、教員の資格をとることができたのである。村の小学校に通っていた時から、レベッカは持ち前の明るさと快活さ、好奇心で村の人たちの心をとらえ、乗り合い馬車の御者のコブ夫妻や富豪のアダム・ラッドのように、彼女の成長を暖かく見守ってくれる大人たちに囲まれていた。セミナリーに進学してからも、当時まだ高等教育では珍しかった女性教師のマックスウェル先生の指導を受けることができた。先生はレベッカに学校を卒業した後、職業を持って欲しいと強く望んでいた。一方、この地方でもっとも望ましい結婚相手と考えられ、若い娘たちの注目の的であるアダム・ラッドはレベッカに夢中である。当然、二人の結婚というところで話が終わると予想されるが、作者ウィギンは曖昧な結末を用意している。

レベッカがセミナリーを卒業したとき、彼女にはかなり条件のよい教職の申し出があった。しかし、卒業式の当日にミランダ伯母さんが卒中で倒れたという知らせを受け、彼女は看病のため「レンガ屋敷」に戻ってくる。伯母さんの病状が少し良くなったので、レベッカはサニーブルック農場に母親を訪ねるが、その間に伯母さんの容体が急変し亡くなったという知らせが届く。大急ぎで「レンガ屋敷」に戻るために駅に着いたレベッカは、そこでアダム・ラッドと出会い、彼は彼女を慰め、彼女が乗った汽車を見送りながら、彼女との結婚を夢見ている。一方、「レンガ屋敷」についたレベッカは、ミランダ伯母さんが屋敷とそれに付随する広い土地を遺言で彼女に残してくれたことを知る。作者は、このミランダ伯母さんの行為を、時には彼女につらく当たった厳しい伯母さんの「償い」であり「弁明」だと書いているが、伯母さんはレベッカが自立できる財産を残してくれたのである。この物語は次のように結ばれている。

彼女は手を伸ばして、磨かれた真鍮のドアのノッカーにそっと触れ、それから十月の太陽に輝いている赤いレンガに触った。……ここは家庭（ホーム）だ。自分の家、自分の庭、自分の青々とした大地、自分の大切な木々。……彼女は太陽で暖められた扉に頭をもたせ、目を閉じて、子供の頃お祈りをしたときのようにつぶやいた。「ミランダ伯母さんに神様の祝福を！　過去の

『レンガ屋敷』に祝福を！　未来の『レンガ屋敷』に祝福を！」（三一章）

レベッカとの結婚を願いながら、彼女にいつまでも「チャイルド・ウーマン」でいて欲しいと願うアダム・ラッドの姿について、批評家の中には「甘いおとうちゃん（シュガー・ダディ）」とかアメリカの児童文学によく登場する「異性の援助者」と評する人もいる。

古くは『若草物語』のベア教授、二〇世紀になってからは『あしながおじさん』のジャーヴィス・ペンドルトンがその典型であろう。注目すべき点は、『サニーブルック農場のレベッカ』では、他の作品のように主人公が直ちに年上の男性と結婚しなかったということである。作者は最後の二つの章の結末を結びつけることをせずに、読者の自由な解釈にまかせてしまったと言ってもよい。すでに述べたことで明らかなように、それぞれが自分の夢をみているのである。

女性が自分の将来像として、結婚とは別の道を描ける時代が到来したということであり、女性の権利の拡大、一九世紀後半から徐々に起こっていた結婚という制度の変化が表面に明確に現れてきたということであろう。女性の権利獲得の運動は一九二〇年の参政権獲得で一応の結果を生み出すことになった。この時期は、また、アメリカが工業化を推し進め、米西戦争によって帝国主義的国家へと変容し、第一次大戦への参戦により、世界の覇権国家としてウッドロー・ウィルソンが宣教師外交を実践した時代だった。これまで、社会の基盤となる家庭を築く責任をまかされる妻候補を育成することを目的とした少女向けの作品の中で、結婚がどのように扱われてきたかを検討してきた。国家と社会の安定のためには、結婚＝家庭の安定が不可欠であり、結婚という制度が「愛」という砂糖衣にくるまれて提示されてきた。しかし、物質主義がアメリカ社会を支配し、価値が金銭という尺度で測られるようになり、また、女性の権利が拡大するにしたがって、結婚によらなくても、あるいは結婚しても夫に依存せずに、生活することが可能になったとき、結婚自体の意味が変化したと考えることができる。

これまでは、児童文学の作品を通して、アメリカ社会が理想とする結婚の形を見てきたが、以下では、二〇世紀前半のアメリカを代表する二人の女性作家、イーディス・ウォートン（一八六二—一九三七）とウィラ・キャザー（一八七三—一九四七）が一九二〇年代に発表した作品を通して、彼女たちが結婚をどう扱ったのかを検討し、国家としてのアメリカと結婚という制度の関連を考察したい。この特定の時代を設定したのは、アメリカという国家と社会が第一次大戦を境に大きく変容したという事実を踏まえてのことである。

4　古い制度の再評価

社交界の結婚

イーディス・ウォートンのほとんどすべての作品は何らかの形で結婚という制度とその実態を取り上げているといえる。ニューヨークの上流階級の娘として生まれた彼女は自分が熟知しているニューヨークの社交界を作品の舞台にしている。彼女の初期の傑作『歓楽の家』(一九〇五)では、結婚はヒロインにとって生活の唯一の道である。

家柄はよいが財力のない娘リリー・バートにとって、社交界での地位を確保する方法は財力のある男性との結婚以外には考えられない。二九歳というぎりぎりの年齢になったリリーは、その美貌を唯一の武器として早く有利な結婚をしなくてはとあせっている。リリーはローレンス・セルデンという青年に心を寄せているのだが、彼は彼女の経済的な欲望を満たすほどの財力はない(この点で、男性のセルデンは、少々みすぼらしくても独身で気楽に暮らす自由を社交界から認められている)。リリーは結婚相手を獲得する作戦を立てるのだが、最後の一歩というところで、獲物を取り逃がしてしまう。それは、周囲の人たちの悪意をこめた噂や、彼女自身の軽率な行動が原因だが、彼女の心の中のセルデンへの思いのために詰めの段階で揺らいでしまうためでもあった。最後には、小説の冒頭で彼女に無視されていた成り上がり者のユダヤ人の富豪にも見捨てられ、リリーは自殺を選ぶ。この小説では、結婚は商取引である。リリーを取り囲む社交界の人たちの中に、愛によって結ばれた夫婦など全く存在しない。不倫、姦通など日常茶飯事だが、誰も結婚しているという地位を捨てようとはしない。結婚は女性たちが生活の糧を獲得し、社会的に安定した地位を保つ手段なのである。

夫の義務

ニューヨーク以外の土地を舞台にしたウォートンの数少ない作品に、小品ではあるが高い評価を受けている『イーサン・フロム』（一九一一）がある。雪に閉ざされたニューイングランドの片田舎の村落が舞台になっているが、この作品も結婚を軸に展開する。ただ、この作品では、視点は男性におかれていて、結婚という制度が男性に課している、妻を保護し扶養する義務の重荷という問題が取り上げられる。科学に関心を持っていたイーサンは、父の死によって勉学を途中で切り上げ、故郷の農場に戻ってくる。やがて、母も長い病の末死んでしまう。冬の農場の孤独に耐え切れず、彼は母の看病を手伝ってくれた従姉のズィーナに衝動的に結婚を申し込んでしまう。しかし、彼とズィーナの間には、なんら心を通わせるものはない。やがて、彼女も病身になり、医者通いの費用が彼に重くのしかかってくる。ズィーナの従妹のマティーは両親を亡くした貧しい娘だったので、無償でフロム家に住み込んで家事をするようになる。若くて愛らしく明るい性格のマティーにイーサンはひかれていき、マティーも男らしいイーサンに心を寄せるようになる。やがて、二人の気持ちはズィーナの感知するところとなり、彼女はマティーを追い出してしまう。行き場のないマティーと、マティーへの愛とズィーナにたいする義務との狭間で追い詰められたイーサンとは、橇を立木にぶつけて心中を図るが、未遂におわる。脊椎を損傷したマティーは二度と歩くことができない体になり、イーサンは半身を引きずってしか歩けない不自由な体になってしまう。それから三〇年たった小説の結末で、まだ、イーサンは屍のような肉体で一家の生活を支えて苦闘しているのだ。

ここでは、結婚の契約が男性の側から扱われている。ウォートンにとって、結婚とはどちらの側から見ても人間の自由を束縛する不毛なものだったようだ。

ウォートンの結婚

彼女が結婚についてこのような姿勢をとったのは、彼女自身の苦い経験が反映していると考えられる。彼女は二〇歳のとき成り金ではあるが富豪の息子と婚約するが、財力の差の大きさのため先方の母親の反対にあい、間もなく解消している。彼女が結婚したのは二三歳のときで、相手は一三歳年上のテディ・ウォートンであった。動物好きで戸外のスポーツを好むテディと文学、芸術を愛するイーディスとの間にはあまり共有するものがなかったのかもしれない。彼女が創作活動を始めると、二人の間の距離はどんどん開いていった。テディが精神を病むようになったのは、おそらく、遺伝をはじめとする様々な要因がからまってのことと思われるが、作家として成功し、ヘンリー・ジェイムズなど多くの知識人たちとの華やかな交流を楽しむイーディスに置き去りにされたという孤独感もその一つと考えられる。イーディスはテディの療養のため、ヨーロッパやアメリカであらゆる手をつくしたが、彼が無断で彼女の資産を乱用するという事態になり、離婚にたいするニューヨーク社交界の反対を押し切る形で最後の決断をしたようである。ウォートン夫妻の離婚が成立したのは一九一三年、イーディスが五一歳の時だった。

変化の時代の中で

しかし、このような個人的な経験以上にウォートンが結婚という主題にこだわったのには理由があると考えられる。それは、結婚の有り様と社会の現実、時代の風潮との密接な関係である。結婚の形態が時代を写す鏡だったということである。それが、非常に明白になったのが、『無垢の時代』である。この作品は第一次大戦直後の一九二〇年に出版され、ピューリッツァー賞を受賞したウォートンの代表作である。時代は一八七〇年代、つまり、ウォートンの両親の時代である。主人公のニューランド・アーチャーは、鈴蘭の花が似合う清純な女性メイ・ウェランドと間もなく婚約を発表しようとしている。ともに社交界で高い地位をしめる両家の縁組は、申し分のないものとみなされていた。そんなとき、メイの従姉でポーランドの貴族と結婚していたエレン・オレンスカが夫の不道徳な行為に耐え切れず、ニューヨークに戻ってくる。陽光を一杯にあびて輝く黄色の薔薇にたとえられるエレンは、経験によって深みを増した人柄とヨーロッパ的文化の香りでニューランド・アーチャーの心を奪ってしまう。しかし、メイとの婚約は発表され、結婚の準備が進められる。

一方、エレンは自由を求めて離婚をしたいと言い、彼女の一族を狼狽させた。彼女に離婚を思いとどまらせるよう説得を頼まれたのが、弁護士を生業としているニューランド・アーチャーであった。彼はエレンに「結婚や離婚についての私たちの考えは、とくに古めかしいのです。我々の法律は離婚を認めていますが——社会慣習の方は認めていません」（一二章）と説明する。彼はまた「このような場合に、個人はいつも集団の利害といわれるものの犠牲になるのです」（一二章）とも言っている。離婚は一族に不名誉をもたらすというニューランドの言葉を受け入れて、彼女は離婚を思いとどまるのであるが、皮肉なことに、これによってニューランドとエレンの愛が結婚という形で成就する可能性は永遠に失われてしまったのである。

結婚してからもニューランドは片時もエレンを忘れることはできない。一方、メイは妻の座を獲得するとすっかり落ち着いて、感情が不安定な夫を、まるで不機嫌な子どもを扱うようにあしらっている。と同時に、彼女は夫とエレンの愛に気づいていて、それを切断する潮時を的確に測っている。清純で無垢と思われているメイの持つ鋭さと結婚という契約の重さが大きな意味を持つ。エレンにたいする夫の愛が高まり、ニューランドの感情が結婚生活に耐えられないほどの状況になったとき、メイはひそかにエレンに会い、自分が妊娠しているという嘘をつく。エレンはヨーロッパに帰る決断をし、メイは彼女の送別のために盛大な晩餐会を催す。結婚の契約を守ろうとするメイと一族の共謀は功を奏し、エレンは排除され平穏な表面は維持された。

小説の最後の章は、この出来事から三〇年後、メイも死にニューランド・アーチャーは五七歳になっている。彼の人生ははた目には穏やかで幸せなものだったが、「人生の華といえるもの」（三四章）を失ったと常に感じていた。建築家になった長男ダラスとともにパリに滞在している彼は、積極的なダラスが父子でエレンを訪れる約束を取り付けたと聞いて驚く。また、ダラスから、死の前日メイが息子に伝えた言葉を聞いたニューランドは妻が自分を理解してくれていたことを知り、心を慰められるのだった。それは次のような言葉だった。

お母さんは、お父さんといる限り僕たちは安全だ、これからもそうだろうって言ったんだ。なぜって、かつてお母さんが頼んだとき、お父さんは自分が一番ほしいものを諦めたんだから。（三四章）

結局、ニューランド・アーチャーはエレンに会わずにホテルにもどった。彼の心の中で生きるエレンは、午後の太陽を一杯に浴びて黄金に輝くアンヴァリードの円屋根のように強烈なものであり、現在の彼とは世界を異にする存在に思われた。人生の華をつかみ取ることができなかった夫とそれを「哀れみながら」（三四章）無言で三〇年間見守っていた妻。このような結婚生活を今静かに受け入れようとしているニューランドの中に、ウォートンの考えが示されていると思われる。それは、人間の自由を奪い束縛した古い結婚制度の中に、ある価値を見いだしたということではないだろうか。第一次大戦を経て、新しい世代が台頭し、社会の価値観が大きく転換しつつある時期に、社会の安定を守った古風な結婚制度の意味を、作者は改めて提示したと言ってよいだろう。

5　国家の衰退と結婚

開拓者の結婚

ウィラ・キャザーと結婚というのは、意外な組み合わせと言えるかもしれない。表面上、結婚は彼女の作品の主要テーマではないと考えられているし、同性愛者だったといわれる彼女は生涯結婚しなかった。しかし、初期の代表作『おお、開拓者たちよ』（一九一三）でも衝動的なフランク・シェバタとマリーの結婚とその悲劇、それと対照的な友情をもとにしたヒロイン、アレグザンドラ・バーグソンとカール・リンストラムの穏やかな結婚が作品を締めくくっているし、人気の高い『私のアントニーア』（一九一八）では、アントニーア・シメルダが男に捨てられ私生児を産んだ後、善良なキュザックと結婚して一〇人の子どもの母として心豊かな充足した生活をおくる様子が、まるで豊饒な大地の化身のように印象深く描かれている。しかし、キャザーが作中の結婚に重要な意味を持たせるようになったのは、第一次大戦後、一九二〇年代に入ってからである。ここでは、一九二三年に発表された『迷える夫人』とその二年後に出版された『教授の家』を取り上げ、キャザーが結婚をどのような文脈でとらえ、それを通して何を示そうとしたのかを見てみたい。

『迷える夫人』は中編小説といってもよいものだが、その技法の見事さから彼女の傑作の一つに数えられている。物語の舞台は作者自身が育ったネブラスカ州のスウィート・ウォーターという名の田舎町である。この町の小高い丘の上に、南北戦争に従軍したためにフォレスター大尉とよばれる開拓者が美しい夫人マリアンと住んでいる。高潔な人格者である大尉は、二五歳も年の離れた美しい夫人を慈しんでいる。大尉は戦後、鉄道の敷設に関わって財をなし、フォレスター家の屋敷は、魅力的な夫人の客もてなしの巧みさと大尉の人柄で、鉄道貴族といわれた人たちが頻繁に訪れる家だった。しかし、時が経ち、人々も年を取り、繁栄が予想されていた鉄道沿いの町々も、期待に反して寂れていった。
大尉は威厳のある姿を維持してはいたが、関係していた銀行が不況で倒産、責任は個人ではなく組織がとればよいという他の重役たちにたいし、彼は私財を投じて預金者たちを守ったため、自分には僅かな年金しかない身分になってしまった。その上、大尉は卒中の発作に見舞われ、肉体的にも衰えていく。これを契機に、大尉と夫人の結婚の実態が町の人たちに見え始めた。魅力的で、夫を支えて生きてきた忠実な妻と思われていた夫人には愛人があり、その男が別の女性と結婚することになると、嫉妬する夫人の醜態は町の人たちの噂の種になった。やがて、大尉が亡くなると、夫人は町の若者にまで身をまかせるようになり、故郷のカリフォルニアに帰るといって町を去っていく。

筋を話してしまえば簡単なものだが、これらの出来事が夫人を崇めている少年の視点を通して語られ、また、夫人や大尉の人生と関わることで少年自身も成長していくという複雑な構造を持った作品である。フロンティアの消滅、西部の開拓魂の喪失、新しい世代の道徳性の欠如、社会の組織化、物質欲といった社会の変化が、フォレスター大尉と夫人の結婚生活の実態と結びついて示される。夫に財力があり、夏や冬のコロラドへの旅行が可能である間は、夫人の不倫な関係は隠されていた。老年に差しかかっていた大尉は、自分が性的に夫人を満足させられないことを知っていて、夫人とフランク・エリンジャーという男の関係を黙認していたと思われる。大尉にとって、夫人は自分が慈しんで育てている薔薇やヒヤシンスのように、自然の力の象徴と思えていたのである。美しく描かれているが、この結婚もやはり経済的な契約にもとづくものだということに読者は衝撃を受ける。一つの結婚の破壊が、古い精神的な価値観が物質的なものに取って代わられる時代の動きを見事に示している。

文明の衰退と結婚

二年後に書かれた『教授の家』は前作以上に複雑な技法を用いているが、結婚という視点にたつと、作中に様々な形態の結婚が描かれていることに改めて驚く。舞台はアメリカ中西部のミシガン湖に近い大学町ハミルトン、主人公で大学で西洋史を教えるゴッドフリー・セントピーターと妻のリリアン、長女のロザモンドとその夫でユダヤ人のルイ・マーセラス、次女のキャサリンと夫のスコット・マグレガー、教授の同僚のクレイン教授夫妻から、先住民族のミイラの夫婦まで様々である。物語が始まった時、教授は長年住み慣れた古い借家から、新しい家に移ろうとしている。新しい家は、教授が書いた『北アメリカにおけるスペインの冒険者たち』という大著にたいして賞が与えられ、その賞金で妻が望む家を新築したのである。また、長女のマーセラス夫妻はミシガン湖畔に北欧風の邸宅を建設中であるが、この資金はかつて教授の愛弟子で科学者だったトム・アウトランドという青年が発明した真空装置を、トムが第一次大戦で戦死した後、マーセラスが資金を集め企業をおこして実用化して得た巨額の収入である。ロザモンドはトムの許婚だったので、トムは自分の発明特許をすべて彼女に遺贈していたのである。

セントピーター教授と夫人はフランスに留学時代出会い、激しい恋の末に結婚したのであるが、現在のそれぞれの関心はお互い同士ではない。教授の心は研究とトムとの思い出で占められていて、妻とは寝室を別にしている。それどころか、彼は古い家を完全に引き払うことを拒否し、古い家を借り続け、書斎として長年使っていた屋根裏部屋をそのままにしている。一方、夫人のリリアンは、そのような夫を気まぐれで我が儘な子どものように半ば無視して暮らしている。人間の動物的な側面と関わる食堂、寝室は新しい家のものを使い、知的、精神的部分と繋がる書斎は古い家のものを使うという分裂は、教授自身の内面の分裂を意味していて興味深い。新しい家の寝室でシャワーを浴びた後、部屋着姿でいる夫にリリアンは「あなたはとてもハンサムよ。とくに部屋着でいるときはね。あなたは、年を重ねるにつれてますます恰好よくなるけれど、気難しくもなったわ」（三五頁）と言っているが、背後に性的な意味をこめた言葉と受け取れる。

彼女の関心は二人の娘婿にむけられ、彼らの関心を引こうとする彼女の態度は嬌態といってもよいものである。とくに富豪で、旅行であろうと買い物であろうと彼女の望みをかなえてくれるルイとは親密である。「義理の息子は、夫が恋人でなくなったとき、夫の代わりをするよう、天の摂理で定められたものだ」、「義理の息子たちによって再び女になった」（七九頁）とキャザーは書いている。ルイの方も、義理の母を崇め奉っていて、リリアンの女心をくすぐる愚かしい些細な心遣いを決して忘れることはない。ルイとロザモンドとの関係も心の繋がりではない。誰もが美しいと思う柔らかな美貌の影で、彼女はすべてを冷静な計算で取り仕切っている。作中には彼女が婚約者だったトム（作中にはトムの未亡人とも書かれている）にどのような感情をもっていたのか、現在の夫ルイにたいしてはどうなのかはほとんどといってよいほど描かれていない。ただ、この富の源泉は自分がトムから贈られたものだということで、ルイにたいしては、高圧的な態度をとっている。教授はロザモンドにたいして、「お前のトムとの絆は社会的なもので、社会の法に従うものだ。財産に基盤をおいているからね」（六三頁）と言っていることからも、それが心通わせるものではなかったことが推測される。

次女のマグレガー夫妻は夫婦の関係よりも、自分たちが分け前に与れなかったトムの遺産のことで、長女夫妻への嫉妬に狂い、何らかの嫌がらせをしてやろうと画策する姿が描かれる。同じことが、トムの恩師だったクレイン教授夫妻の関係にも見られる。結婚が金銭という尺度で測られ、人間関係が荒廃していく様子が示される。

このような、不毛な結婚に比べると、トムがニューメキシコの砂漠にそびえるメイサの壁面で見つけた先住民族の遺跡とそこで営まれていた人々の生活はより人間的にみえる。トムは遺跡で若い女性のミイラを発見するが、彼女の脇腹には肋骨が露出するほどの深い傷がある。このミイラを見たカトリックの神父はこう推測する。「これは個人的な悲劇ではないかと思う。……原始的な社会では、夫は妻の不貞を死で罰することが許されていたんだ」（二二三頁）。これは、教授自身が講義の中で学生の質問に答えて「平凡な事までが、罪の壮大さをもつことが出来る時代の方が人間は幸せなのだ。人間の行為から重要性を取り去ってしまうことは、……人間を貧しくすることだ」（六八頁）という言葉に呼応する。この古代の世界には法律や契約によってではなく、人間の生々しい感情を基盤にする関係が存在していたということであり、アメリカの社会の現実との対比がなされている。

キャザーは、世界は一九二二年あたりで二つに分裂してしまい、自分は七千年の歴史を持つ、前半分に属する人間だという有名な言葉を残しているが、『教授の家』はまさに彼女のその気持ちを表現した作品ということができる。社会の仕組みが法と契約にもとづいて構成され、すべてが組織と法則で動くようになり、人間的な感情の入る余地を失っている現状をキャザーは結婚という本来は個人的なレヴェルの関係の諸相を使って巧みに表したということができよう。この作品とオズワルド・シュペングラーの『西洋の没落』（第一巻、一九一八年、第二巻、一九二二年）との共通性を指摘する批評家もあるが（Schubnell, 92-117）人間の美への渇望、人間としての原始的な力の発露として形成されてきたとキャザーが考える文明が、何事も組織化と法律、契約によってしか動かない非人間的な社会の前に滅亡していくことへの作者の挽歌としてこの小説を読むことができる。ナンシー・コットが結婚は個人的な関係であるにもかかわらず、公的な権威がその条件を定める奇妙な関係だと述べたことは、冒頭で触れた。キャザーはまさにこの奇妙な関係を巧みに用い、結婚という全く私的な人間関係を通して、社会、国家、さらに文明の問題を提起しているのである。

6　一つのモデルとして

アメリカ文学と結婚という途方もない問題を、限られた紙面で論じることは至難である。この章で述べたことは、一九世紀の半ばから大恐慌までの半世紀あまりの期間に白人、中産階級、女性の作家によってどのようにこの問題が見られたかということのごく一部を扱ったにすぎない。あえて、ケイト・ショパンやシャーロット・パーキンズ・ギルマンのように結婚そのものを問題にした作家は取り上げなかった。それが、非常に重要な問題であることは十分に認識しているが、結婚が女性抑圧の機構として作用しているという問題提起はすでに多くの研究者によってなされているからである。また、アフリカ系アメリカ人やアジア系アメリカ人の作品の中の結婚については、抑圧の機構が性差にもとづくだけでなく、人種差別、アメリカと移民の母国との政治的関係とも複雑に絡み合っているために、稿を改めて考察してみたいと考えている。今回は、時代、社会の文脈の中で、作家たちがどのような意義を「結婚」に担わせたのかという考察にとどめたことをお断りしておく。

参考文献

Alcott, Louisa May. *Little Women*. 1868. New York : Signet Classic, 1983.（『若草物語』・『続若草物語』吉田勝江訳、角川文庫）

An Old Fashioned Girl. 1870. New York : Puffin Book, 1995.

Rose in Bloom. 1876. New York : Puffin Book, 1995.（『花ざかりのローズ』村岡花子・佐川和子訳、角川文庫）

別府恵子編『イーディス・ウォートンの世界』鷹書房弓プレス、一九九七年

Cather, Willa. *A Lost Lady*. 1923. London : Hamish Hamilton, 1961.（『迷える夫人』厨川圭子訳、研究社出版）

The Professor's House. 1925. London : Hamish Hamilton, 1961.

Cott, Nancy. *Public Vows : A History of Marriage and the Nation*. Cambridge, MA : Harvard University Press, 2000.

Griswold, Jerry. *Audacious Kids : Coming of Age in American Classic Children's Books*. New York : Oxford University Press, 1995.

Hartog, Hendrik. *Man & Wife in America : A History*. Cambridge, MA : Harvard University Press, 2000.

井上一馬著『若草物語への旅』晶文社、一九九九年

石井桃子編『キャザー』研究社出版、一九六七年

Myerson, Joel & Daniel Shealy, eds. *The Selected Letters of Louisa May Alcott*. Athens, GA : University of Georgia Press, 1995.

佐藤宏子著『アメリカの家庭小説』研究社出版、一九八七年

『キャザー』冬樹社、一九七七年

Schubnell, Mathias. "The Decline of America ; Willa Cather's Spenglerian Vision in *The Profes-*

sor's House," *Cather Studies*, vol. 2, edited by Susan J. Rosowski. Lincoln : University of Nebraska Press, 1993.

Wharton, Edith. *The Age of Innocence*. New York : Appleton, 1920.（『無垢の時代』佐藤宏子訳、荒地出版社）

Ethan Frome. New York : Scribner's, 1911.（『イーサン・フローム』宮本陽吉ほか訳、荒地出版社）

The House of Mirth. New York : Scribner's, 1905.（『歓楽の家』佐々木みよ子ほか訳、荒地出版社）

Wiggin, Kate Douglas. *Rebecca of Sunnybrook Farm*. 1903. New York : Puffin Book, 1995.（『少女レベッカ』大久保康雄訳、角川文庫）

第六章　フランス文学にあらわれた結婚

大島　眞木

ゆらぐ結婚

いま、フランスの結婚制度はゆらいでいる。一九九〇年の調査によれば、八つに一つの家庭が片親であり、その原因の約四三%が離婚で、フランス人全体の一二・四%、年齢を一八―二四歳に限れば二〇%以上の人々が非婚のまま共同生活を送っている。一九九九年一二月一七日のル・モンド紙によれば、フランスにおける婚外子の誕生は三〇年前の六倍となった。かつて社会規範に反していた婚外子の出生はいまや平凡な事柄となり、三〇年前には全新生児の六%、約五万人にすぎなかった婚外子は毎年新生児の四〇%、三〇万人を占め、しかもそのほとんどすべて（九二%）が父によって認知されている。かつてはカップルの生活の出発点であった「結婚」はいまや到達点になった感がある。

　こういった激変はとりわけ一九六八年のいわゆる五月革命以後に顕著である。本章の最後に略述するが、フランスの歴史をたどっていくと、結婚の制度や習慣にかんしてはあまり変化のないときが長く、夫と妻の関係が完全に平等になったのは二〇世紀も半ばを過ぎてからである。小説に「社会を写す鏡」の役割を与えたのはスタンダールだが、私がフランスの社会を知ったのはまずフランス小説を通じてのことであり、いままで親しんできたフランス文学にあらわれた結婚のすがたは、たしかにかなり長い間さほどの変化を示していない。しかし、それぞれの時点における結婚のすがたはさまざまであり、その時代のフランス文学に登場する女性たちの人物像も多彩なひろがりを見せていることはいうまでもない。

　本章では、はじめにフランス文学にあらわれた結婚のすがたを見てから、結婚の制度についていささか概観をこころみ、あわせて現在のフランス結婚事情にもふれたい。豊かなフランス文学を紹介したいというのも本稿執筆の一つの動機なので、なるべく翻訳のある作品を選び、最後に翻訳書のリストを付した。本文中の引用はこのリストにある翻訳書によるものである。

1 フランス文学にあらわれた結婚の条件

理想的な妻

フランスで夫にとって理想的と思われていた従順な妻の姿が具体的に文学の中で姿をあらわすのは、イタリア文学の傑作、『デカメロン』（一三五三）の最終話（第一〇日第一〇話）においてである。家臣の願いによって妻をめとることとなったサルッツォの侯爵は貧しい村の娘グリセルダを妻とするが、妻との間にできた娘、次いで息子を取り上げて、殺したように装って他に隠してから、妻を下着一枚で追い出す。娘が成長して一二歳になると、新しい妻のように仕立てて邸に迎え、追い出した妻を呼んでその結婚式の準備をさせる。グリセルダが何をされても従順であるのを見た侯爵は、実はこれはすべて妻を試すための試練であったことを明らかにして彼女に子供たちを返し、侯爵夫人として尊敬し、幸福にする。この驚くべき物語は一〇二五年頃実際に起こったことで、古いフランスの本にあり、ヨーロッパのいろいろな物語のもとになったといわれている。

男のために都合のいい、これほど酷いことをされても従順で、不平一つ言わないような妻が実際に存在したのだろうか。領主と貧しい娘という地位の違いから、こんな信じられないようなことも起こりえたのかも知れないが、それが書き留められたのは男の願望によるものであろう。

ところが、一五世紀前半に書かれた『結婚十五の歓び』は反語的な題名で、いかに女が悪知恵をもって男をだますかという一五の例を説話風に集めたものである。それぞれの説話の最後は常に哀れな夫を梁《やな》にかかった魚にたとえ、「惨めにその生涯を終えることとなろう」のことばで結ばれる、女性諷刺の文学である。聖書にあらわれたイヴの原罪からくるアンチ・フェミニスムの文学の伝統は、キリスト教の発展とマリア崇拝の伝統とも並んで存在したのである。

だまされたくない男

一度結婚したら離婚することのできない男が、女にだまされないように苦心するのは当然のことであるが、とりわけ自分よりずっと若い妻を得ようとする男の苦心は大変なものである。自らも俳優であった古典喜劇作者モリエールの最初の本格的喜劇となった『女房学校』（一六六二）は、そんな中年男の悲劇を喜劇的に描いて大当たりをとった作品である。四二歳で金持ちの中年男、アルノルフは、自分がだまされないために、賢い女ではなく馬鹿な女、「一言でいえば全く無知」で、「神様にお祈りができて、私を愛してくれて、縫ったり紡いだり」できる従順な女を妻にしようと考える。そのために彼は貧しい百姓女から四歳の少女を養女にもらい受け、人里はなれた修道院で教育を受けさせるのだ。望み通り純真で美しく成長した娘アニェスを修道院から出してきたアルノルフはこの無垢な娘を隔離して住まわせ、結婚しようとする。ところがその周到な用意はかえって裏目に出て、アニェスはその無邪気さゆえにかえって自分にふさわしい青年と結ばれてしまう。

実生活でモリエールが二〇歳も年下の一座の女優、アルマンド・ベジャールと結婚したのはこの作品が上演される一〇ヵ月前のことであり、しかもその結婚が不幸なものに終わったことを知っていると複雑な思いにとらわれる。結婚の一一年後モリエールが世を去ったとき、一〇歳の娘が残されたが、アルマンドはすぐにこの娘を修道院に入れてしまい、結婚のため貧乏貴族に連れ出されるまでそのままにしておいたと伝えられる。

無垢な娘と「修道院」

男に都合のいい無垢な娘はどこで作られたのだろうか。

『女房学校』のアルノルフが無垢な娘を作るためにアニェスの教育を任せた「修道院」は、長く結婚前の娘に対する女子教育機関の役割を担っていた。フランス語の《couvent》には、尼僧になるための「修道院」と、全く同じ単語なのだが、教育機関としての「修道院付属の学校」と両方の意味がある。全く同じ単語であるために、教育機関としてもただ単に「修道院」と訳されていることが多いが、『女房学校』の場合ももちろん「付属学校」の意味である。アルノルフは修道院で無垢な娘を育てたつもりで失敗するのだが、修道院を出たばかりの娘の初々しさを描いて印象的な文学作品の例を二つ挙げよう。

一七五の書簡が複雑に絡み合い、さながらオーケストラの趣のある一八世紀書簡体小説の傑作、ラクロの『危険な関係』(一七八二)の冒頭におかれた第一信は、四年間の修道院生活を終えたばかりの「やっと一五歳の薔薇のつぼみ」、セシル・ヴォランジュが「ウルスラ派××修道院女塾内」

の友達に送った無邪気なおしゃべりである。彼女の母が彼女を修道院から出したのは、ジェルクール伯爵に嫁がせるためである。結婚の期待と不安でどきどきしている彼女は、靴の採寸にやってきた靴屋の男を求婚者と間違えてどぎまぎしてしまうほどのおぼこぶりである。ところが続く第二信は、表面は貞淑なメルトイユ侯爵夫人から以前の情人ヴァルモン子爵に宛てた、私怨をはらすためのセシル誘惑計画の手紙である。実は花婿となるはずのジェルクール伯爵は、以前メルトイユ侯爵夫人を捨てて××知事夫人に走り、知事夫人はそのときヴァルモン子爵を捨てたので、二人には共通の利害関係があるのだ。恋愛の手管に長けたこの二人にかかっては、小羊のような処女セシルは一たまりもなく誘惑され、妊娠し、棄てられ、流産し、今度は尼僧になるために修道院へ入ることとなる。

ヴァルモンは同時進行的に操正しく美しいツールヴェル法院長夫人に言い寄っているが、こちらは慎重で貞淑で抵抗が大きいだけにさしものヴァルモンも苦労する。やっと思いを遂げたとき、ヴァルモンほどの男も彼女を愛する気持ちが起こっているのだが、冷酷なメルトイユ侯爵夫人は彼女を捨てることを命じ、ヴァルモンはそれに従い、絶望した法院長夫人は命を絶つ。この二人の往復書簡は、攻め、守り、遂に落ちるまでの長い記録である。

『危険な関係』が書かれたときから百年が経った一八八三年に発表されたモーパッサンの『女の一生』の冒頭も、修道院と関係がある。この小説は一八一九年五月三日、北フランスノルマンディーで、昨夜から降り続く憂鬱な雨とは対照的に、昨日修道院を出たばかりの生き生きとした無邪気で美しい男爵令嬢ジャンヌの登場で始まるのだ。「ようやくこれで永久に自由解放の身となり、あんなにも長い間夢見ていた人生のあらゆる幸福をまさに捉えようとしている」（五頁）彼女にとって、この憂鬱な天気も心を曇らせるものではない。ただ彼女は、この雨のために父が出発を遅らせはしまいかとそれだけが心配なのだ。父は娘を「幸福に、善良に、素直に、そしてやさしい心根をもった女に育て」（六頁）るために、一二歳から一七歳まで聖心修道院の寄宿舎に預けておいたのである。この生きる喜びに顔を輝かせた娘は、間もなく近くに住む青年貴族と結婚する。しかし無邪気で善良な彼女は新婚早々から夫に裏切られ、両親を失い、やがては可愛がって育てた息子にも裏切られる。最後に彼女を助けるのは、夫が手をつけて子まで生ませた昔の女中、ロザリーであった。

「修道院」と直接関係はないが、『女の一生』のミニ版といってもよさそうな短編『初雪』（一八八三）の女主人公は、パリで育った快活な令嬢で、ノルマンディーの貴族と結婚する。彼女の知らない財産上の理由で彼女は結婚したのであり、「父や母を困らせないために」嫌とは言わずうなずいたのであった。ここでモーパッサンが「二人をいっしょにする」という意味で使っている動詞《accoupler》は、「つがいにする」ということで、ショッキングなニュアンスを含んでいる。平易で美しいフランス語で読める佳篇なのでできれば原文での一読をすすめたい。もう一篇、同じモーパッサンの『頸飾』（一八八四）は、英訳で読んだ夏目漱石がその残酷な結末に腹を立てた作品であるが、つましい小官吏の美しい若妻が、大臣官邸の夜会につけていくダイヤモンドのネックレス

を富裕な修道院友達から借りることが物語の発端になっている。(1)

修道院付属の学校ではいったいどのような教育が行われていたのであろうか。一口に修道院といってもさまざまであったからか、あるいはまた文学作品の作者たちが主として男性であったからか、修道院で実際に行われていた教育について具体的な記述を文学作品の中に見いだすことはまれであるが、その一つの例がモーパッサンの師、フローベールの代表作『ボヴァリー夫人』(一八五七)である。

ノルマンディーの裕福な農民の娘、エンマは、一三歳のときに父につれられて町へ出て修道院の塾に入る。娘は修道院を退屈にも思わず、尼さんたちと暮らすのがうれしく、教理問答をよく覚え、「祭壇の芳香や聖水盤の冷ややかさや大ろうそくの光からはなたれた神秘なものうさにうっとりとまどろ」(四四頁)む。空想的で感傷的な気質の彼女は、説教に出てくる婚約者、夫、永遠の結婚、といった比喩に心をときめかせ、隠れて読んだ小説に出てくる恋物語に胸を焦がし、更にはウォルター・スコットの歴史小説に熱中して中世の姫君や騎士を夢想した。エンマが「女ドン・キホーテ」と呼ばれる所以である。

その彼女が修道院を出て凡庸な田舎医者、シャルル・ボヴァリーの妻となる。「シャルルの話は歩道のように平凡で、月並みな考えがふだん着のままそこを行列して行」(五〇頁)く。結婚するまで恋をしているように思っていた彼女に恋から来るはずの幸福はやってこなかった。何も気づかずに幸福な気分でいる夫の傍らで妻の満たされぬ思いは次第に増幅していく。エンマにとって修道院の教育は何だったのか。小犬をつれて散歩に出たエンマは夢想にふける。

「ああ、なぜ結婚なんかしたんだろう」

別な偶然のめぐりあわせで、ほかの男に出会うことはできなかったか、と考えた。実際にはおこらなかったそういう出来事、いまとちがった生活、見知らぬ夫、を心に描いてみようとした。みんながみんな、こんな夫とはかぎらない。美男で、才気があって、上品で、魅力があったかもしれない。修道院時代の友だちが結婚したのはきっとそういう人なのだろう。あの人たちいまどうしているかしら？（五五頁）

持参金

『初雪』に見るように、結婚の重要な条件は「愛」よりも「財産」であり、「金」であった。モリエールの晩年の傑作『守銭奴』（一六六八）は主人公の吝嗇漢アルパゴンの性格を浮き彫りにした作品だが、この無類のけちんぼうは、息子は金持ちの未亡人と、娘は「持参金なしに」もらってくれる老人と結婚させ、さて自分は息子の恋人と結婚しようと企てる。

アルパゴンの行動を決定するものは、一にも金、二にも金、で、それがすべての笑いの源となる。娘をなぜ老人に嫁がせねばならないか、その理由は、「なにしろ持参金なしに娘をもらってくれようと言うんだからな」。アルパゴンの発する短い言葉、「持参金なしに（サン・ドット）！」が繰り返されて笑いを誘うのである。

妻のもってくる持参金は夫にとって重大な結婚の条件であるが、妻の側からすればそれによって社会の上の階層に入ることも可能となるわけだ。バルザックの膨大な作品群「人間喜劇」の要の作品と言われる『ゴリオ爺さん』（一八三五）では、小麦相場や穀物の商売で成功した富裕な製麵業者ゴリオは、妻の死後再婚もせず育て上げた熱愛する二人の娘に自分の身代の半分を与えることとする。そこで貴族かぶれしていた美貌の姉、アナスタジーはレストー伯爵夫人となり、お金を尊敬していた妹のデルフィーヌはドイツ生まれの銀行家、ニュシンゲン男爵の妻となった。ところが娘たちや婿たちは父が相変わらず商売を続けていることを喜ばず、しかもついに父が引退すると、父を引き取るどころか公然と出入りすることも拒むようになる。かくしてこの小説はバルザック版『リヤ王』の側面をもつことになるのだが、イギリスの作家サマセット・モームも「世界十大小説」の一つに挙げているおもしろい小説なのでお勧めしたい。

フランス語に《redorer son blason》という表現がある。直訳すると「紋章の金箔（金メッキ）をやり直す」ということ、すなわち貧乏貴族が金持ちの平民と結婚して家を再興することで、こういう表現が存在することは、それがよく行なわれていたことを示している。『ゴリオ爺さん』の二人の娘の場合はまさにその好例である。

モーパッサンにそのものずばり『持参金』（一八八四）という短編がある。ブチニの町の美貌の青年公証人シモン・ルブリュマン氏は紙幣と証券で三〇万フランの動産をもつジャーヌ・コルディエ嬢と結婚する。甘い新婚の一週間が過ぎると、夫は妻に持参金をすっかり用意させて一緒にパリに出かけることを提案する。公証人パピヨン氏の事務所を買い取ったところで、その支払いも済ませ、たのしくまだ結婚していない恋人のように振舞おう、というのだ。大喜びの若妻をともなった公証人はパリにつくと、辻馬車でなく乗合馬車に乗る。そして煙草を吸いたいからと妻を車室に残し屋上に上っていく。心細い思いで妻は座席に座っている。車が動きだし、止まり、また動く。人が降り、また乗り、とうとう彼女一人になってしまう。終点だ。夫は持参金の全額をもってとうに消えていた。なんとも残酷な物語である。

金目あての結婚が語られているのはフィクションの世界だけではない。一七六五年から一七七〇年頃に執筆されたジャン＝ジャック・ルソーの自伝『告白』第二部の第一〇巻には、彼の住んでいたモンモランシー近くに別荘をもつヴェルドラン侯爵夫人について、次のような記述がある。

身分はいいが貧乏なダルス伯の娘として生まれたダルス嬢が、結婚したのがヴェルドラン氏だ。この夫は老人で、みにくく、つんぼで頑固、乱暴で嫉妬ぶかく、傷あとがありめっかちという人物。ただし扱いかたを心得るとお人好しで、年収は一万五千から二万フランもあり、この金と彼女は結婚させられたのだ。この可愛い男は、日がな一日、ののしり、叫び、うなり、当たりちらし、妻を泣かせていたが、結局はいつも彼女の思いのままになる。そうなると、それがまた彼女の怒りをよぶ。なぜなら、そんなことを望んだのは彼で、彼女のほうはちっともそんなことをし

たくなかったのだといえば、夫はなるほどそれもそうかとうなずいてしまうからだ。（三二八頁）

庶民の結婚には愛があったのかもしれないが、いささかでも金のあった人々の結婚は、たしかに「愛よりは金」であった。

2　結婚以後

妻となること――ラファイエット夫人『クレーヴの奥方』

女性はどんな気持ちで妻になるのだろうか。

フランス小説における心理小説、あるいは分析小説と呼ばれる大きな伝統の先頭に位置するラファイエット夫人の『クレーヴの奥方』（一六七八）は、その古典的で端正な文体で人の心の微妙な襞を精細に描き切った。

時は一六世紀の中頃、フランス王国屈指の相続人である美しいシャルトル姫は、一六歳になってはじめて宮廷に出仕する。夫を早くなくして一人で姫を育てた母は立派な婦人で、娘に男女の恋の詳細をよく話して聞かせた。「男の誠意の少なさ、偽り、不真面目、道でない係り合いによってどんなに家庭が暗く不幸になるか」、「貞節な女の一生はどのようにいつも静穏であるか」（一七頁）。そうして育てられた姫は家柄も人柄も立派なクレーヴ殿に見初められ、求婚される。これにたいして母は、「クレーヴ殿なら威厳もあり人品もいいし、若さに似ぬ思慮もみえている、もし姫さえその気なら自分は結婚によろこんで賛成する」といい、それにたいする姫君の答えは、「自分もあのかたの良い性質がよくわかっているし、他の人たちの妻になるよりはあの人のほうが望ましくさえある、しかしあのかたの人がらにべつに愛着を感じるわけではない」（二九頁）というのであった。

こうして求婚は承諾され、二人は結婚する。しかし、敬意と感謝の気持ち以上のものを示さない貞淑な妻をみて、夫は完全に幸福になることはできない。このクレーヴの奥方の前にイギリスから帰ってきた光り輝く貴公子、ヌムール公が現れ、お互いに強く惹かれあったらどうなるか。貞節であろうとする妻はひたすら恋する人から遠ざかろうとして宮中へ出ることを拒み、その真の理由を妻の告白から知った夫は苦しみのあまり病を得て死ぬ。夫を失って自由になった妻は、しかしヌムール公の求婚には答えない。「義務と平穏な生活があなたにおもちしている好意と両立しないことを知ったので、そのほかの事がらにはいっさい興味を失いました」（二二七頁）というのが彼女の答であり、それを聞いて苦痛のあまり倒れそうな気がした公の恋の火も、年を経て静まり、奥方もかなり短かくはあったが、閉じこもった浄らかな生活を送り、類のない貞淑の鑑としてたたえられた。

妻が夫以外の男を愛したらどうなるか。とりわけ、離婚の不可能だった時代にこのテーマのもつ意味は深刻である。人間心理の分析をお家芸としたフランス文学にこのテーマは繰り返しあらわれ、ついに夏目漱石にフランス文学に「有夫姦」が多いという感想（『それから』）を持たせるまでになってしまう。

さまざまな妻——スタンダール小説の妻たち

一八一九年暮から一八二〇年の前半に書かれた『恋愛論』のなかで、「愛のない結婚における女の貞操は、おそらく自然に反したものである」（第二巻第五六章の二）と書き、すぐに注をつけて「『おそらく』ではなく『確かに』自然に反する」と書いたスタンダールは、さまざまな妻の姿をえがきだした。

代表作『赤と黒』（一八三〇）でヴェリエール町長の妻であるレーナル夫人は、子供たちの住み込みの家庭教師としてやってきた小さな製材小屋の息子、ジュリアン・ソレルを見て驚く。「子供たちをぶったりはしないかしら」と心配していたのに、これではまるで少年ではないか。ジュリアンは金持ち階級に対する憎しみから夫人を誘惑する。修道院を出て何の疑問もなく嫁ぎ、貞淑な妻、三人の子の優しい母であったレーナル夫人は、はじめて夫以外の男を愛し、ジュリアンも次第に夫人の純情に惹かれていく。

しかし二人の情事は夫の知るところとなり、ジュリアンはブザンソンの神学校に入る。神学校長に気に入られた彼はその推薦でパリの大貴族、ラ・モール侯爵の秘書となる。誇り高い侯爵令嬢マチルドは社交界で彼女を取り巻く青年たちを軽蔑して、ジュリアンに関心を示す。気位の高い二人の恋愛はまるで戦いのような奇妙なものであるが、ついにジュリアンは彼女を征服する。マチルドが妊娠し、侯爵もやむなく結婚を認めるが、そこへレーナル夫人の書いたジュリアンの前歴を暴く手紙が来てしまう。その知らせを聞いたジュリアンはヴェリエールに直行して教会の中で夫人を狙撃し、死刑の宣告を受ける。

獄中の彼をマチルドは「私の夫」と呼んで救い出そうと全力を尽くすが、ジュリアンの心の平安をもたらしたのはレーナル夫人の訪問であり、彼女の口からあの手紙は心ならずも強制されて書いたものだと聞いたことであった。彼は思い残すことなく断頭台に上る。処刑された彼の首を奪ったマチルドは、ひとりその首を山中に埋める。それは彼女の先祖である愛人ラ・モールの斬られた首を奪って埋めた一五世紀の王妃マルグリット・ド・ナヴァールの、彼女が常に憧れていた行為をまねたものであった。『恋愛論』の著者スタンダールは、この小説でマチルドの「頭の恋愛」よりもレーナル夫人の「心の恋愛」のほうを優位においているように思える。

スタンダールのもう一つの長編小説『パルムの僧院』（一八三九）ではどうか。登場人物を「妻」という視点から整理してみると、これまたさまざまである。そもそも主人公のファブリス・デル・ドンゴは、父侯爵や兄とはまるで似ていない。一七九六年ミラノに入城したナポレオン軍の若いフランス将校が彼の父だと暗示されて物語は始まる。そのファブリスを幼いときから愛し続ける若く美しい叔母、ジーナは、はじめは親ナポレオン派のピエトラネーラ伯爵と結婚し、夫が決闘で命を落としてから兄の城に帰ってきた。ファブリスの母ははなはだ影が薄いが、快活で行動的なこの叔母は、この小説の中で最も魅力的な人物である。

ミラノのスカラ座で彼女はパルム公国の大臣モスカ伯爵に会う。才知あるこの大臣は彼女に恋するが結婚している。彼女を自分の国の宮廷の社交界に迎えるために彼の考え出した結論はこうだ。まず、ずっと年取った、毒にも薬にもならない夫を見つけ、形だけの結婚をする。夫は新夫人と一緒に暮らすわけではないが、そのおかげで大使になり、大勲章が貰えることになる。ジーナは驚くが、結局この奇妙な取り引きを受け入れて六八歳のサンセヴェリーナ・タクシス公爵の形だけの妻となる。美しく才知あるサンセヴェリーナ公爵夫人はパルムの社交界で大成功を収める。その彼女の前にすっかり成人して魅力的な甥のファブリスが姿を現す。五五歳になり、老境に入ったと自覚したスタンダールが、わずか五〇日あまりの口述筆記で書き上げたというこの小説は、サンセヴェリーナ公爵夫人、モスカ伯爵、ファブリス、それにファブリスが獄中から激しく恋する牢獄の長官の娘クレリア・コンティを加えた四人の、さまざまの年齢における愛する心理を見事に描いている。

結局クレリアは父の意に逆らえずクレセンティ侯爵夫人となるが、ファブリスはクレリアと密会し、子供まで儲ける。「明るいところでファブリスに会わない」というマリアさまにたてた誓いを守るために、密会は常に暗いところで行なわれたのだが、その罪の子は急死し、クレリアも死に、ファブリスもパルムの僧院に引きこもってやがて死ぬ。波瀾万丈、荒唐無稽に近い筋立てのようだが、登場人物の心の動きや精神の描写は、いまなお読む人の心を強く捉える傑作である。「妻」がいかに形だけのものだったかを改めて思うが、何度も恋をしたスタンダールは、生涯結婚はしなかった。

姦通しなかった妻――バルザック『谷間の百合』

たくさんの女性たちを愛し、愛されながら、その生涯の最後になるまで結婚せず、やっと結婚したときはもう死の床にあったこの作家の膨大な作品で描かれた妻たちのうちで心に残るのは『谷間の百合』（一八三六）のモルソフ伯爵夫人アンリエットである。貞淑な妻、やさしい母が夫以外の男を愛するが、その欲望を押さえ込んでしまうとどうなるか。青年フェリックス・ド・ヴァンドネスの手記という形式で書かれたこの小説には自伝的色彩も濃い。はじめて出た舞踏会で思わず口づけをしてしまった美しい肩の女性に、主人公はアンドル川に近いクロシュグールドの館で再会する。美しく優雅でみずみずしく清らかな夫人、しかし二人の子どもはひ弱に見え、その父は妻の魅力とは際立った対照をみせていた。まだ四五という若さでありながら、すでに六〇近くにも見える伯爵の描写は、「あたかも修道僧のように、そのはげあがった後頭部をとりまく半円形の環は、こめかみのところに黒のまじった灰色の髪の房をのこして、耳のところに消えています」とか「黄色くて、けわしく澄んだ目は、冬の陽のようにきらきら輝きながらあたたかみがなく、考えもないのに不安げで、だれに向けるともない猜疑の色をうかべています」（五八頁）。などと、微に入り細を穿ったもので、延々と続く。

天使のように貞淑な妻、やさしい母である夫人は、この魅力のない夫の傍らにありながら、ついにフェリックスと結ばれることはない。パリに出て華々しく社交界に登場したフェリックスは、積極的なイギリス女性、ダドレー夫人の誘惑に負ける。彼の心は相変わらずアンリエットに捧げたものであったが、噂を聞いた彼女は嫉妬に苦しみ、重い病の床につく。知らせを聞いてパリから駆けつけたフェリックスに、瀕死の彼女はうわ言のように自分の気持ちを語り、書いてあった長い手紙を渡して死んでいく。「私のいちばん大きな苦しみは、あなたにお会いできないことだったの。」「私の一生はずっと嘘ばかりでつづいてきたの。」「ああ、もうあなたを逃がさないわ。私は愛してもらいたいの。ダドレー夫人のように、それこそどんなことでも平気でやるわ」（四〇〇―四〇二頁）。長い手紙には、あの舞踏会の肩へのくちづけのときから、彼女は彼を愛し続け、今こうして嫉妬に苦しめられて死んでいくのだということが綴られていた。

死に瀕したモルソフ夫人がフェリックスとの恋が成就しなかったことを恨む激しい叫びは初版ではさらに激しく、その部分をあまりにむごいとする、すでに死期の迫ったバルザックの若き日の愛人ベルニー夫人の意見で削除が行なわれ、ほぼ現行のかたちになったという。人妻が夫以外の男を愛して、極度の抑制が働いたときの例として挙げられるべきものであろう。

姦通した妻――モーパッサン『ピエールとジャン』

夫の知らない間に姦通が行なわれ、しかもその結果生まれた子が家族の中にいて育てられているというまことに不道徳な状況から生まれる悲劇を描いたのがモーパッサンの中編小説『ピエールとジャン』（一八八八）である。

昔パリで宝石商をしていたロラン老人は、舟と釣りが大好きで、今はル・アーヴルに引退して舟を買い、しろうと水夫になっている。黒い髪の長男ピエールは最近医学博士になったところ、五歳年下で金髪の次男ジャンは法学士となった。ロラン夫人は四八になるが、とてもそうは見えず、「幸福そうな親切者らしい様子」で、「小説や詩が大好き」（三七頁）で、やさしい夢想を好む女性だった。この平和な一家に驚くべき知らせが来る。パリで親しくしていた一家の友人、大蔵省の局長だったマレシャル氏が亡くなり、全財産を次男のジャンに遺贈したというのだ。思いがけず転がりこんだ大金に一家は喜ぶ。ピエールは弟だけに遺贈が行なわれたことに何となく心たのしまないがその考えを打ち消す。ところが、彼はなにげなく酒場の女に弟に遺産が入ったことを話してしまう。そのときの女の反応、「あんたにちっとも似ていないのふしぎじゃないわ！」（八四頁）という言葉が、思ってもみなかった母への忌まわしい疑いのもととなる。心の中に落とされた小さな染みは、次第に黒々と大きなものに成長していく。そして真実のあらわれるときが来る。

この小説は序文として「小説論」（小説について）がついていることでも有名であるが、英訳でこの小説を読んだ夏目漱石は、いつものモーパッサン嫌いはどこへやら、「名作ナリ。*Une Vie* の比ニアラズ」とほめている。これも英訳で読んだ『女の一生』（*Une Vie*）についての漱石の批評の一つは、「Jeanne ノ夫ハ下女ト通ジ。其上有夫姦ヲ犯ス。Jeanne ノ父モ母モ不品行ナリ。コトサラニ斯ル人物ヲ集メテ小説ヲ作ル必要ヲ認メズ」というのだが、漱石の嫌いな「有夫姦」についていえば、『女の一生』よりも『ピエールとジャン』の中心テーマなのだから、ちょっとおかしい。『ピエールとジャン』という作品は、さながらフランス古典悲劇を思わせるような緊密な構成であり、またピエールの心理描写はとりわけ優れているので、それに感心した漱石が点を甘くしてしまったのかもしれない。ちなみに、モーパッサンの才能を認めながらも、その道徳的態度を厳しく非難したことで名高いトルストイがこの二つの小説に描かれたモラルについて下した評価は、漱石と全く反対である。(1)

情熱的な結婚と理性的な結婚――バルザック『二人の若妻の手記』

漱石がいうように、フランス小説に「有大姦」が多いからフランスの社会にはそんなに姦通が多かったと結論づけるのは、近松の名作に心中ものが多いから、日本では心中ばかりしていた、と結論づけるのに似ている。もちろん姦通や心中はドラマティックだから文学作品になりやすいのだ。

現実には多くの女性は理性的な結婚をしたのであろう。そのすがたを文学作品のうちに探していくと、バルザックの『二人の若妻の手記』(一八四二)にいきあたる。この作品は、バルザックとしては珍しい書簡体小説である。書簡の中心をなすのは、ほぼ同じ頃にブロワにあったカルメル派の修道院を出た二人の親友の往復書簡である。ルイズ・ド・ショーリューはパリの大貴族の家に戻り、ルネ・ド・モーコンブはマルセーユの近郊であるプロヴァンスの田舎にいて、隣家の老貴族の一人息子と結婚しようとしている。

物語は一八二三年の秋に始まり、ルイズは一八、ルネは一七、ともに九年を修道院で過ごしたようである。この小説の全編は二人の女性の結婚生活と心理の描写ばかりではなく、「社会風俗観察家としてのバルザックの鋭い眼は随所に光っており、ナポレオンの失脚から第二帝政にかけてのフランス社会の変動と、その時代に生きるパリの名門の人びとや田舎の小貴族の生活ぶりがあざやかに描かれている」(三五三頁)という指摘(鈴木力衛)は正しい。まず、ルイズが修道院へ送られたのは、花嫁教育のため、というわけではなく、兄と弟の財産を作るために伯母が修道院長をしている修道院へ送られたのである。しかしルイズはそのまま誓願をして修道尼になることを好まず、またルイズを可愛がっていた祖母が彼女に十分な財産を残してくれたので財産問題も解決して父母はルイズを連れ戻したのである。これは貴族が金のために娘を修道院に入れる話だが、もっと下の階級でも持参金が用意できず、働くことも許されなかった娘たちは修道院に入ったので、この状態は二〇世紀の初めまで続いた。父公爵はブルボン復古王政の高官であり、母はまだ三八歳で社交界の花である。

一方、ルネの両親の館の隣家の老貴族、レストラード男爵の一人息子は、一八一三年に儀仗兵として出征し、その後ロシアの捕虜となったらしく消息不明だったが、このたび思いがけず国外追放になって戻ってきたのである。息子をぜひ貴族の娘と結婚させたいと思う父はルネを持参金なしで貰い受け、遺産相続のさい、そのルネのものとなるべき金額は契約書によってあらかじめ定めておく、という提案を行ない、そのためにルネは修道院から連れ戻されたのである。お見合いの日の描写をルネの手紙から引用しよう。

ルイズさん、例の国外追放者は格子そっくりで、ひどくやせっぽちです！　蒼ざめた顔、苦労が多かったせいか、口もろくろく利きません。三十七だというのに、五十歳くらいに見えるのです。若かりし日のかつての美しい黒髪には、雲雀の羽根のように白い毛がまじっています。きれいな眼は落ちくぼみ、耳も幾分遠いのです。どことなく憂い顔の騎士といった感じがしました。それにもかかわらず、あたしは喜んでレストラード夫人となり、二十五万リーヴルの持参金をちょうだいするのを承知いたしました。（三四頁）

まだ一七歳で、九年間を修道院に過ごした娘の、なんという理性的な言葉だろうか。ルネは、一緒に暮らしていた親友がパリの社交界でときめこうとしているときに、自分は「ひなぎくの一生にも似たつつましい一生」（三四頁）を送ることを決断する。しかし彼女の決断は、ただ「持参金なし」といった打算的な理由のみでなされたわけではないことに注意したい。まず、彼女は自分が未来の舅に気に入られ、夫に愛されていることに自信があり、また青春を失ったこの青年を慰めて幸福な家庭を作ろうと決心したのである。

妻としての道を正しく踏んでゆけば、どんな不幸にも襲われる心配はありますまい。（中略）あたしには人生が、坦々としてなめらかに、永遠の木陰に蔽われたフランスの大道のように見えるのです。（中略）もし子供が生まれたら、手もとにおき、育てて成人させ、子供たちを通して

人生の幸福が味わえるだろうと思います。(三四―三五頁)

こうして彼女はルイズに向かって、修道院時代に二人で夢見たロマネスクな夢との訣別を宣言し、自分の代わりに生活のロマネスクな部分となってアヴァンチュールを聞かせてほしい、と頼むのである。

ルイズは華々しく社交界にデビューする。父はスペイン大使に任ぜられ、彼女は家庭教師にスペイン語を学ぶが、この家庭教師は実は失脚したスペインの大臣、マキュメール男爵であることが分かり、ロマンチックな大恋愛の末、彼女を熱愛している彼と結婚する。しかも彼の伯父である大使は、この結婚に際して若夫婦に年金一〇万リーヴル、新婦に八〇万フランの持参金を認める上に、死後は莫大な遺産と称号を保障するというのだ。これで祖母の遺産も弟のものとして使える。献身的な夫との幸福な結婚がもたらす快楽にうっとり酔い心地の便りをルイズが送るころ、ルネは妊娠し、男児を出産する。ルネは母になった喜び、夫や舅に愛される喜びを書き送り、ルイズは華やかなパリ社交界のありさまを書き送るのである。子の名付け親になったルイズ夫妻はルネを訪れ、賢明なルネは恋人同士のようなルイズ夫妻に不安を感じて忠告するが、ルイズは聞き入れない。一八二九年、ルネの夫は県の参事会員から出世して、パリの代議士、レストラード伯爵となっていて、ルネは三人目の子を宿している。家庭の幸福にあふれたルネの手紙のあと、突然ルイズの悲痛な手紙が来る。二〇日ばかりの病臥のあと、夫が死んだのだ。「あたしはあたしの愛があの人を殺したとは、信ずることができませんでした」（一七一頁）とルイズは書く。そして彼女に残された子はいない。

第二部は一八三三年のルイズの手紙から始まる。ルイズは二七歳、屋敷も土地も売り払って、二三歳の貧しい借金を抱えた詩人とひそかに結婚しようとしている。第一部で女王のように夫に君臨していた愛される女、ルイズは、いまやひたすら愛する女に変わり、パリ近郊の山荘に住もうというのである。二年の間が開いた一八三五年、ルネは三〇歳、幸福な母親で、夫は会計検査院総裁、そろそろ三人の子の将来設計などを考えている。しかし山荘からのルイズの返事は、相変わらず恋人同士のようで、それに不安を感じたルネの忠告の手紙に続くのは、「ルネさん、不幸がやってきました」（二〇六頁）という性急なルイズの手紙である。若い夫に愛されているのに、ルイズは全くの誤解から愛されていないと思い込み、みずから死を選び、わざとひどい肺炎になる。かけつけたルネと語り合い、集まった親類たちに別れを告げ、ルイズは二週間の後に世を去る。

この小説の最後の書簡は、ルイズの死を看取ったルネから夫のレストラード伯爵に宛てた短いものである。

あたしは胸も裂けるような気がします。（中略）ああ！　あたしは子供たちに会いたい！　あたしの子供たちに！　子供を連れてすぐあたしを迎えに来てください。（二一四頁）

一つの小説の紹介に少し紙面を割きすぎたように思う。しかしこの小説の二人のコントラストは見事である。一八二〇年に堅実な結婚をしたバルザックの上の妹ロールと、その翌年結婚してルイズより若い二三歳で愛の苦しみで死んでしまった下の妹ローランスの例も影を落としているのかも知れない。バルザックはこの小説を親しかったジョルジュ・サンドに長い献辞をつけて贈った。サンドはそれに対する一八四二年二月付の礼状の中で、「あなたの書かれたもののうちで最も美しいものの一つ」とほめた後で、「私はあなたの結論にはなりません。それどころか、あなたは証明したいとお考えの全く反対のことを証明していらっしゃるように思えます」と書き、バルザックはまた、「ご安心ください。私たちは同じ意見です。私はルネと長生きするよりルイズに殺されるほうを好みます」と答えた。(2) やはりフランス人は愛に苦しむ人を大目に見る傾向があるようだ。

貞淑な妻、母としての妻

いままでに登場した妻たちを整理してみると、貞淑な妻の系譜がある。時代順にいうと、クレーヴの奥方、ツールヴェル法院長夫人、レーナル夫人、モルソフ夫人。唯一女性が作者であるクレーヴの奥方の夫は立派な人物であり、法院長夫人の夫は傍に居ないので影が薄いが、レーナル夫人の夫は俗物であり、モルソフ伯爵も魅力的ではない。それを魅力的な若い男が攻めるのだが、そこに子供の要素が介入してくることがある。子供の家庭教師に恋してしまったレーナル夫人は、末子が高熱を出すと、急に激しい自責の念に襲われて取り乱す。彼女は夫の前に身を投げ、ジュリアンさえもはらいのける。神の罰があたったと彼女は信じ込むのだ。

モルソフ夫人も息子のジャックの病気を心配し、その妹のマドレーヌの体を気遣い、自分の気持ちを押さえようと、マドレーヌがフェリックスと結婚してくれたら……などと考えたりする。『ボヴァリー夫人』は凡庸な夫に満足せず、つぎつぎとかなり行き当たりばったりに恋をするが、フローベールのもう一つの傑作『感情教育』（一八六九）では、主人公フレデリック・モローの長年の愛に遂になびこうとするアルヌー夫人は、逢引すると決めたその日に子供の急病でそれを阻まれる。動転した夫人の頭の中にあるのはただ子供の命のことだけで、それが救われたとき、彼女は初めて恋人のことを思う。そして、「力のありたけをこめて、魂を高く天にかけらせ、このただ一度の心のゆるみ、生まれて初めての恋を、燔祭《はんさい》の犠牲《いけにえ》をささげるように、神にささげた」（三三四頁）。

この長い小説は一八四〇年、フレデリック一八歳で始まり、この部分は第二部の終わり、一八四八年二月である。戸外ではのちに二月革命とよばれる争乱が準備されつつある。一八六七年のフレデリックとアルヌー夫人の再会まで、深く人生を思わせる傑作である。一番よくない母はボヴァリー夫人で、一人娘のベルトは実に勝手にかわいがられたり邪険に扱われたりする。母エンマの死、それに続く父の死、祖母の死、最後に貧しい叔母に引き取られたベルトは、綿糸工場で働く。この子に注意して読んでみるとさすがフローベールは実によく描写していてかわいそうな子である。

二〇世紀の文学にあらわれた結婚

一九世紀までの文学にあらわれたさまざまの結婚のすがたを見た。時代として一番後に来るのがフローベールとモーパッサンである。『ボヴァリー夫人』は不倫の果てのサラ金地獄からの自殺にも似て現代的な感じもするが、二〇世紀の文学にあらわれた結婚は更に多様化している。第一次世界大戦の時期だけをみても、新しい女性の結婚のすがたがある。ロマン・ロランの大河小説『魅せられたる魂』(一九二二—一九三三)の主人公アンネット・リヴィエールは父のない子を生んで自由に生き抜く強い女性の姿を示し、ロジェ・マルタン・デュ・ガールの大河小説『チボー家の人々』(一九四〇完成)のジェンニー・ド・フォンタナンは、主人公ジャック・チボーの死後にその子を生むが、子供のためにも形だけの結婚をしようというジャックの兄、アントワーヌの提案を断固として拒否する。二〇歳で世を去った早熟な天才、レイモン・ラディゲ(一九〇三—一九二三)の『肉体の悪魔』(一九二三)は夫が出征した人妻と少年の恋の物語であり、死後出版となった『ドルジェル伯の舞踏会』(一九二四)は一七世紀の『クレーヴの奥方』を現代に蘇らせた傑作である。社会の変化につれてさまざまな結婚のすがたがあらわれてくるのは当然のことであるが、先に挙げた二つの大河小説は終戦直後の日本の青年たちに広く愛読されたものである。

3　歴史的に見たフランスの結婚

自由、平等、友愛をモットーとしたフランス革命の国、フランスというイメージと、結婚制度の面から見た実際のフランスとは、過去においてかなりくいちがっていた。

アンシャン・レジーム期の教会司式による永久に解消できない婚姻はキリスト教世界全土をおおうもので、当然のことであった。フランス革命期には教会によらない結婚をめざした世俗化への努力はあったものの、協議離婚を認めている一八〇四年のナポレオン法典においてさえも、夫の保護義務と妻の服従義務ははっきりと規定されている。妻は法的無能力者であり、この法的な夫の優位は、なんと二〇世紀まで続いていく。王政復古期の一八一六年には離婚は禁止され、第三共和政の一八八四年になってやっと復活したが、協議離婚は相変わらず認められなかった。

財産にかんする妻の権利も大きく制限され、妻が夫の許可なく貯金口座を持てるようになったのは一八八一年で、自分の得た報酬を自由に管理できるようになったのは実に一九〇七年のことである。一九三八年には夫権が廃止され、妻の能力の原則が確立された。このことによって妻は特有財産の自由処分権を持ち、単独で訴訟ができるようになったが、それでもなお夫の居住地決定権、妻が職業をもつことに反対する権利は残り、子に対しては父親が唯一の親権者であった。

一九四二年、妻と夫がほぼ同等になり、妻の固有の法定代理権が認められたときでさえ、「夫は家庭の首長」であり、この「首長」の概念が排除されて、財産関係において妻が夫と平等になったのはなんと一九六五年のことである。ちなみにフランスにおける婦人参政権の獲得は日本に先立つことわずか一年の一九四四年であり、憲法序文に男女平等の原則がうたわれたのは一九四六年であった。ついにフランス民法典から「家長」の語と権利が消えたのは一九七〇年のことであり、このときはじめて親権は父母によって行使されることとなった。

この女性の権利獲得までの長い道程を一気に短縮するきっかけとなったのは、大学紛争を直接の契機とする一九六八年の五月革命であった。翌一九六九年に足かけ一一年の長きにわたって君臨したレジスタンスの英雄、ドゴール大統領が退陣するが、それは「フランスの父」が消滅した象徴的な出来事である。後継者となったポンピドゥーは任期を全うせず一九七四年に病死し、代わって登場したジスカール・デスタン大統領の時には、女性問題を扱う閣外相のポストが設けられた。一九七五年の離婚法大改正によって協議離婚は広く復活し、有責配偶者からの離婚請求も可能となった。人工妊娠中絶が合法化され、ピルに健康保険が適用されるようになったのもこの年である。一方、すでにイギリスで一九七八年に誕生していた試験管ベビーの第一号アマンディーヌがフランスで誕生したのは一九八二年のことであり、生命倫理についての検討も開始され、一九九四年には生命倫理法が成立した。

最後に、現在のフランスの結婚制度を語る最もホットなニュースとして、連帯市民協約（Pacte civil de solidarité=PACS）にふれたい。この法律は、婚姻という形態をとらない、いわゆる同棲カップルたちに、結婚に準じた社会的地位を認めるものである。このカップルは、異性、同性のどちらでもよいので、同性愛者たちに支持された反面、宗教界や右派の反対も強く、大論争に発展した。一九九八年一〇月に下院（国民議会）に提案され、修正を経て一二月に小差（三一六対二四九）で下院を通過したものの、翌一九九九年の夏期休暇前には上院を通過できず、休暇後の一〇月に下院の最終決定権を行使してやっと通過（賛成三一五、反対二四九、棄権四）、成立した。審議は一二〇時間に及んだ。

もちろん、この法律が成立した背景には、同性愛ばかりでなく、冒頭でのべた事実婚（ユニオン・リーブル＝自由な結びつき）の急増がある。翌年ル・モンド紙は「一年を経ずしてＰＡＣＳは日常化した」（二〇〇〇年九月二九日）として、意識の変化が急速に起こったことを報じたが、その四ヵ月後にはまたＰＡＣＳした人々の数が予想を下回ったと述べている。たしかにいま、フランスの結婚制度はゆらいでいる。従来の「結婚」の枠にはまらない結婚の形態を選択する人がふえ、また離婚も増えているために、「複合家族」（famille recomposée）とか「複数両親」（polyparents）などという新しい言葉もできてきた。しかしこうした現象は、フランスに特有のものというよりは、むしろ全世界に共通のもののようである。日本にはまだこれほどの結婚観の激変は起こっていないが、離婚率の上昇、出生率の低下をはじめとする変化は確かに起こっているようだ。

文学作品については、最初の『デカメロン』、『結婚十五の歓び』を除いてすべて原文を参照したが、煩雑なので原題などは省略し、言及順に並べた。テキストは、モリエールは Classiques Larousse 版、バルザック、スタンダールは主として Pléiade 版を使用した。日本語の翻訳は以下の通りである。

ボッカッチョ『デカメロン』柏熊達生訳　河出書房世界文学全集第二期1　一九五五年
作者不詳『結婚十五の歓び』新倉俊一訳　世界文学大系65『中世文学集』筑摩書房、一九六二年所収
モリエール『女房学校』辰野隆　鈴木力衛訳　岩波文庫『女房学校他二篇』、一九五七年所収
ラクロ『危険な関係』伊吹武彦訳　岩波文庫、一九六五年
モーパッサン『女の一生』新庄嘉章訳　モーパッサン全集十六巻　春陽堂、一九五五年
モーパッサン『初雪』田辺貞之助訳　同上六巻、一九五五年
モーパッサン『頸飾』新庄嘉章訳　同上七巻、一九五五年
フローベール『ボヴァリー夫人』生島遼一訳　新潮文庫、一九六五年
モリエール『守銭奴』鈴木力衛訳　岩波文庫、一九五一年
バルザック『ゴリオ爺さん』平岡篤頼訳　新潮文庫、一九七二年
モーパッサン『持参金』桜田佐訳　モーパッサン全集九巻　春陽堂、一九五六年
ルソー『告白』桑原武夫訳　世界文学大系17『ルソー』筑摩書房、一九六四年
ラファイエット夫人『クレーヴの奥方』生島遼一訳　岩波文庫『クレーヴの奥方他二篇』、一九八八年所収
スタンダール『恋愛論』大岡昇平訳　新潮文庫、一九七〇年

フロベール『感情教育』生島遼一訳　世界文学大系34『フロベール』筑摩書房、一九六一年所収
バルザック『二人の若妻の手記』鈴木力衛訳　バルザック全集第十六巻　創元社、一九五九年
モーパッサン『ピエールとジャン』杉捷夫訳　新潮文庫、一九七〇年
バルザック『谷間の百合』石井晴一訳　新潮文庫、一九七三年
スタンダール『パルムの僧院』大岡昇平訳　新潮文庫、一九五一年
スタンダール『赤と黒』小林正訳　新潮文庫、一九五七―八年

注

（1）モーパッサンと夏目漱石については、拙稿『芥川龍之介と夏目漱石――モーパッサンの評価をめぐって――』（初出：『比較文学研究』第三三号　東大比較文学会、一九七八年、再録：日本文学研究資料叢書『比較文学』有精堂、一九八二年）に詳しく書いた。

（2）バルザックとジョルジュ・サンドについては、Pléiade版の注のほかに、George Sand : *Correspondance* V, Classiques Garnier, 1969を参照した。

参考文献

現代のフランスにおける結婚事情について、入手しやすい資料は、浅野素女『フランス家族事情――男と女と子どもの風景――』（岩波新書、一九九五年）、草場安子『現代フランス情報辞典』（大修館書店、一九九八年）など。フランス語のものではGérard Mermet : *Francoscopie 1999*, Larousse, 1998や新聞*Le Monde*の記事など。

IV

結婚への問い

第七章　非婚の理由
――百年前のイギリス、そして日本――

北條　文緒

1　ウェディング・ベルが鳴りわたる

ジェイン・オースティンの「縁組み小説」

一九世紀のイギリス小説では、結末近くに必ずといってよいほど、ウェディング・ベルが鳴り響いている。小説のハッピイ・エンディングが約束ごとであったこの時代に、ハッピイ・エンディングは恋人たちの結婚へのゴールインを意味した。

もちろん手をこまねいて待っていれば幸福な結末が訪れるというものではない。恋人たちはいくつかの難関——誤解、不運、社会的条件の不釣り合い、周囲の無理解など——を懸命に乗り越えねばならない。そもそも結婚の対象となり得る相手に注ぐヒロインのまなざしには、現代の女子学生が就職活動に費やすのに優るとも劣らぬエネルギーがこめられている。ジェイン・オースティンの小説『ノーサンガー・アベイ』(一八一八)のヒロイン、キャサリン・モーランドはバースの社交界で出会った、ヘンリー・ティルニーという青年に好感を抱く。あるとき彼は美しい女性を同伴していたが、それは彼の妹であって妻ではないことを彼女が確信するくだりで、作者は次のように書いている。

彼の話し方もふるまい方も、彼女が知っている既婚の男性たちのようではなかった。彼は妻の話をしたことがなかったし、妹がいると言っていた。そうした状況からキャサリンは一足飛びに、今彼のかたわらにいるのは妹だという結論に達した。したがって死人のように蒼ざめたり、発作を起こしてアレン夫人の胸に倒れかかることもなく、頬は僅かに紅潮していたが、彼女はすっきりと背を伸ばして落ち着いて座っていた。(八章)

彼とはこれが二度目の出会いであって、二人のあいだに何かが始まっているわけではない。にもかかわらず、もし彼が既婚者であったならばそれは彼女にとって蒼ざめて気絶するほどのショックであったわけで、結婚相手探しがヒロインにとっていかに真剣勝負であったかをうかがうことがでいる。

きる。その真剣さはもちろん、自分の将来の生活のすべてが結婚にかかっていることから生まれている。

とはいえ、ジェイン・オースティンのヒロインたちは、条件の整った相手なら誰でもよいとは考えない。彼女の作品のなかでもっとも有名な『自負と偏見』(一八一三)では、ヒロインのエリザベス・ベネットが初対面の折りのダーシーのふるまいに腹を立てて、なんと嫌な人だろうと思う。だからダーシーがいかに大金持ちであろうと、彼の求婚をはねつける。よもや自分を拒否する女性がいるとは思わなかったダーシーが、自分の「自負」が「高慢」に通じることに気づき、エリザベスはダーシーにたいする自分の反感が「偏見」であったことを悟って、それぞれが人間的成長を遂げて二人は結ばれる。

女性の自己実現の手だてが結婚しかないという枠組みは依然存在している。その枠組みのなかで、良識ある男女がいかに幸福な結婚をなしうるかを、オースティンは六編の「縁組み小説」のなかで示した。「恋愛」ではなくあえて「縁組み」小説と呼ぶのは、恋人たちの思考や行動が、階級や家柄や財産や親族という社会的条件の網の目のなかで描かれているからである。「すてきな恋愛」というよりも、「よい縁組み」とはいかなるものか、に作品の重点があるからである。それが巧みな構成と、ある批評家の表現を借りれば「銀のような」常識と、生き生きとしたユーモアのなかに描かれている。

極めてイギリス的な設定

このようなオースティンの「縁組み小説」は極めてイギリス的なもの、イギリスでのみ生まれ得たものである。第一に、一九世紀の初頭に写実小説として完璧の域に達した彼女の代表作の背後には、ローレンス・ストーンが『家族・性・結婚の社会史』で示すように、一七世紀後半以来形成され一九世紀初頭には安定した制度となっていたところの、近代的結婚の長い歴史があった。他国に先駆けて資本主義が順調に発展したイギリスでは、その担い手となった階層の精神的拠り所となったピューリタニズムから情愛的個人主義が生まれ、その土壌の上に愛情に結ばれた夫婦の絆が神聖視され、家庭の幸福の追求が人生の大きな目的となった。そうした上層ブルジョワジーの風潮が、地主階級（landed gentry）にも浸透した点がイギリスの特異性だとストーンは述べている（Stone, 172-180）。

オースティンの小説を構成する階層はおおむね地主階級だが、その男女が結婚相手を選択するさまは、ストーンの所説をいちいち裏づけている。たとえば程度の差はあるものの、配偶者の選択のさい個人の意志を尊重するという原則にかんがみて、両親がさほど口出しをせず、最終的には当事者たちの意志に任せる傾向があったことをストーンは指摘しているが、この点もオースティンの小説にあてはまる。金持ちの男に娘を嫁がせようとやきもきする母親や、息子の嫁に金持ちの娘をと考える野心的な父親は登場するものの、彼らは娘や息子の結婚に最終的には影響を及ぼしていない。配偶者選択の動機についても同様である。一七世紀後半から一八世紀の結婚について、ストーンは四つを挙げている。(一)結婚による経済的、社会的地位の上昇、(二)相手の道徳的知的徳性への理解に基づく愛情、(三)相手の肉体的魅力、(四)(多くの場合)小説や舞台に触発されたロマンティック・ラヴ。このうち(下層階級は別として)(三)と(四)の不安定については一般的合意があり、したがって重要なのは(一)と(二)であり、振り子は二つのあいだでさまざまに揺れながら、大勢としては(一)よりも(二)を優先させるのが趨勢だったことをストーンは多くの例を挙げて示している(181-191)。オースティンの小説では、まさにこの二つの動機が渾然一体となって、主人公の男女がよい縁組みにいたるさまが描かれている。

適齢期の男女がよい相手とめぐりあうためには、それなりの場が必要である。ロンドンやバースの社交場、地方の集会場などがその場を提供した。オースティンの作品のなかでしばしば舞踏会の会場となる地方の集会場は、ストーンによれば一八世紀に多く建てられたものである。その舞踏会に参加するのは地主階級の家族であり、階級の境界線はしっかり引かれていた。だがその境界内では若い男女が交際し配偶者を選択する自由を与えられていて、その自由度はフランスからの訪問者をしばしば驚かせた(Stone, 213-214)。冷蔵庫から生鮮食品を出すようにして、修道院付属の学校から夫の手へと渡されたフランス小説のヒロイン、エンマ・ボヴァリーや、『女の一生』のジャンヌを思い出してもよいだろう。

日本にももちろんイギリスのような社交の場は存在しなかった。たとえばジェイン・オースティンを高く評価した夏目漱石の作家活動は彼女よりおよそ百年の後だが、彼の小説の男女には、親族知己の狭いつながり以外に出会いの場はない。もっともポピュラーな小説『こころ』の主人公「先生」とその親友Kはともに下宿先の一人娘「お嬢さん」に恋をするが、二人にとっておそらく彼女が最初に出会った異性である。また「先生」と「お嬢さん」が結ばれる過程には、エリザベスとダーシーのあいだにあったような激しいことばの応酬も、それによってもたらされる相互理解もなく、限られた範囲であっても複数の候補者のなかから相手を選び取るプロセスがない。結婚事情をめぐるこの対比は、とりもなおさずイギリスと日本での結婚の歴史の差に由来するものだが、この話はあとで触れよう。

結婚の強制力

エリザベス・ベネットのような幸福な結婚を見ると、二百年前のイギリスで上層階級の女性は十分に幸福だったのではないか、と思えてくる。だが誰もが彼女のような幸運に恵まれたわけではない。たとえば同じ小説に登場する彼女の親友シャーロット・ルーカスは単に「社会的安定」のために、言い換えれば未婚の女性の肩身の狭さを避けるために、鈍感で愚鈍で何一ついいところのない牧師コリンズ氏と結婚する。「私はロマンティックじゃないから」と彼女は言い、夫のくだらなさには目をつぶって平穏な生活に満足している。

この挿話が語るのはイギリス一九世紀をとおして女性たちを支配した結婚の強制力である。家庭の重要性が増したぶん、家庭からはみ出した女性たちへの風当たりは強かった。売春婦や情婦は

（少なくとも表向きは）社会から葬り去られたに等しい存在であったし、適齢期を過ぎた未婚の女性は人生をやり損ねた者という揶揄と同情のまなざしを浴びねばならなかった。当時の小説もそれを反映して、未婚の女性をことさら滑稽に、惨めな存在として描いている。

「家庭の天使」の法的地位

ヴィクトリア朝の女性の理想の姿として常に引き合いに出される「家庭の天使」というフレーズはコヴェントリー・パットモアという詩人の詩のタイトルに由来している。世俗に染まらず清らかで、精霊のような存在である妻を讃えたこの詩が書かれたのは一八五四年だが、およそ同時期に書かれたディケンズの『デイヴィッド・コパーフィールド』の二度めの妻アグネスも典型的な家庭の天使と言えよう。デイヴィッド・コパーフィールドが少年時代に初めて会ったときのアグネスの姿を回顧する箇所で、クローズアップされるのはアグネスの穏やかな明るさと落ち着き、教会のステンドグラスのような美しさである。体温のある身体や情熱は、理念としての「家庭の天使」から排除されていることを指摘しておきたい。[1]

皮肉なことに女性を「天使」と捉えその美徳を讃える、その社会通念が女性の社会的・法律的立場の弱さと通底していた。もともと獣的な性質をもつ男性の多少の脱線は致し方ないが、天使的で生来清らかな存在である女性に逸脱は許されないという理屈が、性道徳の二重基準を支え、か弱い女性は大事に保護されるべきであるという配慮から、結婚後すべての責務は夫に帰するものとされた。

たとえば別居した妻には子どもの養育権が認められなかった。別居の理由が夫の度はずれた不行跡であろうと、夫のもとに残される子どもがどれほど不幸であろうと、法律は無情だった。才色兼備の著作家キャロライン・ノートンは、夫の虐待に耐えかねて別居したが、三人の子どもの居所さえ知ることができなかった。彼女は法律の改正を求めるパンフレットを書き、有力な政治家に働きかけ一大キャンペーンを展開した。彼女への同情と非難とが巻き起こるなか、一八三九年に議会を通過した「児童および未成年者養育法案」においていくらかの譲歩がなされたものの、父親の優位は動かなかった。その後一八七三年、一八八六年の法改正を経て、母親が子どもにかんして父親と同等の権利をもつことが定められたのは一九二五年であった。

財産についても所有権、管理権は夫にあった。たとえ妻が持参したものであろうと、稼いだものであろうと、夫のものとなった。娘の小遣いを保証するような取り決めを結婚前に両親がおこなうことは可能だったが、これとても最終的には夫の良心が頼りだった。「法において夫婦は同一の人格である。妻は一人の女としての権利をことごとく失い、彼女の存在は夫の存在のなかに完全に合体される」一九世紀のフェミニスト論客の一人バーバラ・ボディションは法律を平易に解説した一八五四年のパンフレットのなかで述べている。「女の結婚前の動産、すなわち所持金、預金、宝石、衣類等は完全に夫のものとなり、夫は妻と同居していようといまいと、それらを随意に譲渡あるいは処分することができる」(Bodichon, 25–26)。

興味深いのは、子どもの養育権にせよ、財産にせよ、妻の有利な方向に法の改正が提案されるたびに、それに反対を唱える人々が掲げる反対の根拠である。それは「そんな権利を認めれば、別居がどんどん増えて歯止めがかからなくなる。家庭の安定が崩れて社会秩序が乱れる」ということに尽きていた（Helsinger 他、9–10）。結婚や家庭の安泰が女性にたいする不当な法的対処のうえに築かれていることを、反対者たちの発言は期せずして露呈していた。

一八五七年の「婚姻事件法」は、別居ないし離婚した場合にかぎって、妻に自身の財産を相続する権利を認めた。一八七〇年の「既婚女性財産法案」は別居等の場合でなくても妻がある枠のなかで自分の収入や預金を管理する自由を認め、一八八二年の同名の法案ではその自由の範囲がさらに拡大された。ちなみに離婚が事実上可能になったのも、一八五七年の法案によってである。それまで離婚は教会裁判所の管轄事項であり、最終的には議会の承認を要し、莫大な時間と費用がかかったために、富裕な上層階級の人々を除いてできることではなかった。「婚姻事件法」によって離婚は世俗の裁判所の管轄となったが、離婚の事由にかんしては二重基準が依然存在していた。夫は妻の姦通のみで離婚を申し立てることができたが、妻は夫の姦通に加えて近親相姦、重婚、虐待などの加重事項を必要とした。一体聖書のどこを見れば、男性の場合には姦通が罪でないと書いてあるのでしょうか、と前述のキャロライン・ノートンは女王への直訴状に書いている（Helsinger 他、25）。

ラスキンとミル

「家庭の天使」の擁護として頻繁に引き合いに出される文章は、ラスキンの「女王の花園」という題のエッセイである。同題の講演をのちにエッセイにまとめたもので『胡麻と百合』(一八六四)におさめられている。もっぱら保守的な女性論とみなされることの多いこの文章は、実際にはむしろ当時としては進歩的に女子の教育も男子に劣らず重要であることを唱え、教育によって磨かれる女性の感化力は家庭のなかに留まらず、家庭の外にまでその影響を及ぼすべきであることを主張し、その影響によって工業化の進む社会の悪が是正されることを願うという、幾分かはフェミニストの主張と重なりあう内容を含んでいた。問題は男性と女性とが本来的に異なる能力をもつ存在だとする前提である。男性はもっぱら行動し、創造し、発見し、防御する者であり、冒険や戦争や征服に適しているのにたいして、女性の力は戦争でなく統治、発明や想像ではなく優しく命じ、取り仕切り、決定することに発揮される。女性は競技に加わらず、競争の勝利者を誤りなく見定める。そのような役目と立場にいる女性はあらゆる危険や誘惑から保護されている、とラスキンは主張する(ラスキン、一四八頁)。したがって女子と男子とでは教育の内容もアプローチも当然異なる、と彼は言う。男性は物事を徹底的に知るよう訓練されるべきであるが、女性は夫や周囲の人間の知的活動に共感ある理解が示せるように教育されることで十分である(一五八―一五九頁)。このような考え方がいかにジェンダー・ブラインドであるかは、言うまでもないだろう。

ラスキンのこのエッセイは広く読まれた。後に取り上げるギッシングの小説『余計者の女たち』

のなかでは、家庭に妻を縛りつけておきたい夫が自分の思いどおりに行動しない妻にむかって、ラスキンを読め、と言う場面がある。前述したように進歩的な側面を含んでいたとはいえ、当時からこのエッセイは保守的な夫の拠り所となっていたことがうかがえる。日本でも『胡麻と百合』は大正から昭和にかけて複数の翻訳が出版されている。[2]

数年後に出たジョン・スチュアート・ミルの『女性の隷従』（邦訳『女性の解放』）はジェンダーにたいする意識において「女王の花園」と対照的だった。『女性の隷従』に付されたスタイトン・コイトのレジメから引用すれば、

両性の天性からいって、男は支配に適し、女は服従に適する、といっても何の役にも立たない。われわれは両性のそれぞれの性質を知ることはできない。なぜならば、それを、現在の不自然な関係におけるよりほかの関係において観察することはできなかったからである。女性の天性といわれるものは、無理強いされた抑圧と不自然な刺激との結果にすぎない。（一二頁）

ミルが否定する両性の天性についての定義は、ラスキンよりもさらに保守的な一般の人々が固執する「家庭の天使」像の底に確実に存在した。それにたいして、人間本来の自然の姿と信じられているイメージが実は強者である男性の作り出したものにすぎないこと、その結果女性の隷属状態が生まれていることをミルは説いている。

ミルは自分の主張の実践者でもあった。『女性の隷従』より一〇年以上まえ、自身の結婚にさいして発表した声明（一八五一）のなかで、こう宣言している。

私はこうした忌まわしい力を法的に放棄する手立てがないので（中略）そのような権利を行使しないという厳粛な約束を記録に留めるのが私の義務だと考える。テイラー夫人と私が結婚した場合、彼女が身体、行動、および財産にかんする自由な裁量権を、結婚しなかった場合と同様に、あらゆる点において保持することが私の望むところであり、かつ私たちの婚約の条件であることを公表する。（Mill, 99）

結婚にともなう法的権利を放棄するという立場は実質的に非婚を意味するとも言えよう。このような男女が例外的存在ではあったにせよ、その時代の結婚制度に内在する不条理はすでにそのようなかたちで意識されていた。

2　「新しい女」は非婚を選ぶ

一八九〇年代の「新しい女」

イギリスの一八九〇年代はあらゆる方面で既存の価値観が問い直された時期である。キリスト教に基づく伝統的世界観、植民地と本国の関係、階級間の線引きが揺らぎはじめる。「家庭の天使」像をくつがえす存在としての「新しい女」の登場はそのなかにあってひときわセンセーショナルな話題を提供した。

「新しい女」像を一括りにして示すことはむつかしい。皮相的レベルではそれは「××族」にも似た風俗現象で、煙草を吸い自転車を乗り回し男装をする「新しい女」たちが『パンチ』誌の頁で繰り返し揶揄と非難の対象になっている。対極には女性の解放のために挺身し、隷従状態の結婚にかわる自立の道を模索する「新しい女」がいた。いずれにしても数のうえでは少数だった。だからこそ轟々たる非難も露骨な悪意も可能だったと言えよう。

文学の世界の一角にも「新しい女」をヒロインにした小説が現われ、のちにまとめて「ニュー・ウーマン・フィクション」と呼ばれるようになった。『ニュー・ウーマンとヴィクトリア朝の小説』の著者ゲイル・カニンガムは、ヒロインとしての「新しい女」の特徴をいくつか抽出している(Cunningham, 46–49)。乱暴に要約すれば(一)高度の教育を受け（大半はオックスブリッジに学んだ）たインテリであること。(二)それまでタブーとされていた性の話題について率直に語ること。(三)結婚制度にたいして懐疑的であること。(四)神経衰弱、自殺など不幸な末路をたどること。後で取り上げる三編の小説にもこの特徴はすべて当てはまる。

「新しい女」を論ずるさいにカニンガムが強調するのは、性にたいする人々の意識の変化である。ヴェールに覆われていた女性の性について、世紀半ばから医学や産児制限などさまざまな方面で言説が現われはじめたこと、性的側面に触れない小説のコンヴェンションに不満を感じた小説家たちが、最強の検閲機関であった貸し本業者に挑戦したこと、などが変化を促した要因だったが、さらにその背後には世紀半ばからドイツの聖書高踏批評と進化論が伝統的なキリスト教的世界観に揺さぶりをかけたという事実がある。イギリスの一九世紀前半に勢力をもったエヴァンジェリカリズムの教義は、厳しい禁欲を課し、わけても性的放縦さにたいして極度に不寛容であり、女性の貞淑、夫や両親への服従を要求したが、インテリの人々のあいだで無神論、無信仰が徐々に広まるなかで、その厳しい箍も緩む気配を見せていた。

小説のなかの女性のイメージにも変化が見られる。ディケンズが描いたアグネスの静かで平穏な明るさ、ステンドグラスの美しさを、トマス・ハーディの有名なヒロイン、テスの「日向にいた猫のように暖かな」体や、あくびをしたときにのぞいた「蛇の喉のように真っ赤な口の奥」描写と比べれば変化は歴然としている。

「新しい女」が登場するより直接的なきっかけとしては「余った女」の問題があった。多くの独身の男性たちが植民地に移住するのに加えて、経済的負担の増大を恐れて男性が世帯をもちたがらない傾向のなかで、一九世紀後半には特に中産階級以上の階層の女性の結婚難という現象が生まれた。(3) 中産階級より上の階層に属する未婚の女性が体面を損なうことなく就くことができるほとんど唯一の職業であったガヴァネスは、供給過多のために労働条件の悪化や、失業を招き、困窮する未婚女性の問題も顕在化しつつあった。「家庭の天使」になろうにも構造的にそれが不可能であるという事態のなかで、果たして結婚だけが女性の生きる道かという問題が提起され、女性の生き方が見直された。未婚の女性たちを船に乗せて植民地に送り出せという乱暴な主張があるいっぽうで、結婚によらない女性の生き方が提唱されるなど、女性をめぐる多様な論議が展開した。まとめて「ウーマン・クエスチョン」と呼ばれる、この女性の生き方論争が言うまでもなく「新しい女」の背景にあった。

三編の非婚小説

もとより非婚小説というジャンルがあるわけではなく、ヒロインが非婚を選ぶ、あるいは非婚を奨励する設定のある小説を便宜的にそう名づけたまでである。結婚にかわるかたちとしてヒロインがしばしば選ぶのは「フリー・ユニオン」つまり結婚制度に依らない自由な結びつき、同棲である。そのような小説のなかから三編を取り上げて紹介しよう。

ジョージ・ギッシング『余計者の女たち』（一八九三）は上に述べたような「余った女」の困窮と、女性の職種拡大のために献身する「新しい女」を扱っている。失業したガヴァネスがロンドンで送る飢餓すれすれの生活と並行して、ガヴァネス以外の職種に就けるようにタイプや速記の訓練を若い女性にほどこし、あわせて彼女たちの自立の意識をかき立てようとする女性解放運動家が描かれている。

先に述べたような結婚制度の不合理は背景に押しやられている。また運動のリーダー、メアリー・バーフット自身は、女性が男性にくらべて劣った存在であることを否定しようとはしていないし、結婚のチャンスがあればしたほうがよいと考えている。だが彼女の助手格のローダ・ナンはもっとラディカルである。身を誤って堕落したある娘を例にとって、男性の横暴を許すのは女性の側にも問題があるのだと彼女は言う。

「小説家を一人残らず絞め殺して海に投げ込んだら、女性たちを向上させる可能性が出てくるでしょう。あの娘はセンチメンタルなものに毒されたのです。最高の小説と言われるものを読めるだけの頭はあっても、その弊害がわかるほどの知性のないあらゆる女性についても同じです。恋、恋、恋、恋、相もかわらずぞっとするほどの通俗さ。（中略）いったい現実の人生で何人の男女が恋をするでしょう？　一万人に一人もいやしませんよ。（中略）もちろん性的衝動は存在するけれど、それはまったく別のものです。（中略）結果として女性たちは自分たちが一番動物に近いときに、まるで光に包まれた気高い存在のように思いこんでいるんです」（六章）

そして結婚は「生計の手段あるいはもっと恥ずべきこと」のためではなく、知性と知性の結びつきがあってはじめて可能になるものであるから、早まらないためにまず自活できる能力を身につけなければいけない、というのが彼女の主張である。やがてその彼女自身がまさに格好の相手と出あい「結婚」するか「フリー・ユニオン」のかたちをとるかをめぐる駆け引きのなかで、恋愛が破綻するという展開がこの小説の主たる部分を構成しているが、当面の問題と直接にかかわらないのでここでは取り上げない。ひとこと加えるならば、ローダに「フリー・ユニオン」をもちかけた「新しい男」ともいうべきエヴェラードが、最後にはある令嬢と月並みな結婚をするという過程のある時点で、彼が遺産を相続し体制のなかに足場を得るという設定は見逃すことができない。「フリー・ユニオン」は風来坊であった時期の彼にとってのみ意味を有したのであって、体制の屋台骨は結婚制度によって支えられていることが読み取れるからである。

ジェーン・オースティンとのかかわりで言及した、結婚の動機をめぐるストーンの分類（二一二―二一三頁）をここで再び引き合いに出したい。その分類に当てはめるならば、先の引用でローダが非難しているのは、相手の異性としての魅力を隠蔽したロマンティック・ラヴであると言えるだろう。有産階級のものであった教養の裾野が時代とともに下方に広がったとき、とりたてて考慮すべき財産がなく、オースティンが描いてみせたような上層階級の慎重さを発揮する必要のない娘たちが、性的衝動をセンチメンタルな衣に包んで結婚に突っ走る不幸をローダは鋭く抉っている。オースティンの小説では、上層階級の者にはそれに見合った道徳性や知性がそなわっているという前提があり、そのような相手との相互理解を基盤とした結婚が、同時にヒロインにとって社会的上昇でもあるという調和的世界が示されていた。ギッシングの時代の小説からはそのような調和はとうに失われていて、ローダの場合のように対等な知性をもった二人であってさえ幸福な結末には至ることはできない。ただ、オースティンの描く恋愛にも、ローダが非難する恋愛にも、つまり結婚にも反結婚にも、性的衝動に身をまかせることを賢明とは考えないという意味において、禁欲的な態度が共通して存在し、それはおそらくイギリス小説の、ときには太くときには細くなりながらも続く底流の一つである、ということを言っておきたい。言い換えれば恋愛や結婚を個人のものであると同時に、体制の安定や社会の健全性という視点から捉える態度が作家のなかにインプットされていると言えよう。

トマス・ハーディの『日陰者ジュード』(一八九四。近年『日陰のふたり』というタイトルで映画化されている)のスー・ブライドヘッドも、結婚制度にたいして懐疑的なヒロインである。彼女と恋人ジュードが、紆余曲折を経てそれぞれが不幸な前の結婚から解放され、結婚しようと思えばできる状況になったとき、いったんは思い立って教会に足を運ぶものの、スーはどうしても踏み切ることができない。最初に行った登記所ではしぶしぶといった様子の男と、明らかに妊娠している女のカップルが手続をすませ、次は刑務所を出たばかりの男と、刑務所の門のまえで待ち伏せてここに連れてきた女の番で、惨めな光景が展開している。次に訪れた教会では裕福な家庭の結婚式がおこなわれているが、スーは以前自分たちがそれぞれ一時的な判断の迷いからもたらした結婚の絆の恐るべき拘束力を思い出して尻込みする。

「あの人たちはこれが初めてだから、当然のこととして式を挙げているわ。でも私たちのように、少なくとも私の場合のように、結婚の恐ろしい厳粛さを身をもって体験すると、それにときには自分自身の臆病さに気づかされると、それを知ったうえでもう一度同じことをするのは不道徳なことに思えるの。（中略）私たちは二人とも弱くて神経過敏なのよ、ジュード。だからほかの人たちが自信をもってやれることにも私は疑いを抱いてしまう。取り引きの契約のおぞましい条件に耐えるなんてできないわ」（第五部四章）

『日陰者ジュード』はハーディのほかの小説と同様、作者の暗い世界観に支配された複雑な小説である。したがって階級制度、教育制度、結婚制度など既存の社会体制の批判だけを読み取るべきではないが、少なくとも引用したスーのことばは、結婚制度の恐るべき拘束力が感情の自然な流れを無理やり縛ることの不当さを訴えている。ジュードとスーにはやがて子どもが生まれるが、法律に認められた夫婦ではない二人は世間の冷たいまなざしを浴び、悲劇的な結末へと至る。

因習的な生き方を拒否した点でスーは「新しい女」の典型だが、ギッシングのローダ・ナンとは対照的に、外観的にはこの時代の好ましいヒロインのイメージを踏襲している。ローダ・ナンは堂々とした体軀のもち主で、握手する手には筋力が感じられる。また『日陰者ジュード』で作者に悪女の役を振られたイザベラは成熟したセクシーな魅力をもっている。それにたいしてスーはほっそりとして軽やかで優雅で、ヴィクトリア朝の小説の理想的なヒロインのイメージである。『ダーヴァビル家のテス』をはじめヴィクトリア朝の性道徳を批判し性的な側面を直視したことで異端視されたハーディにあってなお「新しい女」の造形は古い枠組みのなかでおこなわれている。

そのような新しさと古さの混在は、グラント・アレン『やり遂げた女』(一八九五)になるとさらに顕著である。トマス・ハーディやギッシングのように後世に名を残した作家と違って、グラント・アレンは少なくとも作家としては今では忘れられているが、当時はこの作品が最大のセンセーションを巻き起こした。

ヒロイン、ハーミニアもオックスフォードで学んだインテリの女性で、結婚制度を悪だと考えている。その理由は二つ、結婚制度が女性に隷従状態をもたらすものであること、永続性の保証のない愛情を制度で縛るのは誤りだということである。アランは理論的にはその考えを支持するが、現実にフリー・ユニオンを実行した場合にハーミニアが浴びる人々の非難や彼女が蒙る不利を思って結婚するように説得する。それに耳を貸さず、主義を押し通し、はじめは住まいも別という体制で新しい生活に入るが、勇ましいのはそこまでで、作者は徐々にアランに教師役、ハーミニアに従順な生徒役を割り当てる。たとえばより世故にたけたアランの説得によって、ハーミニアが退職を迫られるまえに自ら教師の職を退くことを決意するくだりで作者は言う。

男は女から奪った主導権をこののち何年ものあいだ維持する必要があり、ひとたび相手を恋人ないし夫として受け入れた女性は、原則の問題にかんしてさえ、彼の男性的な主張のまえに最後には譲歩しなければならない。そうでない場合には男は男らしさを、女は女らしさを失うだろう。性の概念の根底に深くこの原初的な対照が——すなわち男は活動的、侵略的であり、女は動かず

受動的、受容的であるという対照が存在している。(七章)

これはラスキンとなんら変わらないコンセプトである。結婚制度を否定する女性がまず壊してからねばならないこのようなコンセプトの上に、ハーミニアの物語が展開するために、アランが急死したのち独りで世間と戦いながら娘を育てる彼女の苦労も、あげくの果てに自分の存在が、普通の結婚を願う娘の妨げになると知って自殺する末路も、木に竹をついだように不自然で滑稽でさえある。のちに坪内逍遙の講演をまとめた本『所謂新シイ女』(一九一二)の付録でこの作品を取り上げた相馬御風が言うように「作者が理想的な女の型を持って来て、それに女子の自由解放といふ理想を実行させてみたに過ぎない」。その理想の女の型は依然として「家庭の天使」だった。

3 日本の不婚思想は恨みつらみに始まる

島村抱月の『其の女』

日本の「新しい女」はもっぱら平塚らいてうを中心とする『青鞜』の女性たちとのかかわりで語られることが多い。だが『青鞜』が誕生する一〇年まえに、「新しい女」が上陸していた。今述べたグラント・アレンの『やり遂げた女』が島村抱月による翻案『其の女』として読売新聞に、一九〇一年一月から三月まで連載されている。

島村抱月がどのような経路で原作を知ったのかはつまびらかでない。彼が英国に留学したのはこの翻案の連載の翌年からであるし、イプセンの『人形の家』の翻訳を契機に女性解放について論じるのはさらに後年のことである。むしろこの時期グラント・アレンと彼を結ぶのは美学への関心ではなかったか、と推測される。美学に深い関心を寄せ、東京専門学校で美学を講じていた抱月は、おそらく美学者でもあるグラント・アレンの著書『哲学的美学』などを知っていたのであろう。その縁で『やり遂げた女』の巻き起こしたセンセーションを知ったのだろう。ともあれ連載の数日前(一九〇〇年一二月二九日)の読売新聞の予告には「美学者科学者として有名なグラント・アレン氏が一代の傑作 *The Woman Who Did* を訳し来たって、婚姻制度反対の大主張を寓し、一派思潮の源頭として彼の地の評壇を騒がしたりし壮観言ふも管ならん」(4) とある。

ハーミニアを浜子、アランを荒雄とした翻案は、おおむね筋のみを要約している。ハーミニアが結婚をしないと主張するあたりは原作がなぞってあるが、それによって彼女と自分が置かれる不利な立場を考えてアランが悩む部分などは大部分削除され、また独身の男性の背後にいる売春婦たちの存在など社会背景的に興味のある記述なども訳出されていない。原作では弁護士であるアランを牧師とした設定もつじつまが合わない。先にも述べたように結婚否定の思想は無神論の台頭を一つの背景としてもつからである。「愛は無くなっても、結婚したばかしに其の男にまかせてゐなければならないといふのは、はづべきことと思いますし、(中略) 外に一層愛すべき価値のある人を目つけたなら、前の人をすてて後の人を愛するといふのが、人情の自然ですもの」という大胆な宣言にもかかわらず、総じて浜子は可憐で清純、貞淑で一途に荒雄に尽す。翻案もさることながら原作に問題があることは言うまでもない。

だがいずれにせよ、結婚否定のテーマがまだ当時の日本で消化されにくいものであったであろうことは、この翻案連載当時の新聞の紙面からも容易に想像がつく。この時期の読売新聞のもっとも目立つ連載は、「公徳の養成、風俗の改良」と題する啓蒙的な記事で「西洋では公園の花を折らざる事」「米国では郵便物が安全の事」というような欧米の公衆道徳を奨励している。なかには男は簡単に離婚してはならない、という内容のものもあり、次々に妻を取り替える男が多いことが批判されている（一九〇一年三月一七日）。そもそもこの時期の日本では、一夫一婦制の確立が急務だった。妾が法律上公認されなくなったのはこの二〇年まえ、妾の名が戸籍面から抹殺されるようになったのは僅か三年前（一八九八年）であることを思い出す必要がある。『やり遂げた女』のなかで結婚を拒否するハーミニアにその主義を放棄させようとするアランが「あなたをあなた自身から救いたい」と言う箇所がある。それを抱月が『其の女』で「あなたの体が救ひたい」と訳していることにも時代のエコーがあるのかもしれない。「体を救う」という表現は、令嬢が遊女に身を落とすのを救うかのような連想を伴うからである。アランが案じるハーミニアの運命は、もちろん身売りする女の悲劇とはまったく次元を異にしているのだが、日本的状況にそれを移しかえると「あなたの体が救ひたい」ということになったのだろうか。

『婦女新聞』の不婚論争

だが抱月の『其の女』連載の一年前に『婦女新聞』の投書欄に不婚論争とのちに呼ばれる投書の応酬がすでに見られた。(5) 新聞の片隅の出来事ではあった。だが「枯葉女史」と名乗る者の「わが婚せざる理由」という一文をめぐる賛否の投書は、新聞や小説に頻出する「圧制結婚」ということばとともに、当時の結婚をめぐる女性の状況の少なくとも一端を照らし出している。

「枯葉女史」は言う。結婚して子孫を残すことが人生の義務と承知しているが、妻が夫の所有物で夫婦の関係が主従のような、現在の日本の妻の地位には心安んじることができない。「たとひ意を曲げて一たび結婚の典をあぐとも、夫の人物、夫の両親、夫の兄弟姉妹にして、御国の風俗に反せざる以上は、楽しき家庭を形造ること能はざるのみならず、周囲の人々をして悉く不愉快なる生活を営ましむる事となり、わらははここに徳義上の大なる罪人となり侍らん。わらはの婚せざるは、おのれの一身を潔くせんとの我儘には相違なきも、一つには不幸なる家庭を作る徳義上の罪を免れんとてなり」(二八号、一九〇〇年一一月一九日)。

この主張にたいして賛否の(主として否の)投書がいくつか掲載され、翌年まで断続的に論争が続いている。「枯葉女史」にたいする反論の主たるものは、不婚を肯定すれば日本人は絶滅するではないか、理屈としては理解はするが現実には賛成できない、女性は当然男性を求めるように造られているのではないか、などであった。「枯葉女史」はそれらに逐一反論をしている。

「枯葉女史」は「記者の知れる某女学校の教諭」と但し書きにあるが、実は『婦女新聞』の創刊者、福島四郎自身であった。また「枯葉女史」の投書にたいする反論のうち、露骨に彼女を揶揄した宮崎旭濤は福島四郎の友人であることが別の紙面から知れるので、紙面を盛り上げるための演出が多少加わっていたかもしれない。しかし『婦女新聞』創刊当時の福島が女性の地位の向上という真摯な使命感に燃えていたことは数多い社説からうかがわれる。「独身生活を営むだけの技量なき女子は、永く男子の圧制を免るること能はざるべし」(第三号、社説)「殊に女子に、理想なく奮起心なく、肉体的情欲を制すること能はず、名誉をわすれ廉恥を忘れ、醜聞を世に渡すものの極めて多き今の社会に、生涯不婚を誓ひて献身的に教育慈愛に従事する婦人の一方に存在するは、風儀の退廃を救ふ上に於て、最も有効なるべきこと、わが信じて疑はざる所なり」(第五五号、枯葉女史「不婚論」)など、先に触れたギッシング『余計者の女たち』のローダ・ナンの信念や生き方を彷彿とさせるようなことばも見られる。

「不婚論」の日本的特徴

だが「わが婚せざる理由」の引用箇所のみからでも、日本の「不婚」論がイギリスの「非婚」論とは異なる様相を呈していることが明瞭であろう。『女性の隷従』のミルにせよ、三編の非婚小説のヒロインたちにせよ、自分が愛する相手をすでに見出している。二人の関係を「結婚」という制度のなかに入れるか、フリー・ユニオンを選ぶかが問題であった。「枯葉女史」や似た立場の女性たちは「圧制結婚」を逃れるために「不婚」を選ぼうというのである。男女がしかるべき社交の場で出会い、階級の限界内であってもふさわしい相手を選び（女性の場合にはイエスないしノーを言う権利をもち）オースティンの小説が示唆するように日本より百年早く近代的結婚がすでに完成の域に達していたイギリスとの歴史の差が歴然としている。不婚論争より一〇年後の『婦女新聞』にも、男女交際の場がないことが社会問題だと述べた社説が見られる（第五八一号、一九一一年七月七日）。

同じ引用箇所で「夫の両親、夫の兄弟姉妹」が言及されているのも日本的特徴である。家制度の桎梏はイギリスには存在しなかった。

さらに不婚論争をつうじて法律への言及がほとんど見られないことが特徴として挙げられよう。(6)イギリスの場合ミルをはじめとして結婚制度への疑問は、妻の法的地位の低さに発していた。細部の差こそあれ、明治の民法における妻の地位の低さはイギリスの婚姻法に優るとも劣らなかった。女性の「無能力主義」に基づいて、自身の財産を含む財産の管理は夫に委ねられ、離婚も夫に有利であった。だが「枯葉女史」の要求はあくまでも夫たる男性またその親族の道徳性である。「一般の妻が、今少し雇女、下婢的の境遇を脱し、忠実な伴侶として待遇せらるる日」（第三七号）への待望である。言い換えれば、そのような境遇に甘んじなければならない女性の恨みつらみを「枯葉女史」は代弁したと言えよう。

恨みつらみに発する主張は時の経過とともに迫力を失う。福島四郎の場合もそうであった。不婚論争の一〇年後、一九一一年『婦女新聞』の「年頭の告白」で彼は創刊の動機を述べている。それによれば彼の姉が婚家において夫と舅姑に人権を蹂躙され虐待されて死んだことへの悲憤やるかたなく「破倫の夫、暴虐なる舅姑にむかって」戦いを挑み「女子の人権を認め、その地位を高からしめんとする」ことが新聞発刊の目的だった。このような「純個人主義」的動機のために、社会も、歴史も、国情も顧みるいとまがなかったが、今思えばそのころの意見はまったく「書生議論」であったという反省がこの告白の骨子である。例の不婚論もこの「書生議論」のなかに入るのであろう。

反省のあとは『婦女新聞』の社説の保守化に表われている。次の号では「自覚的順従」という社説でイギリスの女性参政権運動を、例の「余った女」という背景などもまじえて紹介しながら、これは欧米の婦人の話であって我が国の女性はそれに倣うのではなく「自覚的順従」こそ望ましいと述べている。『人形の家』のノラを「自覚の穿違へ」と非難する社説もある。このように個人的怨念に発した不婚論議は線香花火のような現象であったが、『婦女新聞』の保守化宣言のこの年は『青鞜』誕生の年でもあった。以後「新しい女」たちによってより本格的な論議と実践が結婚をめぐっておこなわれるようになる。『青鞜』の時代は本稿の範囲を越えているが、少しだけ触れておきたい。

『青鞜』の「新しい女たち」の結婚・非婚

『青鞜』の中心人物、平塚らいてうが奥村博と結婚届を出さずに共同生活を始めたことは周知の事実である。「現行の結婚制度に不満足な以上、そんな法律によって是認してもらうような結婚はしたくないのです」とその生活を始めるに先だって彼女は宣言している。「世の婦人たちに」と題した文章では次のように書いている。

今日の社会制度では結婚ということは一生涯にわたる権力服従の関係ではないでしょうか。（中略）妻には財産の所有権もなければその子に対する法律上の権利も有っていないのではないでしょうか。夫の姦通は罪なくして、妻の姦通は罪とせられているのではないでしょうか。私どもはこんな無法な、不条理な制度に服してまでも結婚しようとは思いません。妻になろうとは思いません。（堀場、二〇三―二〇四頁）

「不婚論争」には見られなかった妻の法的地位という問題が明らかに提示されている。だが『青鞜』の女性たちの態度は一様ではなかった。らいてうが奥村との共同生活を始めた数年後、青鞜社員の一人岩野清子は三角関係のために別居中の夫を相手取って同居請求というかたちで訴訟を起こしている。妻の権利の擁護のために、旧民法の枠のなかで妻の地位を守ろうとしたのだろうが、そもそも法律が間違っているのだから共感できなかった、とらいてうは自伝に書いている。また夫を捨て子どもを里子に出して、自由恋愛主義者大杉栄のもとに走った伊藤野枝がそれまでの素朴な自然な姿とは打って変って「どう見てもお茶屋の女中さん」のようないでたちで、大杉と連れ立って自分たちを訪れたときの複雑な気持も記されている（平塚、一六二―一六四頁）。

一夫一婦制の確立は日本の女性にとって、地位の向上と人権の確立を意味した。ジャーナリズムがこぞってそのための啓蒙に乗り出していたとき、一方にはすでにらいてうのような非婚の実践があり、他方には自由恋愛主義や、『青鞜』の発禁をもたらした荒木郁の短編「手紙」に見るようなアモラルな性愛の容認があった。結婚が愛情の自由を縛るという、イギリスの非婚小説に現われていた主張は、日本の場合結婚がエロスの圧殺であるという認識となって現代まで受け継がれているように思われる。(7)「色」が「愛」へと変貌する近代化のなかで、(8)「色」の伝統が地下水のように流れているという印象を受ける。ともあれ近代的結婚の確立と否定とが同時に存在したところに、近代日本社会の一断面をみることができよう。

注

(1)　実際の結婚生活における性愛の側面にかんしてはピーター・ゲイ『官能教育　上』一二一—一八九頁参照。

(2)　東京女子大学の学生の英語弁論クラブ「Q・G・S」はQueen's Garden's Societyの略称であり、ラスキンのこのエッセイに由来している。

(3)　余った女性にかんして正確な事実は摑みにくい。バンクス夫妻によれば、一五歳以上の「過剰な」(つまり独身男性の数を上回る)独身女性の数は一八五一年から二〇年のあいだに約一・七倍に増えたという。だがいっぽう余った女性の問題は、中産階級の女性の晩婚化と、都市への人口集中化によって顕在化したもので、結婚率の低下は見られないという主張もある。(Cf. Patricia

Branca, *Silent Sisterhood*, 1975)

（4）以下『婦女新聞』等からの引用において一部の漢字等は当用漢字等に置き換えてある。

（5）一九〇〇年から翌年にかけての不婚論争についての情報、ないし情報への手がかりは、金子幸子著『近代日本女性論の系譜』から得た。

（6）わずかに「枯葉女史」の不婚論に賛同した矯風子が家族制度の改良を唱えているが、具体的提案は示されていない。

法律への関心が薄い傾向は近年まで続いているのかもしれない。シングルウーマンを対象にしたある調査によれば、法的結婚を否定しているシングルは未婚、離別ともに一割もいないという（『実像リポート、シングルウーマン』五五頁）。

（7）たとえば岡田秀子『反結婚論』の序章「エロスについて」参照。

（8）佐伯順子『「色」と「愛」の比較文学史』は文学作品をつうじてこの問題を論じている。

参考文献

Allen, Grant. *The Woman Who Did*. 1895. Boston: Roberts Bros., 1895.

Austen, Jane. *Northanger Abbey*. 1818. London: The Folio Society, 1988.（中尾真理訳『ノーサンガー・アベイ』キネマ旬報社、一九九七年）

Pride and Prejudice. 1813. London: The Folio Society, 1988.（中野好夫訳『自負と偏見』上・下、新潮文庫　一九七七年）

バンクス夫妻著、河村貞枝訳『ヴィクトリア時代の女性たち』創文社、一九八〇年

Bodichon, Barbara Leigh Smith. "A Brief Summary in Plain Languages of the Most Important

Laws concerning Women." *Barbara Leigh Smith Bodichon and the Langham Place Group*. Ed. C. A. Lacey. New York : Routledge & Kegan Paul, 1986.
Cunningham, Gail. *The New Woman and the Victorian Novel*. New York : Barnes and Noble, 1978.
『婦女新聞』一九〇〇年―一九〇一年、一九一一年
Gissing, George. *The Odd Women*. 1893. Penguin Books, 1993.（太田良子訳『余計者の女たち』秀文インタナショナル、一九八八年）
Hardy, Thomas. *Jude the Obscure*. 1895. Penguin Books, 1998.（川本静子訳『日陰者ジュード』国書刊行会、一九八八年）
Helsinger, Ellizabeth K. et al. eds., *The Woman Questions*. 3 vols. Chicago : The University of Chicago Press, 1983.
平塚らいてう『わたくしの歩いた道』（佐伯彰一他編『作家の自伝』8）日本図書センター、一九九四年
北條文緒他編著『遙かなる道のり　イギリスの女たち一八三〇―一九一〇』国書刊行会、一九八九年
堀場清子編『「青鞜」女性解放論集』岩波文庫、一九九一年
堀場清子『青鞜の時代』岩波新書、一九九八年
石井良介『日本婚姻法史』創文社、一九七七年
金子幸子『近代日本女性論の系譜』不二出版、一九九九年
川本静子『新しい女の世紀末』みすず書房、一九九九年
小林登美枝編『「青鞜」セレクション』人文書院、一九八七年

国際女性学会シングル研究班『実像リポート、シングルウーマン』有斐閣選書、一九八八年
Mill, John Stuart. "Statement on Marriage." *Collected Works.* Vol. 21. Ed. J.M. Robson et al.. Toronto : Toronto University Press, 1984.
ジョン・スチュアート・ミル著、大内兵衛他訳『女性の解放』岩波文庫
岡田秀子『反結婚論』亜紀書房、一九七二年
佐伯順子『「色」と「愛」の比較文学史』岩波書店、一九九八年
島村抱月「その女」『島村抱月全集』第六巻、天佑社、一九一九年
Stone, Lawrence. *The Family, Sex and Marriage in England 1500-1800* (Abridged Edition). New York : Harper Torchbooks, 1979.（北本正章訳『家族・性・結婚の社会史』勁草書房、一九九一年）
ジョン・ラスキン著、石田憲治・照山正順訳『胡麻と百合』岩波文庫
『読売新聞』一九〇一年一月―三月

第八章　脱家父長制的結婚モデルを求めて
――現代日本社会の情報砂漠を超えるために――

加藤　春恵子

1　パラサイト・シングルの「自由」

シングルの増加

現代日本社会で、結婚モラトリウム、パラサイト・シングルが話題になって久しい。平均初婚年齢は上昇を続け、女二六・八歳、男二八・七歳（一九九九年、厚生労働省ホームページ　人口動態統計年報、参照）となっている。少子化・高齢化が進む中で、長男長女時代を、やがて来る親の老いを予感しながら過ごしているうちに、日々が過ぎていく。確信的シングルは少なく、大半はいつか

図表1　独身にとどまっている理由

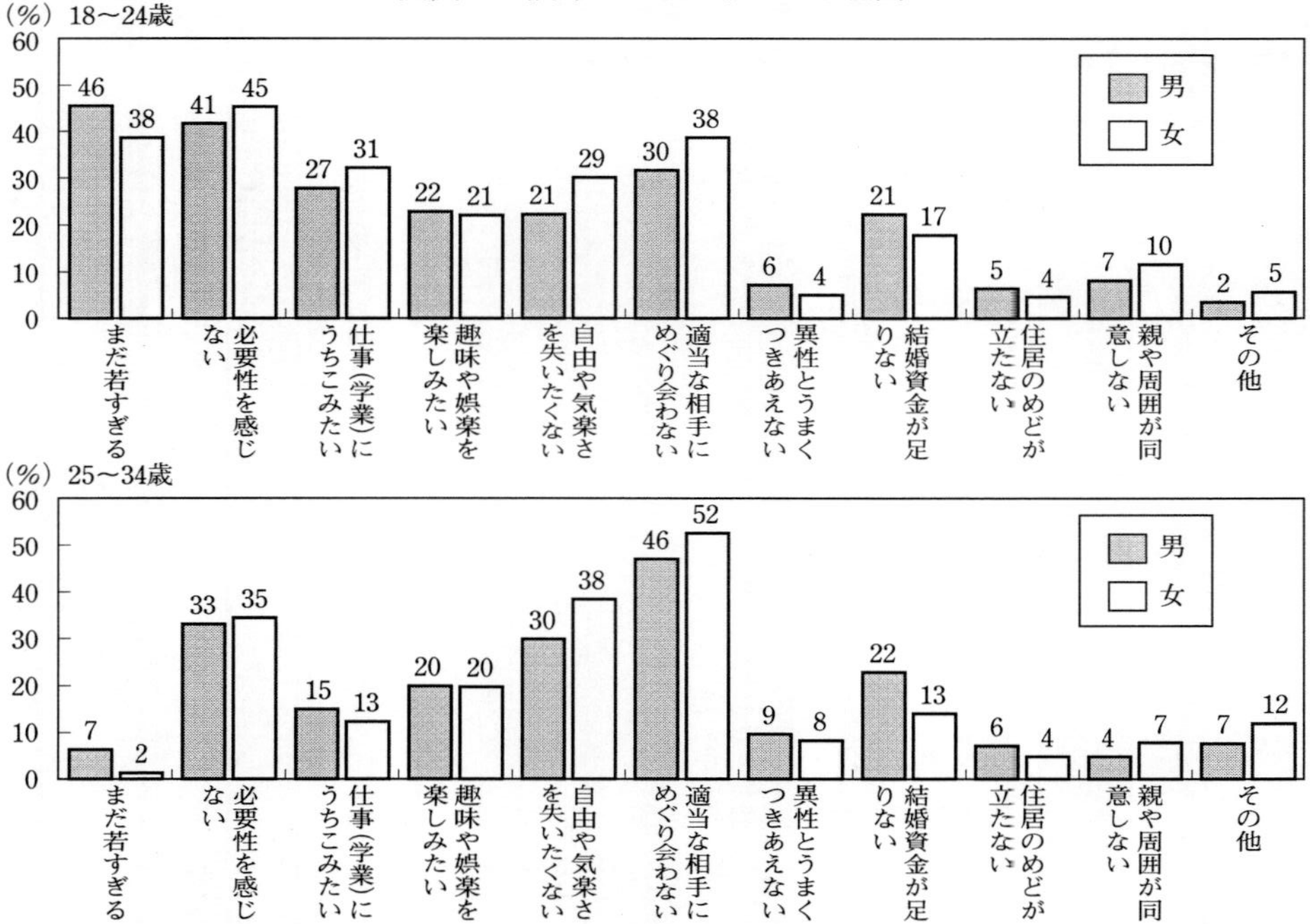

注　未婚者のうち何%の者が，各項目を主要な独身にとどまっている理由(とうまで)として考えているかを示す(速報値)。
資料　国立社会保障・人口問題研究所「第11回出生動向基本調査」(1997年)

図表2　未婚男女の結婚の意思

（%）

	男				女			
	1982（昭和57）	1987（昭和62）	1992（平成4）	1997（平成9）	1982（昭和57）	1987（昭和62）	1992（平成4）	1997（平成9）
いずれ結婚するつもり	95.9	91.8	90.0	85.9	94.2	92.9	90.2	89.1
ある程度の年齢までには結婚するつもり	—	60.4	52.8	48.6	—	54.1	49.2	42.9
理想的な相手が見つかるまでは結婚しなくてもかまわない	—	37.5	45.5	50.1	—	44.5	49.6	56.1
一生結婚するつもりはない	2.3	4.5	4.9	6.3	4.1	4.6	5.2	4.9

注　全国の18歳以上35歳未満の未婚男女を対象とした調査。
資料　国立社会保障・人口問題研究所「出生動向基本調査」

よい人にめぐりあったら、と言いながら、結婚について真剣に考え、判断するための情報を欠いたまま、迷いの中にシングル生活を送っているのである（図表1、2参照）。

パラサイト・シングルを批判する論者が言うように、確かに、その中の多くの女性は、消費に多大のエネルギーを用い、ショッピングと旅行の資金を得るために働き続け、そうした消費生活の水準を下げることを嫌って親元を離れられないように見える（山田、参照）。

しかし、問題はそれほど簡単ではない。親からの自立の必要性を説くだけのパラサイト・シングル論ではなく、パラサイト・シングルがなぜ親元から動かないのかを、より深く考えてみる必要がある。その原因として考えられるのは、未婚者や若いカップルの住宅に関する社会的援助の欠如[1]、残存する家（イエ）意識のため長男（もしくは男兄弟のいない長女）に与えられる暗黙の重圧、急速な高齢化と社会福祉の未定着からくる親の老後不安、親の家の個室化の進展、親の世代変化に伴う子どもへの態度の柔軟化、などであるが、結婚に関する情報の不足という側面から考えてみることも重要である。

情報不足の中の「なしくずしシングル」

行動選択に必要な情報を十分に得たうえで、自分の生き方に確信をもった「原則シングル」（海老坂、二九頁）が多くなることは、人々の自由の増大を意味する。しかし、情報を奪われて、それに気づくこともできないまま、一見「自由」に見えるものの、実は本人の選択とはいえない人生を人々が「なしくずしシングル（状況シングル）」（同、三二頁）として過ごしているのなら、より多くの人々の真に自由な人生にとって必要な情報の生産・流通を図る必要があるだろう。

このような問題意識にもとづいて、この章では、第二次大戦後の日本社会の中で結婚をめぐって実証的・理論的に蓄積されてきた基本的な情報を、脱家父長的な二つの「結婚モデル」という形で整理し、家父長制のもとでの嫁取婚モデルと合わせて四つのモデルを提示する。そうした作業を通して、現代日本社会の、情報氾濫のように見えて実は情報砂漠ともいうべき状況の中でのモノ化された生活から、人間としての交流生活を取り戻し、その一環として結婚を位置づけ直して、「結婚」するかしないか、するとすればどのようなものにしたいかについて考え、議論し、選択していくための手がかりを提供する。

2 「男女平等」の下の家父長制社会

「永久就職」と家父長制

第二次大戦後の日本の民主化の一環として、「男女平等」が高らかに宣言された。憲法二四条で明確に家族生活における個人の尊厳と両性の平等が保障され、結婚は、憲法の保障と民法改正により、イエ制度の束縛を脱して両性の合意のみによる対等な結びつきとなったかに見えた。しかし、実態は、そうではなかった。職業における男女平等を抜きにして、家庭における男女平等が成り立つはずはなかったからである。

女性たちの多くは、公然たる就職差別に苦しみ、情報不足のため、職業を得て自立するという考えにすら思い至らないままに、「永久就職」と呼ばれた結婚によって日々の糧を得るほかなく、二四日なら売れるが二五日になると安売りでも売れ残ってしまうクリスマスケーキに女性をたとえた「二四歳適齢期」のかけ声に追われて結婚し、「結婚こそが女の幸福」と信じて、男性中心の家庭を「内助の功」によって支えたのである。

家父長制とは、女性学の明らかにしてきたところによれば、男性の女性に対する支配と、年長者の年少者に対する支配とが当然のこととされるシステムを指す。家父長制は、地域によって成立段階が異なるものの、世界的な広がりをもって普及し、家族だけでなく、政治・経済・宗教その他さまざまな文化にも大きく影響をおよぼしてきた。すでにその影響が家族とりわけ男女のカップルに限られてきているところもあるが、日本の場合、家族、親族、地域、職場から国家にいたるまでそのシステムは貫かれている。家族に関する制度はその中核をなしているが、年功序列制・終身雇用制の色彩の濃い、擬制家族的な職場の制度・慣習と家族のあり方とは不可分の関係にある。

この国での家父長制の成立は中国やローマなどに比べてかなりおそく、それだけに、武家による幕府の成立と共に、武力による全国支配の土台を固めるシステムとして家父長制を確立する営みが強力に進められていった。特に、明治維新以来の、男性の力をフルに動員して富国強兵に努めつつ近代日本の基礎を築いた八〇年ほどの間は、開明派と保守派との論争の末に一八九八年に制定された明治民法と、一八七一年制定の戸籍法との組み合わせによって、家族制度を通じて戸主の責任のもとに天皇の赤子としての全国民を管理する仕組みが徹底されてきた（布施、第2章）。

だから、先にもふれた新憲法二四条に「婚姻は、両性の合意のみに基いて成立し、夫婦が同等の権利を有することを基本として、相互の協力により、維持されなければならない」「配偶者の選択、財産権、相続、住居の選定、離婚ならびに婚姻および家族に関するその他の事項に関しては、法律は、個人の尊厳と両性の本質的平等に立脚して、制定されなければならない」と定められ、これに則った民法の改正によって戸主の結婚に関する権限が法的に姿を消したからといって、直ちに人々が納得して意識や行動ががらりと変わるというわけにはいかなかったのである。父親の許しを得ないと結婚できないと思い込んでいる人々は跡を絶たず、本家などと呼ばれる親戚が口を出して差別

図表3　結婚年次別にみた恋愛結婚・見合い結婚構成の推移

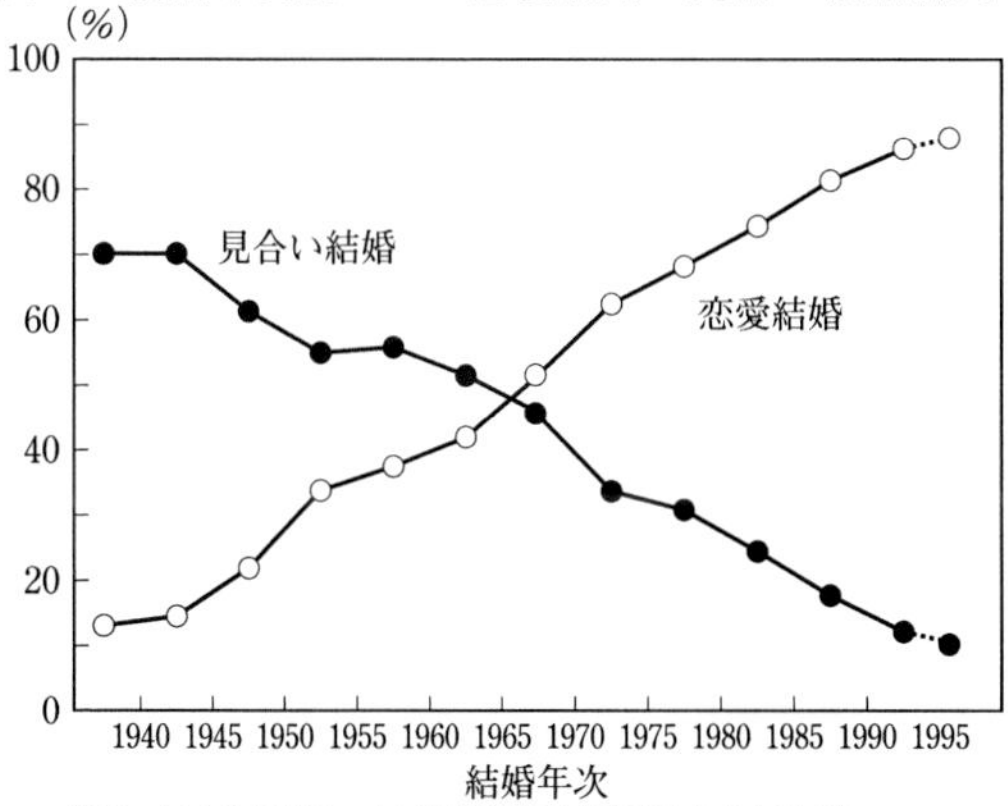

資料　国立社会保障・人口問題研究所「出生動向基本調査」

的な結婚妨害をしたり、嫁入り道具を近隣に披露して家格や父親の勢力を誇示する、といったことも行われ続けたのである。

男性社会の中の恋愛結婚

確かに恋愛結婚は図表3にみるように、増加しつつあった。しかし、家父長制の結婚制度である嫁取婚が主流であることに変わりはなく、たとえ寄合婚の形を取って双方が生家から出て新しい核家族を築いたかに見えても、夫が長男である限りにおいて、一皮むけば家（イエ）意識は生きていた。離れて住んでいても、妻は「長男の嫁」としての役割を期待され、夫の父母に対し、よくして当たり前、少しでも手落ちがあれば非難され、自分の実家の父母に対してはしたい事も控えることを求められるという気遣いの中で、「後継ぎ」を生むことをせかされ、仕事をやめて家事育児に専念し夫を支えることを期待され、介護の段階となれば、夫の両親との同居を期待され、ためらえば「冷たい女」と受け止められて夫との関係の悪化を覚悟せねばならないという、まさに、「家」の「女」としての「嫁」の人生を生きざるをえないことが少なくなかった。

職場もそうした男女の関係のありようを前提に組み立てられていたため、女性は採用も少なく、採用時から公然と差別され、大多数の民間企業では補助職しか与えられず、結婚と共に退職する規定や慣行がまかり通っていた。だから、高学歴女性にとっても、能力に見合った仕事を見出すのは至難の業であり、公務員や教師など限られた職を得た者以外は、家庭に入って、「主婦」となることにより、子どもたちに対してのリーダーシップを発揮するほかはなかった。夫と肩を並べて管理職の段階にたどりついた公務員カップルの女性でも、夫の出世と引き換えに退職しないかといわゆる「肩たたき」をされるものが少なからず存在し、夫の親の介護のための退職も当然のことのように期待された結果、管理職の女性は皆無に近い状態となる職場が多かった。まして、企業は「職場の花」の「お茶汲み」への期待ばかりが目立つ男性社会であり、一般企業の大卒女性の採用を促進する男女雇用機会均等法の成立は、一九八〇年代を待たなければならなかったのである。

3　「嫁取婚モデル」からの離陸

考える女性たちの愛読書

そうした中で、自らのおかれた状況を考えようとする女性たちの間で、あるいは婦人問題研究会などと呼ばれたサークルに参加してくる少数の男性たちと共に、よく読まれていた本の中に、高群逸枝の『女性の歴史』『日本婚姻史』『母系制の研究』『招婿婚の研究』等の母系制・招婿婚に関する諸著作と、ボーヴォワールの『第二の性』とがあった。ベーベルの『婦人論』やエンゲルスの『家族・国家および私有財産の起源』などもよく読まれていたが、高群とボーヴォワールの著作は、彼女たちの生き様に関わる情報と結びついて、特に大きな影響を与えた。彼女たちの理論と生き方とは、先述の、家族を原点として、擬制家族の形をとった日本の職場、さらには国家を貫く、家父長制の重圧を逃れようとした当時の女性たちにとっての、解放の道筋を指し示すものであった。

さらに、七〇年代から八〇年代の初めにかけて刊行された、ラディカル・フェミニズムの不定期刊誌『女・エロス』の与えた衝撃も大きかった。同誌は、一九七三年一一月の創刊号から「特集・婚姻制度をゆるがす」を組み、その後も結婚と家族の問題をしばしば取り上げ、女性たちの意識と行動の変革を促した。とりわけ、後に取り上げる一二号（一九七九）の、「特集・婚姻届の呪縛を解け」は、大きなインパクトを与えた。いずれも、あらわな家と家との間の嫁取婚や、一見個人と個人との間の寄合婚のように見えて実は家父長制的な嫁取婚を内包した結婚のありように疑問を持ち、家父長制の時代の結婚様式からの離脱を求める人々に、手がかりを提供するものであった。

四つの「結婚モデル」

ここでは、高群逸枝によって示された結婚モデルを「招婿婚モデル」、ボーヴォワールによって示された結婚モデルを「自立婚モデル」、『女・エロス』一二号によって示されたモデルを「事実婚(無届婚)モデル」と名づけて、「嫁取婚モデル」に対峙するものとして把握し、脱家父長制の時代を切り開くための生き方を求めてきた人々の模索の跡を振り返り、パートナーシップのあり方を考えるための選択肢を提示し、家父長制の揺らぎの中にたたずむパラサイト・シングルや、その予備軍のための手がかりを用意したいと思う。

なお、ここで「結婚モデル」と呼ぶのは、理念的な裏づけを伴った具体的な「結婚」の方式である。「結婚」という言葉は通例法律婚を指すが、本論文では、現代社会における関係性の変動を考慮して、一対のカップルの間に結ばれる、他の人々との関係とは明確に区別された、互助的な、持続を共通の約束事としたパートナーシップ関係を、「結婚」として取り扱うことにする。(2)

4　高群逸枝と「招婿婚モデル」

日本女性史のパイオニア

高群逸枝（一八九四―一九六四）は、日本女性史のパイオニアとして数々の著作を残したユニークな人物である。彼女は、パートナーの横暴に耐えかねて行った家出を通して、彼の「内助の夫」への変身をかちとった。夫の気の向くままに家に連れてくる多数の来客や居候の世話に忙殺されて、机の前に座る暇もないありさまから、彼女の仕事の重要性を認識して稼ぎ役と家事のかなりの部分を引き受けた橋本憲三に支えられて、ひたすら著作に専念するにいたった家父長制との戦いの経過は、自伝『火の国の女の歴史』によって示され、読者に大きな影響を与えた。(3)

詩人・作家・評論家であった彼女が、研究者となって、世田谷の森の中に新築した家にこもり、古くからの日本の史料や文学作品などを用いて、女性の視点からの実証的な家族史・婚姻史に取り組み始めたのは、一九三一年のことである。一九三六年の『大日本女性人名辞書』の刊行を機に、高群逸枝著作後援会が作られ、編集者である夫と、後援者とに支えられて、一九三八年には『母系制の研究』を刊行し、戦時中も研究を続け、一九五三年には『招婿婚の研究』を完成する。これらの大部の実証的研究をもとにして、一九五四―八年の『女性の歴史』（全四巻）や一九六三年の『日本婚姻史』にわかりやすくまとめられた彼女の日本人の結婚の歴史に関する理論には、きわめて明確に女性の視点が貫かれている。

招婿婚・嫁取婚・寄合婚

家父長制が早くから発達したヨーロッパや中国とは違って、日本の婚姻の歴史には、「招婿婚」→「嫁取婚」→「寄合婚」という変化の跡をはっきりとたどることができる。律令によって、形の上では早くから中国の仕組みを取り入れていたにもかかわらず、家父長制の結婚様式である「嫁取婚」——家父長間の約束により男性方の家へ女性を「嫁」として貰う——が確立したのは、文献史料に見る限りでは、室町時代のことである。それまでは、「妻問婚」に始まり、妻方の親が積極的に婿を招く「婿取り」の形が、徐々に衰えつつも続く、「招婿婚」と総称される婚姻形式の時代が続いたのである。婿といっても、姓はもとのままで、子どもが生まれれば父の姓を名乗るようになるため、家父長制の先入見で史料を見ていた人々はそのことに気づかなかったのである。

家父長制の眼鏡を外して「源氏物語」をはじめとする当時の物語や日記や記録を読んで詳細にカード化した高群の研究により、女性は生家を離れず、男性が、長男も含めて、女性方に婿取られるという形が明らかに示された。女性は財産権を持ち、衣食住の費用はむしろ女性方で負担する。特に、おしゃれな平安貴族の場合、男性の衣服の調製は妻方の重要な仕事である。二人の気持ちが離れれば離婚となるが、夫が去るだけで、母子の生活はそのまま女性の生家で保障される。庶民の間でも、基本は同じだと、「今昔物語」の研究を通して高群は言う。

武士の時代になると、男たちが氏族から独立して家族を形成し、力で財産を獲得し、競い合いを強めていく。そうした中で、女性の財産権は奪われ、家父長間の利害関係によって、娘がやり取りされる。貧しい層にも家父長制の思想が広がり、妻や娘を売る男性も増えて、公娼制が設けられ、遊里は文化の中心とされ、男性の社交の場ともなる。こうした流れの中で、世界的に共通な家父長制の結婚様式である、「嫁取婚」が確立する。財産権だけでなく、女性が職業を持つ権利も狭められて、婚家から追い出されれば再婚・遊里以外に食べてゆく道のない、「女三界に家なし」の時代となるのである。

この「嫁取婚」の時代のあとに、「寄合婚」の時代がくる。家制度を法的にほぼ廃止した第二次大戦後の新憲法の時代になって、制度的にはこの段階が出現する。高群はこの変化に期待を寄せながらも、歴史の流れを踏まえて、母子の生活保障という観点から一九五〇年代の日本と世界を見渡し、「婚姻の背後の保障体系からいうと、婿取式は氏族が保障し、嫁取式は家が保障し、寄合式は社会が保障する。したがって、社会保障の完備した社会にあってのみ寄合婚は結実するのであるから、この点、寄合婚がじゅうぶんに表面化している欧米でも、じつはまだ結実には遠いといわねばならない」(『日本婚姻史』全集、一九八頁)と述べている。日本が、民主主義の成熟に伴って人権が確立され、社会保障と男女平等が内発的に生まれたという状況からは遙かに隔たっていることを、彼女は歴史家の目で見据えていたのである。[4]

招婿婚の現代的意味

高群の研究から今日の日本社会の結婚のあり方の一つの選択肢としてクローズアップされてくるのは「招婿婚モデル」である。戦後の明るい家族を描いた漫画として『朝日新聞』で長期にわたって好評を獲得し、今日もテレビ・アニメで親しまれている長谷川町子の『サザエさん』が、イソノ・ファミリーへのフグタマスオさんという婿の同居という形を取っていることは広く知られている。サザエさんには、カツオという弟もいるのであるが、実家で犬や赤ん坊のタラちゃんとともに生活しているのである。

女性の立場から見ると、招婿婚は嫁取婚に比べて本音のコミュニケーションに基づく育児・介護の臨機応変の助け合いがやりやすい、という点が挙げられる。もちろん母娘密着の延長や、両親による娘の人生のコントロールなどの危険性をも、このモデルははらんでいる。しかし、少なくとも寄合婚を支える社会サービスの未発達な段階でのオプションとして、家父長制の影に隠されていた日本の結婚の原型とも言うべきこのモデルは注目に値する。

5 ボーヴォワールと「自立婚モデル」

『第二の性』

シモーヌ・ド・ボーヴォワール（一九〇八―八六）は、哲学・文学において多くの著作を残した。

なかでも一九四九年にフランスで出版され、一〇年後に翻訳が出された『第二の性』では、「女は作られる」という考え方を示した。生まれつきのものとされてきた女性の弱さや媚などが、社会的に作られていくプロセスを解き明かし、女性の能力と自由を抑圧する結婚の仕組みを明らかにすることを通して、フェミニズムの歴史に大きな足跡を残し、女性学の原型を示したのである。アメリカでWomen's Studiesという領域が確立されたのは一九六〇年代、女性学と訳されて日本に浸透し始めたのは一九七〇年代後半のことであるが、そうした名称の成立以前にも、女性の抑圧状況に着目して解放のための認識に役立つ情報を創りだそうとする営みは、連綿として行われていた。そのような時代にあって、『第二の性』は、哲学的・心理学的・社会学的・歴史学的な広がりを持つものとして全世界で注目を集めた。轟々たる非難の中で、彼女は、男性が、自分たちを主体とし、女性を「他者」として「客体」として勝手に作り上げた「女性的なるもの」という神話の中に封じ込めている状況を解き明かし、女性にとって結婚が就職の役割を果たす構造に組み込まれてしまっているために、恋愛が有利な男性を捕らえるための手練手管を要するものとなり、配偶者間の性愛が制度化され、縛りあう関係に陥ってゆくさまを示し、女性が自己を発見し、選択し、主体的に創造していく手がかりを提供したのである。

一九七六年の『高群逸枝とボーヴォワール』のなかで詩人の高良留美子氏は、「『第二の性』が女性たちの自覚を助けた役割は、大きなものがあったと思う。それは女たちが漠然と感じていた不満や苦しみに、理由を与えた。少なくとも、その原因が彼女たちの個人的欠陥や永遠の『女性的な』

本質にあるのではなく、外側の世界に、社会と文明の全体にあることを知らせたのだった。また男たちに、女が現状に満足しているわけではないことを知らせた役割も大きかったと思う」と同書の役割を評価している。この役割は、日本のみならず広く世界各国で果たされ、アメリカのウーマンリブのきっかけをつくったといわれるベティ・フリーダンの『女らしさの神話（*Feminine Mystique*）』（一九六三、邦訳書名は『新しい女性の創造』）などは、『第二の性』を読みやすくしてアメリカの状況を入れて書き直したものといいたくなるほど、ボーヴォワールの影響をそのキーワードにも色濃く残している。

サルトルとのパートナーシップ

ボーヴォワールは、自ら、哲学教師としての経済的自立をベースとして、哲学者サルトルとの間に、婚姻制度に縛られず、同居によって拘束しあうこともないパートナーシップを貫き、二人の生き方とその周辺の知的サークルの交流およびその背景となる時代状況を描いた自伝の連作『娘時代』『女ざかり』『或る戦後』『決算のとき』、さらには、サルトルとの死別を描いた『別れの儀式』によって、脱家父長制、脱結婚制度のモデルを提示し続けた。

二人は、それぞれの教職の都合上遠距離に住んで通い合ったり旅行を共にしたりしていた時代を終えてからも、近くに別々に住み、食事などは街角の文学仲間の溜まり場のカフェで食べることも多く、「必然の関係」としての二人の関係を維持しながらそれぞれ「偶然の関係」としてのほかのパートナーとの恋愛も楽しむといった暮らしぶりを続け、愛と結婚の形を模索する全世界の人々に大きな影響を与えた。ボーヴォワールがサルトルの身辺の面倒を見ているといった様子は、サルトルの老いと死を描いた『別れの儀式』は別として、彼女の著作には出てこない。子どもはいないし、親族とのやむをえざる付き合いといったこともないので、二人の間柄に、生活のしがらみはない。二人の周辺には若い友人たちが多く、議論したり、助け合ったりしてにぎやかであるが、仕事の邪魔をしあうようなわずらわしさは決してない。「偶然の関係」についていえば、サルトルは、さまざまな恋愛関係を結ぶが、ボーヴォワールも、アメリカ人の作家と恋愛関係を続けたりして、そうしたことを公表しながら、あくまでもパートナーであり続けた。かくして、双方の自立を前提とする、個人と個人との間の合意と自己責任にもとづくパートナーシップは、「サルトルとボーヴォワールのような関係」といえば直ちに浮かぶイメージとして、ある種の知的男女が「結婚」について考える際のひとつのモデルとなった。この二人の関係を手がかりに、性的関係の自由、あるいは別居という点を取り除いて、一対一の性的忠誠を伴った対等な関係を求める人々も少なくなかったし、当時から「少数派」の苦難に耐えて日本で自覚的に共働きを実践してきた人々の中には、このかたちの結婚の追求者が多いと見てよいだろう。

女性・男性・子どもの解放をもたらす自立婚

「女にとって結婚が〈職〉であるというようなことを止めて、状況を改めるのが男女両方にとっての利益であろう。（中略）女に自己のうえにしゃんと立つことを禁じているから、女は男に重くのしかかる。女を解放すること、つまり女にこの社会で何かすることを与えることによって、男は自己を解放する」（ボーヴォワール、一九五九、一三五―一三六頁）。「子どもの幸福のためには、彼の母が完全な一人格であること、仕事や集団との関連のうちに自己完成をみいだすような女であること、子どもを通じて圧制的にそういうものをもとめようとしない女であることが望ましい」（同、二〇五頁）。「妻」「母」に関するこうした考察を通して、女が自らのおかれてきた状況を認識し、精神的にも経済的にも日常生活においても自立した人間になってこそ、女性は、自らの人生をも、パートナーの人生をも、子どもの人生をも充実したものにすることができる、という、自立を前提とする女の生き方とパートナーシップの理論が、はっきりと姿をあらわしたのである。

ボーヴォワール自身がサルトルとの関係で示したパートナーシップのモデルは、双方の精神面・経済面・生活面での自立を踏まえた、他の人々との関係とは明確に区別される、互助的な、持続を約束しあった「自立婚」ともいうべきものである。国家により保障される法的な契約に代わって、個人の信頼関係に基づく契約の精神の尊重を通して、二人はこの関係を貫いた。マイペースを尊重したそれぞれの仕事への徹底的な集中と、性的自由の相互保障を大切にするこの二人にとって、別居を常態とした通い婚は最もふさわしい形であったと思われる。二人は子どもを持たなかったが、子どもがあったとしても、子育てに関する社会的な保障や、親族・友人による保障などがあればこうした形はありうるだろう。家父長制・嫁取婚の成立が早く、したがってこのシステムの変動も早く始まったヨーロッパ諸国、とりわけ社会保障が発達した北欧で、法律婚の枠にはまらない出産・育児を同居または通い婚の形で行うカップルが増加していることは、注目される。シングル・マザーと呼ばれる人々の中には、通い婚のケースもかなり含まれていると見てよいだろう。これらの動きは自然発生的なものであるが、ボーヴォワールらの与えた刺激もあるものと考えられる。

男性の生活面での自立の訓練不足のために女性が家事・育児の負担に押しつぶされがちな今日の日本では、同居して共同生活に取り組むという選択肢もあるが、むしろ、通い婚のほうが精神面・経済面・生活面での自立を前提とした個人と個人の契約に基づく信頼関係を築きやすいというカップルもあるだろう。今日の日本の知的シーンからは姿を消してしまった「サルトル―ボーヴォワール的関係」についての情報を、若い世代も得て、「自立婚モデル」の多様なあり方について掘り下げていくことが必要ではないだろうか。

6　『女・エロス』と「事実婚（無届婚）モデル」

婚姻制度への問い

先に述べたように、一九七三年一一月から八二年六月かけて全一七号を出して終刊した不定期刊誌『女・エロス』は、日本の女たちの経験を踏まえて一九七〇年代に改めて創られ語られた「脱家父長制結婚論」にあふれている。その多くは、論旨がきわめて鋭く、両性の出会いへの切望につき動かされており、今日の状況の中で結婚について真剣に考えようとする人々にとっての示唆を含んでいる。中でも、一二号の「特集・婚姻届の呪縛を解け」は際立っている。

同特集は、関西の女性グループ「赤爛」の共同作業によってつくられ、筆者たちは「家」と訣別した「個人」としての思いをこめて、ファーストネームのみを記した論文や手記を寄せている。その巻頭に、関西という日本の中でもとりわけて古い歴史を背負った土壌で、在日アジア人との結婚を通して自らの苦しみの由来を考えつづけた、誠子と名乗る女性は、次のように書いている。

恋愛は本来、第三者の立ち入る事のできない聖域、つまり、きわめてプライベートな領域での関係として考えられるべきもので、共に暮らしたい、共に生きたいと願い実行するのも、あくまで、二人の意思によるものである。ところが婚姻制度は、そうした二人の私的な関係に、土足で容赦なく踏み込んでくる。結婚は、二人の独立した人間が結びつき、新しい生活をはじめる事ではなく、両家の家族と家族とが結びつくことを意味することになり、お互いの家族も、決定権の一部をあずかりもつということが、暗黙のうちに了解されていく。つまり婚姻届は、両家を結びつける手形であり、そうである以上、家系にどんな人間の名を連らねるかは、親戚一同、大いに論議する価値がある、というわけである。

こうして女と男の、お互いの人格に引かれ、愛し合うという、素晴らしい営みが、いつの間にか、家族の一員としての資格審査に堕していく。婿として、あるいは嫁としてふさわしいかどうかの判断を、他者に委ねることが、不自然でなくなるのである。まさに、この短絡過程にこそ、結婚差別を産み出す落し穴が仕掛けられている。（誠子、三八―三九頁）

この記述には、寄合婚を寄合婚として守り抜くことが困難な根深い家父長制の土壌の中で、在日アジア人のパートナーとの結婚に対する親族の差別的な口出しにさらされてきた筆者の経験に基づく深い思いがこめられている。婚姻制度への問いは、すでに大正時代にも平塚らいてうなどによってなされている（平塚らいてう、一九一四、参照）が、この時代にいたって改めて鋭い取り組みがなされたのである。

差別と管理社会

このように、婚姻制度こそが、結婚差別の真の産み手である。したがって、周囲の人たちに、二人の関係を承認してもらい、婚姻届を出す、という単純な行為の選択が、そのまま、いわゆる日陰の女や私生児差別をする側に立つことになるだけでなく、結婚差別、結婚幻想を産み出す社会構造の担い手たることを引受けるということを意味してしまう。当人が意識する、しないとにかかわらずである。

管理社会（体制をとわず）の恐ろしさは、目にみえる形で、この社会への参加を強制されるのではなく、個々人ひとりひとりが、日常場面で主体的に選びとっているはずの行為が、結果として管理社会を再生産する歯車のひとつにされていることにこそある。つまり、為政者だけでなく、私たちひとりひとりがこの世界を担ってしまうことにある。とりわけ自然感覚にまでなってしまっている日常的な意識の果たす役割は、測り知れない程、大きい。(誠子、四〇—四一頁)

「管理社会」というのは、若者の叛乱の嵐の吹き荒れた一九七〇年前後にしきりに用いられた言葉であるが、自由を標榜している資本主義社会であろうと、解放を標榜している社会主義社会であろうと、その社会で自明とされている秩序を守るためのシステムが、社会制度や文化を通じてくまなくはりめぐらされ、そこから外れると生き難くなるような形で人々を覆い尽くし、社会のメンバーが互いに監視しあって、相互に管理しあい、ひとりひとりの心の中にもそうした監視・管理の機構が内面化されて、一見明るく楽しく愛に満ちたような家庭などにも、息苦しい網が張りめぐらされている社会を指す。管理社会という言葉を忘れたかに見える現在の日本社会も、実は、こうした状況が続いており、子どものときから人々は学歴競争のレールに乗せられ、若者たちの恋愛や結婚も、「結婚モラトリウム」や「パラサイト・シングル」といった状況さえ含めて、「幸せな家族」という、管理社会の末端機構のコントロールのもとにある、といえるのではないだろうか。「管理社会」という言葉を突きつける人がなくなってそうした状況に気づくことが少なくなった分だけ、管理社会的な状況は深化している、といってもよい。スターたちの「入籍」と「不倫」の有無を監視しつづけるメディアのレポーターたち。家族に祝福してもらえる人を、と「三高」に当てはまらない男性への差別を続け、ようやく「恋愛結婚」したといっても、結局は家族の求める基準に当てはまる人との親孝行の名のもとでの打算的な結合にはまっていく娘たち。そこに働いているのは、世間に恥ずかしくないようにマイホームの皆の幸福を守るという形に縮小され、ひとりひとりの胸に羅針盤としてとりつけられた「管理社会の掟」にほかならないのである。

婚姻届へのこだわり

婚姻制度を通じての差別と管理社会のありようについての認識を深めた先述の筆者は、「差別に向けての、最もラディカルな闘いは、具体的に差別を産み出し、再生産している社会構造を正しく把みとり、それを自分の足元から、こわしていく営みにある。つまり、日常生活のありようを変えていく闘いにある」（誠子、四一頁）ことに気づく。そして、「この婚姻制度を、根こそぎこわすために、私たちは、むしろ婚姻届を拒否する戦いにこそ取り組んでいきたいと思う。この闘いの果てに女解放と、そしてエロスの園を手にする事ができると確信するからである」（同、四一頁）と宣言する。「この闘いは、まさに自分との闘いでもある。これに取り組むことでかえって、自分の内なる婚姻制度の大きさを思い知らされている」（同、四一―四二頁）。「恋愛が、あくまで当事者間のプライベートな問題として処理されること、その結果、恋愛の相手を、出身、階層、学歴など、つまり結婚相手という曇った眼で選択しないこと、さらには、結婚という枠に自分を置かなくとも十分豊かに生きていけること、こうした思想が当たり前のこととしてゆき渡るまで、私たちは、婚姻届にこだわり続けたいと考えている。とはいえ、恋愛をプライベートな領域のものとし、婚姻届を拒否することが、ただちに恋愛を秘密にしたり、親と絶縁するということを意味しない。大切なのは、自分の生き方は自分で決める、という確固たる主体を形成してゆくことであり、他者を立ち入らせない領域を守りきることである。絶えず「公」の名のもとに「私」を譲ってきた日本の歴史の過ちを繰り返さないために、「私的領域」の確立によって無制限な「公」の干渉に歯止めをさしていく事である。この「公」とは「周囲の目」であり、「慣習」であり、それらに貫徹されている国家管理である。この闘いの中から、女と男、親と子が、強いられた関係としてではなく、自然な思いやりと愛でつながれる自立した個人となること、これが私たちの究極の目標である」(同、四二頁)と、宣言はつづく。"Personal is political." を合言葉に、個人的なできごとの中にあらわれてくる管理・支配の関係を変えていこうとした当時の世界的なフェミニズムの息吹を呼吸し、世界の女性たちと手をつなぎつつ、この日本の自分の生きる現場で、自分たちの中に内面化されてお互いを縛りあう慣習を問い直し、人生の一こま一こまを誠実に選択して、差別しあわない社会を再構築しようとする意気込みが、これらのメッセージにはこめられている。

事実婚の提起と日本の現状

このようにして、ボーヴォワールの場合には新しい関係性の一側面として取り上げられるにとどまっていた「公的機関に届を出して法律による保障を求めない」ということが、『女・エロス』で

図表4　未婚女子の同棲率の国際比較

(%)

国名	年齢／年次	15—19	20—24	25—29	30—34	35—39	40—44
日本	1992	0.8	1.1	1.4	1.6	‥	‥
デンマーク	1981	‥	37	23	11	‥	‥
フランス	1986	‥	19	11	8	5	5
旧西ドイツ	1981	‥	7		12		‥
イギリス	1986-87	8		11	6	4	
オランダ	1982	2	16	10	‥	‥	‥
スウェーデン	1981	‥	44	31	14	10	7
カナダ	1981	3	15	21	19	16	3
米国	1986-87	9		16	17	13	12

資料　United Nations. *World Population Monitoring 1991.*
ただし、日本は国立社会保障・人口問題研究所「第10回出生動向基本調査」(1992年)

は、きわめて大きくクローズアップされてくる。愛にもとづく真の寄合婚の達成のための「事実婚（無届婚）モデル」ともいうべきものがここに改めて提示され、なし崩しの同棲とは明確に一線を画した一つの結婚モデルとして、自覚的に実践されていくことになるのである。家父長制の桎梏の中に捉えられていることに気づき、「結婚」と「愛」の関係に関わる本質的な問いを掘り下げていこうとする人々にとって、このモデルの示唆するところは大きいといえる。

しかしながら、図表4が示すように、日本は、先進工業諸国の中で、際立って婚姻制度の枠の堅い社会としての様相を見せている。その理由は、二点にまとめて論じることができよう。

第一は、日本の家父長制の歴史の短さである。その短い歴史の中で、ようやく見合い結婚から恋愛結婚へと重点が移動し、個室のあるマイホームも作られて、前の世代にくらべればかなり対等感の強い家族の形ができたばかりである。そのなかでさらに自由・対等な生き方を求めて新しいパートナーシップの形を模索し始める人々は、まだ「社会現象」として目立つにはいたってない。

第二は、日本における管理社会の歴史の長さとその現代的な爛熟振りである。日本は、奈良時代以来、中央集権国家を戸籍制度により徹底して、国家が個人を氏族・家族を通して掌握してきた歴史が、アメリカは勿論ヨーロッパ諸国と比較してもきわめて長く、戦乱などによってもその管理が途絶えることがなかった。単に法制度があったというだけではなく、国家と地域社会と家族とが、世間という見えない圧力機構のもとに一体をなして人々の生き方を管理してきたのである。そして、人並みであること、さらには人並み以上であることに向けた管理は、今、偏差値を軸とする受験という武器を得て、幼い子どもにまで及んでいる。人並み以上の「幸福な家族」であることを、家族のメンバーが、出世に、受験に、就職に、結婚にサクセスして、世間に向けて証明し続けていくこと——そうしたレールから人々が外れないように管理することを通じて、変革のない政治が維持され、国家が安泰につづいていくと信じられている。一九七〇—八〇年にグローバルな状況を受けていったん動きを見せた若者たちも、今日では受験に向けた学校教育の中で適応訓練を受けて、爛熟した管理社会の中にとりこまれてしまい、仲のよい家族と対立してまで、「世間に恥ずかしい」生き方をして、「愛」を貫こうとは考えなくなっているのではないだろうか。

7　情報砂漠を超えて

方向性の不明確な揺らぎ

以上、家父長制に適合した結婚様式である嫁取婚に対する他の「結婚」の選択肢を求めた人々が探り当てた三つのパートナーシップのモデルを提示してきた。あれから二〇年余を経た今、確かに「結婚」に関する様相は揺らぎを見せている。第一節で見たように、初婚年齢は上昇した。そして、女性のエネルギーは均等法施行以前に比べて就職や仕事により多く注がれるようになり、男性には見られないような重みづけをもって刷り込まれる「結婚こそが女性の幸福」との呪文の下に、結婚とそれにつながる恋愛へと女性の膨大なエネルギーが吸い込まれるという状況は、緩和された。

しかし、前節で述べたように、「事実婚（無届婚）モデル」の実践者は、日本ではきわめて少ないし、「招婿婚モデル」の実践者も、大幅に増えているとは言いがたい。「自立婚モデル」については、普及してきているとも言えるが、共働きが必ずしも双方の経済面・精神面・生活面での自立を前提として自覚的に対等の人間同士の交流を追求すると言う理念を伴っているとは言えず、意味を確かめるための手がかりとなる情報も不十分なままに、なしくずしの共働き生活を送る人々が少なくないと考えられる。いわば、結婚をめぐる揺らぎはあっても、羅針盤となる情報が乏しく、意味や方向性のはっきりしない揺らぎにとどまっているのである。

結婚をめぐる情報の不足

今日、情報は氾濫し、一見、人々は必要な情報を何でもたちどころに入手して、判断の手がかりとすることができるように見える。しかし、決してそうではない。圧倒的に多く流されてくるのは、人々に消費を促す事を狙う企業にとって必要な情報であって、人々がかけがえのない人生の選択肢を見つめ、考え、議論しあって、真剣に生きていくための情報ではない。未婚の女性を対象とする雑誌をとってみても、「結婚」に関する情報は極めて少なく、いかに生きるかよりもいかに装うかに関する情報であふれている。その大半は、メーカー提供のブランド名・価格つきのビジュアル情報であり、未婚者向けの女性雑誌はカタログ雑誌と化しているのである。結婚式とそれに伴う消費をとりあつかう「ブライダル情報誌」は別途刊行されているが、これらはもちろん消費としての結婚しか取り扱わない。

そうした中にあって、珍しく生き方情報誌のスタイルを守って「可愛い女」として振舞ってプロポーズに持ち込むためのノウハウを掲載し続けている『Say』や、カタログ情報の合間に突然「結婚――キムタクの場合、私の場合」（二〇〇一年三月二〇日号）という、年上の妻、授かった婚、披露宴抜きのシンプル婚、妻の両親と同居等々の「今どき」な要素に満ちた結婚を女性の立場から評価した、情報量の多い記事を載せた『NONNO』などの例外はある。しかし、総じて女性雑誌で結婚や家族を取り上げるのは、既婚者の読者層の多い女性週刊誌や『婦人公論』などで、未婚の読者は、結婚に関する情報には縁の遠い生活を送る仕組みになっている。

かつて結婚に駆り立てる情報を注ぎ込まれて結婚に押し込まれた未婚女性は、今日では消費情報に囲まれて、結婚とそれをめぐる生き方に関する情報からは遠ざけられている。多くの企業が、未婚女性を最大の消費者に見立てて、企業にとって都合のよい情報を、彼女たちに注ぎ込むからである。年齢・収入階層によってセグメントされた大半の女性雑誌は、広告ばかりかグラビア記事の大半も、メーカーや小売企業の提供による服装・化粧・身体のケアや改造などに関する商品を用いていかに装うかという情報で溢れている。このようにして、いま、不況の中にあっても、彼女たちは、モノを買い続ける。生きるために買うのではなく、買うために生き、働くかのような日々を送る人が少なくないのである。結婚に関する基本的な選択肢に関する情報や、社会の変化が自分たちの結婚に及ぼす影響に関する情報はもちろんのこと、女性雑誌の定番といってもよかった恋愛におけるパーソナリティの適合性の問題や、コミュニケーションの問題、愛情の確かめ方の問題などに関する情報すら、今日のメディアには少なくなり、あるのはひたすら外見に関する消費情報である。

このような結婚に関する情報砂漠状況に関しては、女性学にも責任の一端がある。女性学は、ヘテロセクシュアルな恋愛や結婚が女性の人生の中であまりにも大きく扱われてきたことを批判し、結婚が、男性同様女性にとっても人生の一側面であり、仕事もこれに劣らず重要である事を強調してきた。その結果、高群、ボーヴォワール、『女・エロス』を受けついだ結婚に関する刺激的な書物をこの二〇年ほどの間送り出してこなかった。別姓婚制度等、法的な制度や近代家族を扱った書物は出されたが、女性の経験の内側から「結婚」を掘り下げ、人生の選択のための羅針盤を提供するものはほとんどあらわれなかった。(5) もちろん、高群やボーヴォワールの本は大きな図書館に行けば並んでいるし、『女・エロス』も専門図書館の書庫を探せば見つかるのだが、現代の若い女性の状況に引き寄せてこれらを紹介する情報は欠けていた。

「結婚」を読み解く情報の必要性

結婚について読んだり語ったりしないことによって、女性が結婚から自由になったのかといえば決してそうではない。却って古めかしい情報だけが口コミで伝えられ、モラトリウム期間をとった分だけ妥協を余儀なくされ、占いなどに身をゆだね、家父長制の色彩の強い結婚にはまりこんで抑圧に苦しみ、自らの被抑圧感を子どもへの支配によって紛らわしたりする結果になる女性も跡を絶たない。無視、あるいは軽視したからと言ってその影響から逃れられるほど、家父長制の罠は甘くはないのである。

むしろ今必要な事は、「結婚」を直視し、その現状と未来を読み解き、真の選択を可能にする情報を探索し、獲得し、創造することである。メディアや学問に携わる人々は勿論、自分にとって必要な情報を捜し求める熱意のある人々自身が、ジェンダーの垣根を越えてその作業に参加し、蓄積を活用するとともに、「今どき」の現実の体験を踏まえて、実証的・理論的な情報を生み出していくことが求められていると言えるだろう。

注

（1）イギリスやその他多くのヨーロッパ諸国では、住宅の保障は社会政策の重要な一環であり、高齢者・障害者・失業者などのカテゴリーと並んで、子育て中のカップル、シングル・マザーなどの公的住宅入居の優先順位は高く、また、若い単身者を含めた一定の所得内の人々への住宅手当支給のシステムも、使いやすい形で公的に用意されている。

（2）このような理由から、本人は「結婚」という言葉で自分たちの関係を定義することは決してしなかったであろうボーヴォワールとサルトルとの生涯にわたるパートナーシップをも、ここではあえて広義の「結婚」の一つのモデルとして取り扱うことにする。

（3）高群については、鹿野政直・堀場清子（一九七七）、西川祐子（一九八二）などの興味深い伝記が出されている。

（4）新憲法によって家制度は払拭されたように見えるが、戸籍法に関して、戦後「戸主」を「筆頭者」に変えたものの、明治以来の家族別の国民の身分登録システムがとられており、事件別の登録システムの多い諸外国とは違って、今日もなお家観念の温存に役立っている。その他にも民法には問題が残され、夫婦別姓の提唱者たちによって指摘されている。東京弁護士会女性の権利に関する委員会（一九九〇）一四〇―一四四および一八八―一九八頁、福島瑞穂（一九九二）を参照。

（5）そうした中にあって、「跡取り娘」とされてしまった女性の立場に留意して、「母系」「父系」に対するものとして「双系」を挙げ、「双系化」に着目して結婚と家族の変化の方向性を捉えている落合（一九九四）は示唆的である。

参考文献

シモーヌ・ド・ボーヴォワール『ボーヴォワール著作集』全九巻、人文書院、一九六七―六九年
シモーヌ・ド・ボーヴォワール、生島遼一訳『第二の性』第二巻、新潮文庫、一九五九年
海老坂武『新・シングルライフ』集英社新書、二〇〇〇年
福島瑞穂『結婚と家族――新しい関係に向けて――』岩波新書、一九九二年
布施晶子『結婚と家族』（人間の歴史を考える⑤）岩波書店、一九九三年
平塚らいてう「独立するについて両親に」『青鞜』一九一四年一月号、江刺昭子編『愛と性の自由――「家」からの解放――』社会評論社、一九八九年、所収
鹿野政直・堀場清子『高群逸枝』朝日新聞社、一九七七年
高良留美子『高群逸枝とボーヴォワール』亜紀書房、一九七六年
西川祐子『高群逸枝』新潮社、一九八二年
落合恵美子『二一世紀家族へ――家族の戦後体制の見かた・超えかた――』有斐閣選書、一九九四年
誠子「結婚差別」『女・エロス』一二号、一九七九年、社会評論社、所収
高群逸枝『日本婚姻史』一九六三年（『高群逸枝全集』第六巻、理論社、一九六七年、所収）
高群逸枝『招婿婚の研究』一九五三年（『高群逸枝全集』第二・三巻、理論社、一九六六年、所収）
東京弁護士会　女性の権利に関する委員会編『これからの選択夫婦別姓』日本評論社、一九九〇年
山田昌弘『パラサイト・シングルの時代』ちくま新書、一九九九年

謝辞

——あとがきにかえて——

東京女子大学女性学研究所が発足して一〇周年の今年、本研究所刊行の叢書第一巻が刊行の運びとなった。船本学長をはじめ、学内の方々の理解と支援の土壌のうえに、ささやかではあってもひとつの実を結ばせることができた。三年ほどの間隔で続刊を計画している。

東京女子大学につらなる三層の年代の女性たちがこの本の成立にかかわっている。執筆者たちのあいだの世代の差を無視して言えば、執筆者たちはいわば母の層である。娘の層とも言うべき学生たちにむけて、この本の内容ははじめ小檜山ルイ氏のアイディアにもとづいて、女性学研究所企画の「総合講座」というかたちで提供された。近代的結婚という、若い人たちの目には人類不変のものと映じているかもしれない制度を、時代的にまた地域的に相対化し、その過程で生まれる知見をそれぞれの生き方にも反映させてほしいという小檜山さんの構想は見事にヒットして、学生たちは熱心に講義に耳を傾け、共感にせよ反発にせよ熱い感想を寄せた。教師と学生とのあいだのそのようなやりとりのなかで、講義の内容が深められ、それが本書の中核となった。

そして祖母の層のなかに多くの支援者、とりわけ一人の優れた女性史の研究者をもったことを、深い感謝をこめて記したい。先輩であり先達である故青山なを教授がその人である。長年東京女子大学に勤務され『明治女学校の研究』をはじめとする女性史の優れた研究を遺された青山先生のご遺志によって、本研究所に青山なを基金が設立されている。本書の出版はその基金の果実から助成を受けている。

本研究所には青山先生を記念して、「女性史青山なを賞」が設置されており、毎年度女性史の優れた業績に贈られている。詳しい経緯は省略するが、勁草書房の町田民世子氏とのご縁はこの賞がきっかけとなって生まれたものであり、その意味で青山先生が取りもってくださった感がある。総合講座のコーディネイターを引き受けて以来、その内容を一冊の本にまとめたいと思いはじめていたが、その願いは町田さんの後押しを得て一気に実現にむかった。厚くお礼申し上げる。

三人の後輩にも感謝したい。女性学研究所助手の有賀美和子氏、事務担当の三浦香絵氏、校正の補助と索引の作成をお願いした依田理子氏の、それぞれの強みを発揮したサポートに、執筆者たちは多くを負っている。

青山先生がかかげられた女性史・女性学の灯火を次の世代に伝えることが、私たちの感謝をあらわす最良の手段であろう。本書がその役目をいくぶんかでも担うことができれば、それにまさる喜びはない。

二〇〇一年八月一日

東京女子大学女性学研究所長　北條　文緒

執筆者紹介

杉山　明子（すぎやま　めいこ）
1934年生まれ／津田塾大学学芸学部数学科卒業
現在　東京女子大学現代文化学部コミュニケーション学科教授／統計学専攻
主著　『日本の女性の生き方』（編著、1983、出光書店）、『社会調査の基本』（1984、朝倉書店）、『働く母親の時代』（編著、1984、日本放送出版協会）、『新・働く女性の味方です！』（共著、1999、ぎょうせい）

小檜山ルイ（こひやま　るい）
1957年生まれ／国際基督教大学教養学部卒業。国際基督教大学大学院比較文化研究科博士後期課程修了（学術博士）
現在　東京女子大学現代文化学部地域文化学科助教授／アメリカ女性史・社会史、日米比較文化専攻
主著　『アメリカ婦人宣教師——来日の背景とその影響』（1992、東京大学出版会）、*Rediscovering America*（共著、2001、South Asian Publishers）、サラ・エヴァンズ著『アメリカの女性の歴史』（共訳、1997、明石書店）

聶　莉莉（にえ　りり）
1954年生まれ／中国人民大学哲学系卒業。北京大学社会学系修士課程修了。東京大学大学院総合文化研究科博士課程修了（学術博士）
現在　東京女子大学現代文化学部地域文化学科教授／文化人類学専攻。中国の社会文化及びエスニシティ研究
主著　『劉堡——中国東北地方の宗族とその変容』（1992、東京大学出版会）、『大地は生きている——中国風水の思想と実践』（共編著、2000、てらいんく）、『中国朝鮮族の移住・家族・エスニシティ』（共著、2001、東方書店）

矢野百合子（やの　ゆりこ）
1954年生まれ／明治大学文学部史学地理学科卒業。国際基督教大学大学院比較文化研究科博士後期課程満期退学
現在　国際基督教大学・東京女子大学非常勤講師／比較文化専攻
主著　（主論文）「聖徳山観音寺縁起説話の形成と変容」（1996、『朝鮮学報』158、天理大学出版部）、「沈清伝の変容とサヨヒメ説話との比較」（1999、『口承文芸研究』22、日本口承文芸学会）

佐藤　宏子（さとう　ひろこ）

1934年生まれ／東京女子大学文学部英米文学科卒業。東京大学大学院人文科学研究科修士課程修了。Mount Holyoke 大学大学院英文科修士課程修了

現在　東京女子大学文理学部英米文学科教授／アメリカ文学、女性学専攻

主著　『キャザー』（1977、冬樹社）、『アメリカの家庭小説』（1987、研究社出版）

大島　眞木（おおしま　まき）

1936年生まれ／東京大学教養学部教養学科卒業。東京大学大学院人文科学研究科博士課程満期退学

現在　東京女子大学現代文化学部地域文化学科教授／比較文学専攻

主著　（主論文）「芥川龍之介の創作とアナトール・フランス」（1968、『大正文学の比較文学的研究』、明治書院）、「谷崎潤一郎の翻訳論」（1994、『近代日本の翻訳文化』、中央公論社）、「戯曲翻訳者としての森鷗外」（1997、『鷗外の知的空間』、新曜社）

北條　文緒（ほうじょう　ふみお）

1935年生まれ／東京女子大学文学部英米文学科卒業。一橋大学大学院社会学研究科修士課程修了

現在　東京女子大学現代文化学部言語文化学科教授／イギリス文学、翻訳研究専攻

主著　『遙かなる道のり――イギリスの女たち1830-1910』（共編著、1989、国書刊行会）、『ブルームズベリーふたたび』（1998、みすず書房）

加藤春恵子（かとう　はるえこ）

1939年生まれ／東京大学大学院社会学研究科博士課程中退

現在　東京女子大学現代文化学部コミュニケーション学科教授／社会学、女性学専攻

主著『女たちのロンドン』（1984、勁草書房）、『広場のコミュニケーションへ』（1986、勁草書房）、『女性とメディア』（共編、1992、世界思想社）、『メディアがつくるジェンダー』（共著、1998、新曜社）

索　引

L

M

W

Y

Z

結婚の比較文化

2001年10月15日　第１版第１刷発行
2002年６月20日　第１版第２刷発行

編　者　小檜山ルイ・北條文緒
東京女子大学女性学研究所

発行者　井　村　寿　人

発行所　株式会社　勁《けい》　草《そう》　書　房

112-0005　東京都文京区水道2-1-1　振替　00150-2-175253
電話（編集）03-3815-5277／FAX　03-3814-6968
電話（営業）03-3814-6861／FAX　03-3814-6854
港北出版印刷・青木製本

http：//www.keisoshobo.co.jp

結婚の比較文化

2017年7月1日　オンデマンド版発行

小檜山ルイ
編　者　北條文緒
東京女子大学女性学研究所

発行者　井村寿人

発行所　株式会社　勁《けい》草《そう》書房

112-0005 東京都文京区水道2-1-1　振替　00150-2-175253
（編集）電話03-3815-5277／FAX 03-3814-6968
（営業）電話03-3814-6861／FAX 03-3814-6854
印刷・製本　（株）デジタルパブリッシングサービス http://www.d-pub.co.jp

AJ988

ISBN978-4-326-98313-1　Printed in Japan